现代人力资源开发与管理系列教程

丛书主编⊙张培德　胡志民
本书主编⊙李旭旦　吴文艳

Staff Recruitment and Selection

员工招聘与甄选

（第二版）

市场竞争越来越激烈，人才流动越来越频繁，这使得组织的员工招聘必须基于战略眼光，从组织的长远发展角度看问题；同时，应聘者也具有了更为丰富的应聘经验和技巧。如何有效地把好选才关，科学合理地按照组织发展的需要招募到合适的人才，已非传统的招聘业务职能所能解决的问题。管理流程的规范、专业技术的运用和信息化手段的辅助，已成为提高招聘准确性和效率的必要条件。

本书从传统招聘的基础出发，结合了胜任素质模型的应用，梳理了科学的招聘管理流程，分析了专业的管理技术，介绍了信息化的辅助管理功能，为现代组织的员工招聘提供了清晰的管理体系和实用方法。

華東理工大學出版社
EAST CHINA UNIVERSITY OF SCIENCE AND TECHNOLOGY PRESS
·上海·

图书在版编目(CIP)数据

员工招聘与甄选/李旭旦,吴文艳本书主编. —2 版.
—上海：华东理工大学出版社,2014.7(2022.7 重印)
现代人力资源开发与管理系列教程
ISBN 978-7-5628-3960-6

Ⅰ.①员… Ⅱ.①李…②吴… Ⅲ.①企业管理—人力资源管理—教材 Ⅳ.①F272.92

中国版本图书馆 CIP 数据核字(2014)第 141120 号

现代人力资源开发与管理系列教程

员工招聘与甄选(第二版)

丛书主编/张培德　胡志民
本书主编/李旭旦　吴文艳
责任编辑/左金萍
责任校对/李　晔
封面设计/戚亮轩
出版发行/华东理工大学出版社有限公司
地　址：上海市梅陇路 130 号，200237
电　话：(021)64250306(营销部)
传　真：(021)64252707
网　址：www.ecustpress.cn
印　　刷/广东虎彩云印刷有限公司
开　　本/787mm×960mm　1/16
印　　张/20.75
字　　数/373 千字
版　　次/2009 年 8 月第 1 版
2014 年 7 月第 2 版
印　　次/2022 年 7 月第11次
书　　号/ISBN 978-7-5628-3960-6
定　　价/38.00 元

联系我们：电 子 邮 箱 zongbianban@ecustpress.cn
官 方 微 博 e.weibo.com/ecustpress
天猫旗舰店 http://hdlgdxcbs.tmall.com

華東理工大學出版社
客户端扫码进入天猫旗舰店

内容提要

市场竞争越来越激烈，人才流动越来越频繁，这使得组织的员工招聘必须基于战略眼光，从组织的长远发展角度看问题；同时，应聘者也具有更为丰富的应聘经验和技巧。如何有效地把好选才关，科学合理地按照组织发展的需要招募到合适的人才，已非传统的招聘业务职能所能解决的问题。管理流程的规范、专业技术的运用和信息化手段的辅助，已成为提高招聘准确性和效率的必要条件。

本书从传统招聘的基础出发，结合胜任素质模型的应用，梳理了科学的招聘管理流程、分析了专业的管理技术，介绍了信息化的辅助管理功能、为现代组织的员工招聘提供了清晰的管理体系和实用方法。

编委会名单

再版总序

白驹过隙，转眼已是龙年暑期。回顾2005年丛书策划伊始至2010年“现代人力资源开发与管理系列教程”12种一套图书全部出版问世，其间我们经历了太多的酸甜苦辣，作者们度过了诸多的不眠之夜，大家不辞辛劳实地考察、力主创新，终于完成了第一部含有浓厚“乡土气息”的、可适用于人力资源管理专业、工商管理专业、行政管理专业、旅游管理专业本科，以及可供快速掌握、系统了解、简便轻松学习的考研进修班、实战应用班、自学考试班等使用的，具有权威、快速、简便、系统、创新特色的系列教程。

本书系无论是第一版还是第二版均含有“一张名片效应”“250效应”和“三大走路连锁效应”的创新特色：本书系首先运用“一张名片效应”，各书统一运用最精炼语言、最清晰思路、最具代表性的案例导入，统一编写原则和叙述方式，将各书的所有内容概括在250～300页的篇幅内讲述清楚相关功能模块；本书系又运用“250效应”，让读者通过每书仅十章的内容，就能系统了解国内外人力资源专业的典型理论、法则、方法；同时本书系通过每书各章的案例引导、讨论题、思考题以及章后的归纳小结，引发读者新的思考和创新的理念、原则、效应，以期达到举一反三的效果。

这使我们想起了曾有记者问米卢：“为什么你在中国能取得成功?”

米卢回答：“因为我听不懂中国话!”

这不就是典型的“走自己的路，让别人说去吧!”的翻版吗?

在商场中，还有一句话：“走别人的路，让别人无路可走!”“商场如战场！你死我活在战场!”

但是，在提倡“和谐社会”的氛围中，我们该如何“走别人的路”呢?

为此，我们在现代理才领域内，创新了“三大走路连锁效应”及其方法，以达到和谐共赢之目的：

◎第一种就是“鲶鱼效应”，即“走别人的路，让别人跟着我走!”

◎第二种就是“䲟鱼效应”，即“走别人的路，我跟着别人走!”

◎第三种就是“航母效应”，即“走别人的路，让我们一起走!”

本书系第二版则更多地体现了“现代人力资源开发与管理”在国内外经典理念和方法基础上的新概念、新原理、新法则、新效应等原创精神和原创实力。

真诚感谢出版社对我们的支持，衷心感谢广大读者的厚爱，使本书系获得了“十一五”上海重点图书的荣耀，其中有的书种还获得了“中国大学出版社优秀教材”的褒奖。由于本书系第一版书种较多，集中出版时间较紧，加之形势在不断变化；目前来看，各书种中的确还存在一些需要不断更新和修正完善的内容。特别是这几年，经过大量的实践、调查、论证之积累，我们感到很有必要着手本书系第二版的修订工作，以使本书系的编撰能更加精益求精。

多少年来，无论是党政干部、政府部门，还是企业单位，大家都在关心一个共同的问题：如何提高员工的工作积极性？如何提高公众的满意度？如何进行绩效管理和有效激励？实际上到目前为止，无论是西方管理学家提出的经济人假设、社会人假设、自动人假设，还是复杂人假设；或者我们多少年所探讨的“金钱激励”“金色降落伞激励”，还是“金色手铐—股权激励”等都无法真正解决长效激励之问题，或者无法达到长效激励之目的，而本书系主编及各书作者们经过多年的潜心研究和课题项目以及广泛授课互动，通过发表大量的文章，出版各类书籍，从事各类课题研究和咨询项目的实践，集聚了大量国内外前辈和大师精彩的理论及案例，并通过实战创新了许多新理念、新方法，这些都将成为本书系第二版各种书增加的重要内容。

在近年来的实践中出现了许多值得研究的问题。例如，“名扬天下”的“帕累托 2∶8 定律”引出的“取优而立效应”；选拔领导干部引出的“借力而行—贤者居上法则”；围绕习近平同志“如何考察干部的德”设问引出的“组织人识别培训原则”；针对西方通过 BSC 跨越工业化时代解决绩效考核根源问题，引出的东方智慧“五行管理方略”；针对 2008 年金融风暴、大学生自主创业失败多多的根源，以及老年人问题，引出的“金矿人才概念”“中高年人才理念”和“惠力资本提升方法”；尤其是针对企业、政府以及第三部门的招聘、选拔、甄选、测试、培训、绩效考核中存在的“烧香拜佛”“人人都是人才”“一个萝卜一个坑”“能力越强破坏力越大”“只用德才兼备的‘优品’”“能岗匹配”“岗人匹配”“凭感觉招聘人”“谁都可进 HR 部门工作”等许多人力资源管理方面的认识误区，以及社会上出现的“富士康职工 N 跳问题”“达人秀评比问题”“孙悟空是否为好员工问题”“跨部门沟通与团队协作问题”等。本书系从人力资源规划、组织文化、工作分析、人员识别、现代理才方略、绩效考核与管理、人才市场管理、政策法规与 HR 相关法律等方面，结合西方“麦克利兰”提出的“岗位胜任素质模型”，创新性地提出了“C－P－I－W 模式”等。这些问题和提出的观点，都将成为本书系第二版的重要内容。

值得一提的是，两位丛书主编和一些作者是中国第一套人才中介师、中介员的教材编写者和资格考试的辅导教师，有的还获得了中国人才测评师资格，特别是 2008 年《中华人民共和国劳动合同法》实施后，两位主编就亲莅上海社科院、上海成人教育协会、上海人才行业协会，从法律的刚性角度和人力资源柔性管理角度讲授了“在新劳动法实施背景下的 HR 与相关法律”和“现代理才方略与 HR”两大课程，向相关管理人员零距离咨询“现代人力资源开发与管理”问题。同时，张培德教授还在复旦大学、交通大学、同济大学、澳大利亚 EMBA、美国 EMBA、夏威夷国家大学、维多利亚学院等国内外几十所高校，以及在山东省人事厅、安徽省合肥组织部、湖南省株洲组织部、江苏省无锡人事局等诸多政府公共管理部门，并面向大庆油田、上海东方传媒、华东电力系统、上海电力、韩国摩比斯、世界总裁协会、人力资源专业委员会以及云南、广东、河北、辽宁、湖南、湖北、河南、四川等 10 多个省市自治区进行报告和讲学，就人力资源管理、人才中介、人才测评技术、人才选拔与培育、工作分析与绩效考核实务，现代人力资源发展趋势与创新、中国 HR 现状分析与解决方案、跨部门沟通管理、职业生涯规划与设计，现代人力资源管理的新理念、新方法、新发展等广泛的话题，阐述自己独到的见解。

随着人力资源管理的新发展，特别是“富士康”员工 N 跳现象出现后，本书系第二版将以更新的视野描绘“现代人力资源管理”的新阶段，强调当今人力资源管理已经跨过“工业化时代模式”。过去那种仅仅以“事情、任务”为导向的“2T 人事管理模式”已经成为过去，而且当下一直在参照的麦克利兰“胜任力模型”，即以“岗位、职位”为导向的“2P

人力资源管理模式”也已不合时宜；因为富士康事件给了我们启迪，习近平同志提出的“对干部的德如何考核”的问题也引人思考。

为此，本书系第二版从现代人力资源管理新高度，依据当今“E时代模式”的特点，突出了“轻松工作＋快乐工作”的“以职业规划与组织文化相匹配为导向的2C模式”进行撰写；同时，本书系也把激励提升到一个“长效激励”的更新高度，竭力从E时代角度解决员工既能“胜任工作”，又能“满意工作”的现代人力资源管理全新模式；本书系对张国荣跳楼、刘谦的成功、爱因斯坦拒当总统等许多案例，以及员工职业生涯规划与设计、岗人匹配、组织文化的建立、目标的设定、组织架构的形成、人员的选拔、流程的建立、制度的完善、市场模式的探讨、沟通交流的强化、惠力资本的提升等社会的热点及工作中经常碰到的问题，提出了一些新思路和新方法。

与时俱进，不断前进。本书系全体编委会和各位作者将竭尽全力做好相关图书第二版的改版和修订工作，进一步提高质量，以不辜负广大读者的好评和肯定。

丛书主编：张培德　胡志民

2014年3月22日

序

在当今社会，谁都知道“人力资源是第一资源”，谁都了解人力资源代表着核心竞争力。可是有多少人能真正知晓和领悟人力资源的丰富内涵？又有多少人能回答哪些人才是真正的人才？没有管理学、经济学、心理学和法学的知识基础，很难真正学好、学透本学科。从这个意义上说，人力资源又应该是一个多学科交叉的专业。

人才是立国之本，社会发展需要大量人才，但人才不可能自然造就，而需要不断培养。那种认为“人人都是人才”“有用的就是人才”“合适的就是人才”“内有素质，外有贡献的就是人才”等说法是不全面的，甚至是错误的，会造成思想上的混乱和人才培养的缺失。在各种有关“人力资源”的书籍中，对于“人力资源”的定义不下上百种，而美国密歇根大学的人力资源管理专家戴维·优立取(Davy Urich)只用了八个字就概括了人力资源的含义，即：HR＝投入程度×能力水平，具有画龙点睛和一锤定音之效。

曾有一位中学校友与我谈起他的一段工作经历，颇耐人寻味。他在大学时攻读的是化学专业，毕业后被分配到一家化工企业的生产部门工作。后来由于年轻人多了，他被“挤出”了生产部门。于是他想到销售部门工作，一方面销售部门绩效工资比较高，另一方面他认为凭着他对专业的熟悉程度和外向型的性格完全能胜任此项工作，可是销售部门嫌他年龄太大了。有人建议他去厂办公室试试，说那里会比较适合他，但结果被告知办公室已满员。他到处寻找着适合他的位置，最后因与领导关系不错，他被关照到了“最不需要技术和专业”的人力资源管理部门。

听了他的这段经历，我们不禁要问：难道人力资源管理部门谁都可以去吗？人力资源管理的重要性真的是“说起来重要，做起来次要，忙起来可以不要”吗？果真“人人都是人才”，人力资源管理部门可以犹如“姜太公钓鱼——愿者上钩”了吗？难道企业对人才的招聘、甄选、培训、考核、薪酬设计等就是老板一句话的事吗？

本丛书的出版就是要使广大读者对人力资源管理有一个正确的认识，特别是对传统的人事管理和现代人力资源管理的区别有一个根本的了解。为了对以往“人事管理”和“人力资源管理”概念混淆的情况加以澄清，也为了突出现代人力资源管理与传统人事管理的区别，我们特把本套丛书命名为“现代人力资源开发与管理系列教程”。

为了适合中国普通高等学校人力资源管理专业学生、企事业单位的管理人员，以及人力资源管理的业内人士使用，我们本着“前沿、热点、创新”的宗旨，结合中国国情，采用理论与实务相结合的写作手法，力求将本丛书编写成普及性、大众化的人力资源管理书籍。

本系列教程共由 12 种书组成，涵盖了人力资源开发与管理本科教学的所有基础课程。为便于阅读和使用，本丛书的编写参照了国际上的最新模式，即先引导案例，并针对案例或本书要涉及的内容提出多道思考题进行互动讨论，然后概述本书的要点和引言进行详细剖析，再展开理论分析和实务操作及实践研究。

由于水平有限，本教程中不当之处在所难免，恳请各位读者批评指正！同时也衷心希望本系列教程的出版能对读者有所裨益和启迪！

丛书主编：张培德　胡志民

2008 年 1 月

前言

21 世纪是知识经济和信息化的时代，在这样一个高速发展的时代，人力资源作为第一资源成了社会、经济发展的决定性因素，也成了组织核心竞争力的关键因素。安德鲁·卡耐基曾说过："带走我的员工，把工厂留下，不久后工厂就会长满杂草；拿走我的工厂，把我的员工留下，不久后我们还会有个更好的工厂。"组织真正的发展之源是人才；组织之间的竞争，说到底就是人力资源的竞争。杰克·韦尔奇说过："人才就是一切，有人才就是赢家。"

在今天，无论是优秀的管理人才还是专业技术人才，纷纷成为各类组织竞相争取的目标。员工招聘作为各类组织获取人才的主要渠道，在人力资源管理中起着举足轻重的作用。但如何有效地甄选录用适合的人才，依然是现今人力资源管理者所担负的艰巨任务。招聘管理向着更专业化的方向发展，这就需要人力资源管理者能进一步规范招聘管理流程，掌握科学甄选技术，通过科学的招聘甄选体系的构建与实施，更深入地配合员工培训、职业发展、绩效考核、薪酬管理、劳动关系管理等人力资源管理的其他环节，为组织的健康发展和战略目标的实现提供有力的人才保障。

本书的编写是希望通过介绍现代组织员工招聘与甄选的基本理论框架、研究心得和应用经验，为读者较为系统地梳理招聘与甄选的基本流程和应用方法，以便帮助读者对招聘管理有全面的认识和深入的理解，并期望解决一些实际的问题。

本书的内容分为十章，第一章介绍了人员招聘的基本理论，探讨了招聘管理在人力资源管理中的作用，分析了招聘管理的现状和发展趋势；第二章介绍了人员招聘的基础工作，包括人力资源规划、工作分析、胜任力模型构建等；第三章和第四章介绍了人员招聘的基础工作和招募流程、人员招聘的计划和组织流程、人员招聘的渠道选择与策略分析；第五章至第八章介绍了人员招聘的甄选过程，包括甄选的基本原理，以及心理测验、面试、评价中心技术等甄选方法的具体内容和操作方法；第九章介绍了做出录用决策和员工入职过程中的一些重要的工作环节；第十章介绍了人员招聘的评估方法和手段。

本书的特点主要体现在以下几个方面：

1. 系统性。员工招聘是一个系统工程，既是人力资源管理的子系统，与其他子系统相关联，又是一个相对独立的系统，有其自身运行的规律。本书从多角度分析员工招聘与甄选，使读者对员工招聘能有一个全景观察，一方面为深入理解打基础，另一方面也有利于实际的应用。

2. 前沿性。员工招聘涉及众多的知识领域，而这些领域的研究和应用随着我国人力资源管理的发展和科学技术的提升，有了越来越多新的研究和实践成果。本书通过胜任力模型的应用、e化招聘管理、评价中心技术等方面内容的论述，对传统的招聘方式进行了积极的补充，有利于启发读者新的思考角度和建立新的管理模式。

3. 实用性。员工招聘是一项应用性工作，通过运用各类相关学科成果、专业研究成果和实践应用成果，直接服务于员工招聘。同时，本书的每章之前都有一个引导案例，并附有思考题，每章之后也附有本章小结、案例分析和思考题，以方便读者自学参考。

由于篇幅有限，我们将一些管理案例、实用表格、甄选工具，以及介绍通过 Internet 来提供，以便读者在阅读本书时能获得更多的相关资料。这些素材我们放在 http://www.hra.cn 上。

参与本书编写的都是在人力资源管理、人员招聘和人才测评等领域有着多年理论研究和实务经验的人员。本书由李旭旦设计总体框架结构，审定全书，编写第一章、第七章和第八章；吴文艳编写第二章、第三章和第四章，并审阅部分书稿；刘晓春编写第五章和第六章；俞家骏编写第七章；沈烨炜编写第八章；苏萍编写第九章和第十章。

在本书的编写过程中，有许多同仁给我们提供了支持和帮助，包括上海师范大学法政学院院长商红日教授，上海师范大学人力资源测评中心的马国辉、冯立平、相正求等，此外，上海师范大学人力资源管理专业的唐烨玮、王妍珩同学也为本书做了大量的工作。在本书编写的过程中，笔者还拜读了许多国内外专家和学者的著作、论文，参阅和引用了相关成果，在此一并致以深深的谢意。

鉴于作者的水平，以及人力资源管理理论、技术和实践的飞速发展，书中疏漏和不足之处在所难免，恳请广大读者指正。

李旭旦

目录

第一章　招聘概述　1

第一节　员工招聘　2
第二节　招聘的原理　9
第三节　员工招聘的现状　17
第四节　员工招聘的发展趋势　21

第二章　招聘基础　28

第一节　人力资源规划　29
第二节　工作分析　39
第三节　胜任素质模型构建　44
第四节　影响招聘的因素　52

第三章　招募计划　63

第一节　招募计划的制订　65
第二节　招聘团队的组建　75
第三节　招聘策略的确定　83

第四章　招募渠道　89

第一节　内部招募　91
第二节　外部招募　97
第三节　招募渠道的选择　111

第五章　人员甄选　117

第一节　人员甄选概述　118
第二节　甄选指标体系设计　126
第三节　甄选方法的选择　132

第四节　招聘甄选中的信度和效度　140

第六章　初步甄选　149

第一节　简历与申请表甄选　150
第二节　背景调查　156
第三节　知识测验　161
第四节　心理测验　168

第七章　招聘面试　189

第一节　面试概述　190
第二节　面试实施的流程　197
第三节　面试试题的设计　205
第四节　面试实施技巧　212

第八章　评价中心　222

第一节　评价中心概述　223
第二节　无领导小组讨论　232
第三节　文件筐测验　241
第四节　其他评价中心技术　248

第九章　录用管理　257

第一节　员工录用概述　258
第二节　录用决策　261
第三节　录用实施　269
第四节　新员工培训　275

第十章　招聘评估 283

第一节　招聘评估概述 284
第二节　招聘的财力资源评估 291
第三节　招聘的人力资源评估 298
第四节　招聘总结 303

参考文献 310

第一章 招聘概述

引导案例

销售经理的离职

清逸生化有限公司是一家新兴的化妆品生产与销售的民营企业。人们生活水平的日益提高为化妆品行业的发展提供了机会，在短短的两年间，该公司的业务得到了快速的发展，并在行业中有了一定的知名度。但公司的高速发展，也面临着人才不足的问题。为了能够跟上企业发展的步伐，人力资源部经理张天成做了大量工作，每次需要人员补充时，都会通过各种途径进行宣传、面试，花费了大量的招聘费用后，每次都能及时提供人选，使公司能较为顺畅地运转。

随着企业的不断壮大，总经理考虑着要提升公司的整体形象和实力，决定在未来招聘中高层管理人员的时候，一律要求研究生以上的学历。

最近，销售部经理刘云因故离职，由于离开得比较匆忙，加之产品销售竞争十分激烈，销售任务非常繁重，使公司一下子出现了比较被动的局面。人力资源部经理张天成十分焦急，为此他与其他人员一起，通过多种渠道寻找人选，例如朋友推荐、在一些大型的人才网站与人才招聘报刊上刊登广告等，紧急招聘销售部经理，并给出了丰厚的薪酬。经过一番努力，一份应聘者资料跃入了总经理的眼帘。此人名叫李俊，已获得美国某名牌大学市场营销专业博士学位，在出国留学之前曾从事过传统行业的销售工作，做过某公司市场部副经理，有过管理若干名下属的经验。张天成约见了李俊，初次见面，李俊给人的印象是讲话思路清晰，思维活跃，足智多谋。于是张天成把李俊推荐给总经理面试，总经理也非常满意，最终安排李俊担任了销售部经理之职。但一个月过去了，公司发现这位销售部新经理往往是想法很多，讲得很好，但不少事情很难落实，与销售部其他成员的配合也有不少问题，听不进下属意见，给员工以居高临下的感觉，公司销售业绩受到很大影响……

案例讨论题：

1. 李俊为什么不能很好地行使自己的职责？
2. 张天成该如何改进本公司的招聘流程？

第一节　员工招聘

员工招聘是组织获取所需合格的人力资源的主要途径，对高层管理人员和专业技术人员的成功招聘还能为组织带来新的管理理念和更加丰富的知识资源。人员招聘是关乎组织生存与发展的关键，是组织形成核心竞争力的基础，是人力资源管理的一项重要职能。

一、员工招聘的含义

员工招聘，就是指组织为了实现生存和发展的需要，根据人力资源规划和工作分析提出的人员需求数量与素质要求的结果，以最适合的成本投入寻找和吸引符合岗位胜任要求，并有意向任职的足够数量的合格人员和有潜质的人才，通过科学的甄选，最终录用的过程。

雷蒙德·A. 诺伊在《人力资源管理：赢得竞争优势》中指出，招聘包括招募与选拔。招募是为现有的或预期的空缺职位吸引尽可能多的合格应聘者，这是个搜寻人才的过程，为空缺职位找到最优秀的应聘者群体；选拔是不断地减少应聘者清单的人数，直到剩下那些最有可能达成期望产出或结果的人。

美国学者乔治·T. 米尔科维奇与约翰·W. 布得罗所著的《人力资源管理》一书对招聘所下的定义是：招聘是确认和吸引大量应聘者的过程，从中挑选可接受雇用要求的人。

西蒙·多伦等认为，招聘是指组织依据一定的制度与法规，通过一系列活动和过程，从大量高素质人员中选拔出最佳人选，以满足组织的需要；同时也满足应聘者个人的需要，以增强他们留在组织中的可能性。

二、员工招聘与人力资源管理

员工招聘是人力资源管理中的重要环节，是获取人力资源的第一环节。它与人力资源管理中的其他各项业务活动有着十分密切的关系，直接与人力资源规划、员工培训开发、绩效考核管理、薪酬设计实施、职业规划发展等相关联。招聘工作是后续人力资源管理工作开展的基础，影响着其他业务的实施效果，同时，其他业务开展中的反馈信息又可以对招聘工作起到促进作用。

(1) 与人力资源规划的关系。员工招聘是人力资源规划的结果，招聘职位的条件要求基于人力资源规划，任职资格成为甄选的标准；招聘结果反过来也为规划提供信息，当人力资源规划的人才要求过高或过低时，可能长期无法获得符合条件的应聘者或者应聘者过多导致的录用效率低下，这就需要对规划和岗位要求作出调整。

(2) 与员工培训开发的关系。员工招聘的质量直接影响培训费用的投入和培训效果的实现，当招聘的质量符合要求时，可以在一定程度上降低组织在员工基本能力培训上的投入，提高培训的效果。同时，培训效果反过来也会影响招聘的要求，如果培训效果不好，就需要挖掘员工的不足，调整招聘要求，改进招聘与甄选方式。

(3) 与绩效考核管理的关系。员工招聘的质量直接影响绩效目标的完成，符合岗位要求的员工可以有效实现组织的岗位任务。同时，绩效结果反过来又可以改进招聘过程，可以通过对高绩效者的分析，明确岗位要求，完善招聘标准，提高招聘效果。

(4) 与薪酬管理体系的关系。员工招聘的质量影响着薪酬制度的公平性和合理性，薪酬设计建立在科学的岗位评价基础上，是对符合岗位要求的员工成果的认可。当招聘的员工不能符合岗位要求而享受正常薪酬时，不仅对组织是一种经济损失，更是对其他员工的不公平。同时，薪酬体系的对外竞争性也会吸引更多符合条件的应聘者，为提高招聘质量提供了可能。

(5) 与职业规划发展的关系。员工招聘的质量也影响着企业未来人才发展的前景，如果招聘的员工能有效胜任岗位，发挥自己的特长，取得良好的业绩，这为他们的晋升与发展提供了很好的机会，同时也对未来的组织人才梯队的建设提供了保障。

三、员工招聘的目的

员工招聘的目的在于通过寻找并获得适合的员工，确立组织的竞争优势，完成组织的战略目标，与此同时可以帮助员工实现个人价值。

(1) 从现实的角度而言，招聘是为组织当前岗位的空缺寻找符合要求的人员，以满足组织正常运行的目的。这种空缺通常是由于离职、退休等造成的岗位空缺、内部人员流动缺失、业务扩张突发人员不足、新业务运营人员不够等因素造成的，如果不能够及时弥补岗位人员的空缺,会导致组织正常运行受到影响,而招聘可以解决现实的发展需要。

(2) 从长远的角度而言,招聘是为组织未来发展的需要,发现潜在人才、建立和谐关系、构建人才梯队、确立人才开发计划,以提升组织的核心竞争力和实现组织的持续发展。组织在不同的发展阶段,有着不同的人员需求,如果仅从现实的角度考虑问题,会因为缺乏准备而无法及时获得真正适合组织发展要求的人员,这就需要通过招聘储备具有潜质的人员,为组织未来发展打下基础。

(3) 招聘还可以达到树立企业形象和展现企业文化等目的。人员招聘过程是组织代表与应聘者直接沟通的过程,这为树立企业形象和展示企业文化提供了良好的契机,有利于吸引到更多、更好的应聘者。同时,应聘者对组织的全面了解也有利于其认同组织文化和价值观,从而降低应聘者短期内流失的可能性。

四、员工招聘的原则

1. 公平原则

公开和择优是公平的基础。公开是要将组织在招聘时空缺的职位种类、数量、应聘者资格与要求、应聘的方法与时间等信息对社会公告,扩大招募人员的范围,并为应聘者提供一个竞争的机会,体现信息公平;择优是通过规范和统一的招聘程序、选拔方式和决策流程,依据应聘者的综合素质与职位的要求进行匹配,选择最适合的人员,体现流程公平。通过公平的竞争能获取组织真正需要的人才。

2. 双向原则

组织根据自身战略发展和现实运营的需要自主选择合适的人员,同样应聘者会根据自身的能力和愿望,结合劳动力供给的状况自主地选择岗位。这种双向选择的原则,一方面提升了组织的形象,吸引更多应聘者,并不断提高效益;另一方面也能使应聘者获得满足其自身需求的岗位。

3. 科学原则

人员招聘不是传统意义上的分配,而需要对应聘者进行选拔。实践证明,单纯依靠经验式的招聘,其效果会大打折扣,因此需要通过一些科学的操作程序、评价标准和测评方法,有效地甄别应聘者的实际水平和具有的发展潜力,从而保证招聘最终效果的实现。

4. 动态原则

无论是组织的发展还是岗位人员的状态都处于不断变化的动态过程中,人力资源在不断的流动中寻求适合自己的位置,组织则在流动中寻找适合组织要求和发展的人才。两者之间从静态设计到动态调节,达到相互适应的状态,由此招聘便是一种不断满足这种适应性的动态过程。

5. 经济原则

要重视招聘的效率和效益。招聘成本不仅仅包括招聘时所花费的费用,还包括因招聘不慎而重新招聘所花费的费用,甚至还有人员离职带给组织的损失。因此,在招聘过程中要注重招聘的经济性,争取以最低的费用获得最适合的人才,避免人才高消费。

6. 合法原则

招聘必须依据国家的相关政策法规,不能违背法律和社会公共利益的准则,坚持公平公正,严禁各类招聘歧视,诸如妇女、儿童、性别、种族、信仰、姓名、容貌、年龄、身高等,符合劳动法律要求组织所承担的责任。

五、有效招聘的意义

有效招聘是一个双赢的过程,无论对于组织还是应聘者都有积极的意义。有效的人员招聘能给组织带来无穷活力。

(一) 对组织的意义

1. 补充新鲜血液,实现组织战略目标

组织在发展过程中,其人力资源状况一直处于变动之中,这种变动包括主动变动和被动变动。所谓主动变动,指的是组织根据自己的发展需要所进行的扩充;所谓被动变动,指的是由于原有内部人员的升迁、降职、离职、退休、解雇等因素需要发生的变动所进行的扩充。有效的人员招聘可以为组织及时地补充新鲜血液,注入新的活力,将合适的人安排在合适的岗位上,各司其职,保障组织各类事务的正常运行和持续发展,保证组织战略目标的实现。

2. 确保高质量的人才,提高组织核心竞争力

有效的招聘能够通过科学的流程和手段,确保录用人员符合组织的需要,能够胜任岗位的职责,迅速融入组织,带来新的观念、新的思想、新的工作思路与方法,激发新的创造性的方案,提供高品质的产品和服务,甚至对其他员工起到促进和带头作用,进而提高运作效率,减少运营成本,进而提升组织的核心竞争力。“一开始就聘用到合适的人员,会给用人单位带来可观的利益。据估计,这种经济收益相当于现有生产力水平的6%~20%。”①

---

① [英]多米尼克·库柏,伊凡·罗伯逊著:《组织人员选聘心理》,蓝天星翻译公司译。北京:清华大学出版社2002年版第7页。

3. 降低招聘成本，提高招聘效率

招聘应同时考虑三方面的成本：一是招聘直接成本，包括招聘过程中的广告费、招聘人员工资和差旅费、考核费、办公费及聘请专家等费用；二是重置成本，即因招聘不慎导致重新招聘时所花费的费用；三是机会成本，即因人员离职及新员工尚未完全胜任工作而产生的费用。招聘的职位越高，招聘成本就越大。有效的招聘可以用合理的薪酬取得组织所需要的合适员工，从而降低薪酬支出成本；可以减少职位空置成本，减少新员工的磨合期；可以在一定程度上降低员工的流动率，避免重新招聘带来的成本增加，提高招聘的效率。

4. 展示组织文化，树立良好形象

招聘过程涉及的范畴较广，招聘信息发布需要通过互联网、广播、电视、报刊等多种形式，招聘过程需要与各类高等院校、人力资源市场、猎头公司、职业中介机构等多类机构沟通，招聘实施需要与大量的应聘者进行交流。有效招聘有利于扩大组织的知名度。在招聘过程中，组织可以宣传组织文化、展示综合实力、提供优厚条件、表现尊重人才的理念，这将有利于树立良好的组织形象。

5. 减少人员离职，增强组织凝聚力

有效的招聘可以使组织不仅明确应聘者具备的能力素质是否和岗位需求相匹配，更能揭示出应聘者的工作动机和目的与组织文化的匹配性。组织有针对性地选择，可以挖掘到具有相同价值观、理念和行为准则的员工，易于建立良好的人际关系、愉快的工作环境、有效的团队合作，有利于增强对组织的忠诚度，减少离职，增强组织内部的和谐与凝聚力。

6. 促进合理流动，优化资源配置

有效的招聘可以推进组织内部合理的竞争意识和主动精神，具有鲶鱼效应，通过合理的流动，增强员工的危机感，刺激员工内在潜力的发挥，有效地进行人员的优化配置，推进组织的人才结构、层次、质量、数量符合组织战略的需要。

（二）对应聘者的意义

1. 可以获得公平竞争的机会

有效的招聘为应聘者提供了一个可以公平竞争的舞台，使其有机会充分展现自己的能力和素质，通过应聘过程，进一步了解应聘组织的战略、文化等综合信息以及应聘职位的具体需求，并且整个过程也是一个经验积累的过程。

2. 可以获得自我认知的机会

有效的招聘为应聘者提供了一次自我了解的机会。要完全认识自己是一件非常难的事情，获取对自己的认知的方法有很多，而通过外部的“镜子”可以客观全面地了解自己。有效的招聘过程一方面能帮助应聘者通过笔试、面试、情景模拟等选拔手段来了解自己的能力，另一方面也可以在一些互动的测评过程中通过他人的表现来衡量自己的水平。

3. 可以获得自我发展的机会

有效的招聘可以使被录取的应聘者找到适合自己的岗位，有利于充分发挥他们的能力与特长，挖掘他们的潜力，从而促进他们的成长，对他们的职业生涯发展也将非常有利。同时，也使未被录用的应聘者避免了职业生涯中的弯路，为以后的求职积累宝贵经验，并促进其进一步提升和完善自己。

六、人员招聘的流程

在组织进行人员招聘过程中，需要通过一系列的活动来明确需求、吸引应聘者、甄选应聘者、录用合适人才，并为总结本次招聘和更有效地开展下一轮的招聘进行评估。整个招聘过程是一个完整的、系统的、程序化的、循环的操作过程，大致可以分为准备、招募、甄选、录用、评估五个阶段，具体如图 1－1 所示。

1. 准备阶段

要实现有效的人员招聘，需要做好充分的准备工作。从人员招聘的含义可以看出，人员招聘有两项基础性工作，即人力资源规划和工作分析，这两项工作也是人力资源管理中的基础工作。人力资源规划是运用科学的方法对组织人力资源需求和供应进行分析及预测，判断未来组织内部各岗位的人力资源在数量、结构、层次等方面是否平衡，以此来决定招聘的岗位。

传统的工作分析要进行一系列的前期研究，获得的结果包括职位说明书和工作规范。职位说明书通常包含了招聘岗位的工作活动或工作职责；工作规范规定了任职者完成工作应具备的资格，比较重视考查应聘者的知识、技能等基准性胜任特征，这是一种最低标准。

基于胜任素质的工作分析则在原有的工作分析基础上明确了各专业系列、各工种，以及重点岗位所需的个性特征、动机、综合能力、工作经验等量化行为等级标准，侧重于研究工作绩效优异的员工，突出与优异表现相关联的特征及行为，结合这些人的特征和行为定义这一工作岗位的职责内容，它具有更强的工作绩效预测性。当然，建立胜任素质模型需要组织本身的人力资源管理较为成熟，并拥有足够的资源，一般组织在开始阶段可将基于胜任素质的工作分析运用在对于组织成功最为关键的岗位上。

准备阶段的工作目标在于针对性地提出具体的招聘需求，这些工作的有机结合使得招聘工作的科学性、准确性和持续性大大加强，为后续工作指明了方向。

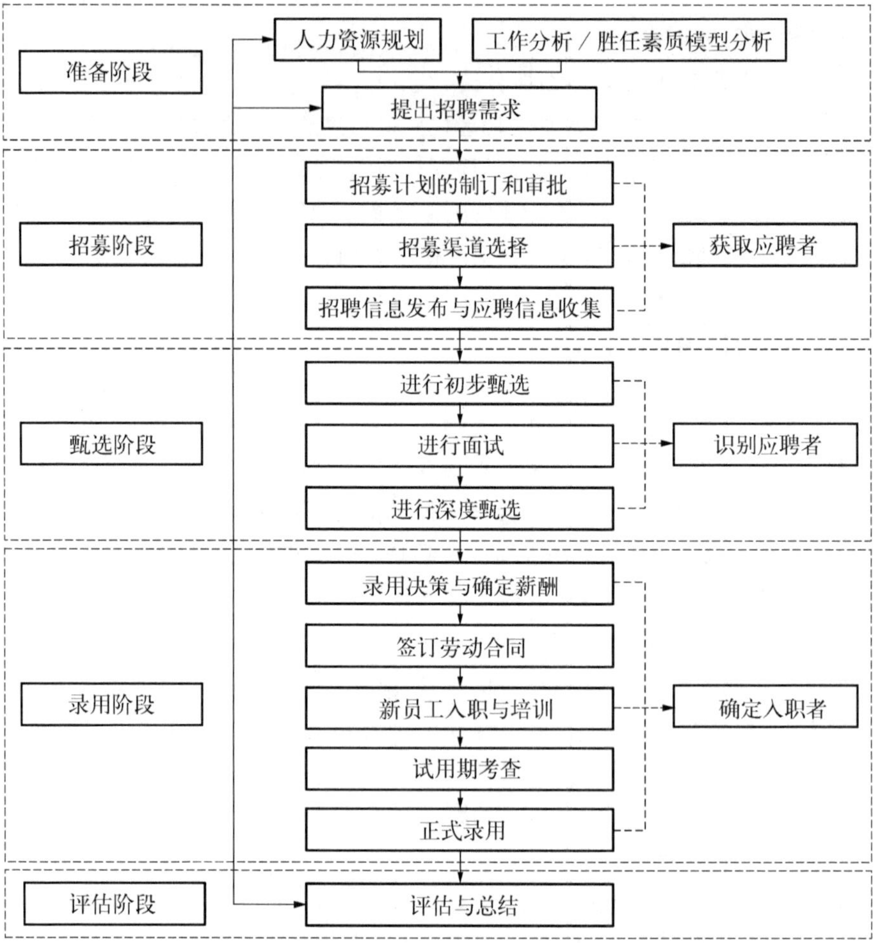

图 1－1　人员招聘的一般流程

2. 招募阶段

招募阶段是在准备阶段的基础上，结合组织内外部的环境，制订符合组织实际情况的具体的、可行的招聘计划，确定招聘策略，选择合适的招聘渠道，包括外部渠道和内部渠道，构建专业化的招聘团队，明确各自的分工，发布有效的招聘信息，制作规范的、有特色的招聘广告，吸引足够多的应聘者，并进行应聘信息的收集整理工作。

招募阶段的工作目标在于通过最小化的投入最大限度地获取符合要求的足够数量的应聘者，为最终招聘到合适的人员提供基本的保障。

3. 甄选阶段

甄选阶段是对招募阶段获取的应聘者进行甄别和评价的过程。这一阶段结合准备阶段对招聘岗位要求的分析，建立各种岗位的不同甄选评价体系，确定对于不同岗位的不同要求所采用的甄选方式的组合，诸如常用的笔试、心理测验、面试、评价中心技术等方法，确定甄选的实施计划，完成甄选试题的开发和试测工作，培训考官，明确测评流程和测评标准，进行各类测评的现场组织，通知应聘者参加甄选，最后通过初步选拔、面试、深度甄选的具体实施，做出对每个应聘者个性特征、能力倾向、知识经验的综合素质的评估。

甄选阶段的工作目标是科学地分析应聘者的综合素质，运用性价比最高的测评技术，有效地识别和评估应聘者，为最后的录用决策提供丰富的信息。

4. 录用阶段

录用是甄选阶段对应聘者测评的结果进行分析并录用的过程。这一阶段依据录用的制度和规则，对应聘者做出最后的录用决定，并结合岗位和应聘者的情况确定薪酬，同时对录用者进行背景调查和体检，确定其背景资料的真实性和身体条件是否符合岗位要求，并签订劳动合同，安排录用者履行一系列的入职手续，进行入职适应性培训，使其熟悉企业文化、政策规定、工作程序并具备一定的业务水平，再经过一定时间的试用期考察，听取各方面的反馈意见，结合其试用期考核的要求，对符合条件的应聘者最终正式录用。

录用阶段的工作目标是通过一系列规范的流程，完成对合适人员录用的职能，从而实现招聘的目标。

5. 评估阶段

评估阶段是对整个招聘活动进行的评估和审核。这一阶段主要是运用各种方法评价招聘活动是否在合适的预算范围内及合适的时间要求下，招聘到了适合于组织需要的人员，通过一些相关的指标来衡量本次招聘工作的有效性。

评估阶段的工作目标是总结本次招聘工作的有效经验，发现过程中的不足，并为以后的招聘提出改进和完善的建议，从而提高招聘工作的效率和效果。

第二节　招聘的原理

员工招聘是一个双向选择的过程，既是组织选择个人，也是个人选择组织。在整个过程中，组织与个人扮演着不同的角色。对组织而言，招聘是实现组织目标的手段之一；对个人而言，应聘是寻找一份工作以实现个人需求与价值的途径之一。在人员招聘中，要使这种双向选择实现其效果，需要遵循一些基本原理。

一、匹配原理

人岗匹配是招聘中的基本原理。传统的招聘中，组织通常比较关注个人与岗位的匹配度，但在实践中发现，仅有人岗匹配还不足以使应聘者在进入组织后取得预期的绩效，甚至很快流失。研究发现，由于人本思想的不断发展，员工的个人意识不断增强，社会的用工结构不断变化，知识员工比重越来越大，因此匹配原理得到丰富，除了个人与岗位的匹配以外，还应同时关注个人与团队、个人与组织的多元匹配。

（一）个人与岗位匹配（Person-Job fit）

人岗匹配原理指的是人的个人特征与岗位要求的匹配度。它包含两个内容：一是指个人的特征完全胜任岗位的要求，即所谓人得其职；二是指岗位要求的能力个人完全具备，即所谓职得其人，表现为个人能在岗位上充分发挥能力，岗位工作任务能有效完成。最优不等于最匹配，最匹配的必定是最适合的。评估人岗匹配首先要明确岗位特征和个人特征。为了了解和评价岗位，需要工作分析、岗位评价技术；为了评价个人，需要人才测评技术。人岗匹配具体包括了三个方面。

1. 气质、性格与岗位的匹配

各种岗位对从业人员的气质、性格都有一些特定的要求。一般而言，外向型的人更适合能充分发挥自己行动能力和积极性，并与外界有着广泛接触的岗位；内向型的人比较适合从事有计划的、稳定的、不需要与人过多交往的岗位。

2. 能力与岗位的匹配

能力是岗位适应性的首要的和基本的因素，需要关注能力类型差异和水平差异与岗位活动的关系，只有一致或基本一致，才能发挥能力优势，既不至于人才高消费，也不至于不能适应需要。

3. 价值观、兴趣与岗位的匹配

价值观表现为个人的取向和类型的差异性。价值观是决定个体满意度的主要因素之一，影响着个人对岗位工作过程的行为和态度；兴趣则是最好的老师，可以激发个人的动力，发挥个人的效用。

（二）个人与团队匹配（Person-Group fit）

个人与团队匹配是指个人与其所属的团队或部门人员之间的匹配度。人作为

个体，不可能十全十美，而是各有优缺点，即所谓“金无足赤，人无完人”。在现代组织中，很多岗位任务的实现，需要通过团队完成，这就决定了其他成员的工作效率会影响到团队效能，反过来会影响个人绩效。因此，团队之间的配合显得十分重要，需要通过个体间的取长补短而形成整体优势，达到“1＋1＞2”的效果，以实现组织目标。所以，招聘时要考虑个人和原有团队的匹配性。这种匹配需要通过各类互补实现，从而实现一个整体优化的人才结构。

1. 知识互补

若个体在知识领域、知识的深度和广度上实现互补，那么整个集体的知识结构就比较全面、合理。

2. 能力互补

若个体在能力类型、能力大小方面实现互补，那么整个集体的能力就比较全面，在各种能力上都可以形成优势，这种团队的能力结构就比较合理。

3. 性格互补

若每个个体都具有不同的性格特点，则具有互补性。比如：有人内向，有人外向；有人急躁，有人冷静；有人激烈，有人温和；有人直爽，有人含蓄等。那么，作为一个整体而言，这个团队就易于形成良好的人际关系并胜任处理各类问题的良好性格结构。

4. 年龄互补

员工的年龄不仅与人的体力、智力有关，也与人的经验和心理有关。一个集体，根据其承担任务的性质和要求，都有一个合适的员工年龄结构，既可以在体力、智力、经验、心理上进行互补，又可以实现人力资源的新陈代谢，焕发出持久的活力。

（三）个人与组织匹配（Person-Organization fit）

个人与组织匹配是个人与组织期望之间的匹配度。组织和员工在进行双向选择时，越来越关心彼此深层次的要求。组织有自己的组织战略、文化和价值观，其期望是通过物质和非物质的（包括心理的和情感的）付出，得到个人预期的行为，达成预期的目标；个人也有自己的职业规划、工作动力，其期望是通过体力、脑力包括心理的付出，得到组织物质和非物质的（包括心理的和情感的）补偿。

从组织方面来讲，希望员工能认同其发展目标、组织文化，接受其价值观的规范，全身心地投入到组织的工作中；从个人方面而言，希望组织不仅仅给予一份工作，也更希望能提高自己的综合素质、成就需求、工作满意度，最终实现自己的职业目标。这两者的匹配既有利于员工获得激励、激发工作积极性、推进组织目标的实现，也有利于组织了解员工需求、辅助其实现个人价值。

这种匹配需要在招聘过程中相互传递，彼此了解和判断，为双向选择提供依据。在整个招聘过程中，个人和组织结合所获得的信息进行分析，得出结论。个人觉得组织能给予其预期活动的收获时，会接受职位；同样，组织觉得个人能获得良好的绩效时，便会录用，甚至给予较高的薪酬和个人发展的承诺。

强调员工与组织的整体匹配，一方面，个体能够满足特定工作岗位的要求；另一方面，能够实现个体内在的特征与组织的基本特征之间的一致性。研究表明：员工态度（组织承诺、工作满意度）和员工行为（工作绩效、工作任期、组织公民行为）与个人组织匹配呈正相关，员工的离职意向、离职率与个人组织匹配呈负相关。

人岗匹配、个人与团队匹配以及个人与组织匹配都能影响员工的工作动机和组织的有效性，但在侧重上有所区别（如表 1 - 1 所示）。清楚地理解其特征，并使这三种匹配形成一个有机的多元结构，将对组织和个人目标的实现起到积极的推动作用。

表 1 - 1　多元匹配的比较①

匹配类型	分析水平	动机成分	组织有效性成分
个人与工作匹配（PJfit）	个　人	自我效率	工作熟练程度
个人与团队匹配（PGfit）	团　队	社交便利	团队合作、团队增效
个人与组织匹配（POfit）	组　织	有效激励	满意程度、工作态度

二、个体差异性原理

个体差异性是指人与人之间在素质上存在差别的客观性质。世界上没有两个完全相同的人，人与人之间由于先天遗传因素和后天成长环境（社会文化背景、家庭环境、教育体系、工作环境等）的不同，形成了各种各样的个体。因此，个体差异的存在是客观的，具体而言表现在个体生理差异、个体心理差异和个体文化差异三个方面。这些个体差异性的存在，为人员的招聘和甄选提供了客观的条件，在具体实施过程中，关注的核心是个体心理差异。

（一）个体的心理差异

个体的心理差异主要表现在能力、气质、性格、需要、动机、兴趣、态度和价值观

① Human Resource Management, Fall 2001, Vol.40, No.3, p.230.

等方面。

1. 个体的能力差异

(1) 能力类型差异。表现在一般能力性向差异，如有些人长于逻辑思维、有些人长于形象思维，有些人善于综合概括、有些人善于细节分析。另一种是特殊能力不同和能力组合不同，例如，有些人音乐能力强，有些人绘画能力强。

(2) 能力水平差异。表现在能力发展的水平有高有低、有强有弱，诸如智力方面的表现，可以分为优秀、良好、中等、较差、很差等多个等次。

(3) 能力发展早晚的差异。表现在人的能力发展有先后，有的少年早慧，有的大器晚成。

2. 个体的气质差异

人的不同气质类型决定了人在感受性、忍耐性、反应的敏捷性和个性的内外性等方面存在很大的差异，有些人灵活、适应能力强，有些人热情、善于助人，有些人稳重细心、谨小慎微，有些人敏感、动作含蓄。

3. 个体的性格差异

人的性格差异主要表现在认知、情绪、意志等特征上，有些人认识事物主动、深刻、精确，有些人被动、肤浅、粗略；有些人活泼好动，有些人沉静安详；有些人自制、勇敢、认真，有些人缺乏自信、胆怯、马虎。

（二）个体的生理差异

个体的生理差异表现在性别、年龄等方面。

1. 性别差异

男女性之间的差异是客观存在的，但总体上讲，两性能力差异不大，不足以影响人事决策。一般而言，女性在语言上的能力较优，而男性在视觉—空间能力和数学能力上较佳。机械操作能力，无论是速度或正确性，很明显男性优于女性。文书能力女性优于男性。一般来讲，在感知方面，男性的视觉能力较强，对视觉刺激的反应速度快，特别是在视觉的空间知觉力方面，男性明显优于女性。在注意力发展方面，男性多注意物，喜欢摆弄物体并探索物体的奥秘，对物的注意力稳定性较好，持续时间较长；女性的注意力则多注意人，喜欢探索人生，对人与人之间的关系比较关心，很敏感。在记忆力发展方面，男性的理解记忆和抽象记忆较强，而女性的机械记忆和形象记忆优于男性。在思维能力方面，男女两性差异最为明显，男性更多的是偏向于逻辑思维类型，表现为倾向于分析、比较、抽象与概括；女性则由于心理承受能力较差，叙述事件常常带有浓厚的感情色彩，在社会和情绪方面辨别能力更为敏感，更多地偏向于形象思维类型。

鉴于男女能力的性别差异，在人才评价、安置时，要尽量取其所长。女性在文书能力上较强,注意力多定于人,因此适合做文秘、公关、管理等工作。女性有极强的社会朝向性,男性较具进攻性。在价值研究中,男性所得到的优越成绩偏重在理论、经济、政治方面,而女性则在审美、社会性方面表现突出。

2. 年龄差异

年龄变化带来了能力差异,但不同年龄的人有其所短,也有其所长。比如:人过 45 岁以后,从事繁重的体力劳动能力下降,但在检验、保证产品质量方面却占有优势。有研究证明,随着年龄的增长,确有部分能力衰退的现象,但也有部分能力却恒久不变。1979 年,赵红州同志提出了杰出科学家创造力的"最佳年龄区"问题。他研究发现,人的智力结构处于最佳状态时,就是人的创造力最旺盛的时期。但智力结构与年龄密切相关,组成智力的各种心理机能最佳或开始衰退的年龄是不一致的,如表 1－2 所示。

表 1－2　几种心理机能与年龄的关系

智力＼年龄(岁)	10～17	18～29	30～49	50～60	70～89
知　觉	100	95	93	76	46
记　忆	95	100	92	83	55
比较和判断	72	90	100	87	67
动作反应速度	88	100	97	92	71

(三) 社会文化的差异

社会文化差异包括了地域差异、职业差异、民族文化差异等方面。地域差异是指由于人们生活的地理环境不同而形成的个体差异,如北方人豪爽、南方人细腻,草原人豁达、山区人韧性强,这些是对环境刺激引起的人的行为反应和适应。职业差异是指由于工作特征与条件的不同而形成的个体差异,一般而言如从事精密仪器制造的人对工作一丝不苟、性格稳重,从事体力劳动的人性格开朗、不拘小节。民族文化差异是指不同国家、民族由于生活习惯和行为方式的不同而造成的个体差异,一般而言,美国人创新、日本人精心、德国人严谨、法国人浪漫。考虑民族文化的背景,对于跨国公司的人才管理具有重要的意义。

三、心理可测量原理

个体差异是客观存在的,招聘甄选中主要应注重应聘者的心理素质。心理具有主观性，是人脑对客观现实的主观反映，是由客观物质所决定的。但这种看不见、摸不着的心理素质能否像轻重、长短一样可以测量呢？如果能够测量，又如何测量呢？

美国心理学家桑代克在1918年发表的一篇教育测量史上最具影响力的论文中说："任何现象，只要存在，必有数量。"物质现象有数量的存在，如轻重、长短，心理特征像能力、人格也是存在的现象，也就应该有数量的差异。后来美国测量学家麦柯尔补充桑代克的理论说："任何有数量的东西，都可以测量。"人的心理素质具有相对的稳定性，虽不能直接看到、摸到，但可以通过行为方式、工作绩效及行为结果来表现，我们可以用间接的方法测量表现这些素质的行为，从而将心理素质加以量化。

总之，表现出个别差异的心理虽然是抽象的，但却是客观存在的事实，并且显示出各种程度上的差别，因而我们可以将它量化，加以测量，这是心理的可测性原理。

四、能级对应原理

所谓能级，是指人的能力大小分级，不同行业或不同岗位对从业人员能级的标准是不一样的。能级对应原理主要是指具有不同能力的人，应配置在不同的职位上，给予不同的权力和责任，实行能力与职位的对应，使人尽其才，物尽其用。

实现能级对应，必须做到以下四点：

(1) 能级管理必须按层次进行。现代组织中的"级"不是随便组合的，而是要形成"用最少的人办最多的事，多一个人就多一个故障因素"的现代观念。这与人力资源规划有密切的联系。

(2) 人的能力是有差异的，不同的能级应该表现出不同的权、责、利和荣誉。在其位，谋其政，行其权，尽其责，取其利，获其荣，对失职者应惩其误。

(3) 各类能级的对应是一个动态过程。人有各种不同的才能，领导者必须知人善任。随着时间的推移、事业的发展，各个职位及其要求在不断变化，人们的素质和能力也在不断变化，因此，必须经常不断地调整"能"与"级"的关系。

(4) 稳定的能级结构应是正立三角形，即较少的高级人员、较多的中级人员、更多的低级人员。也就是说，一个组织中人员能级的分布应是正立三角形，否则就会显得不稳定。如图1－2所示。

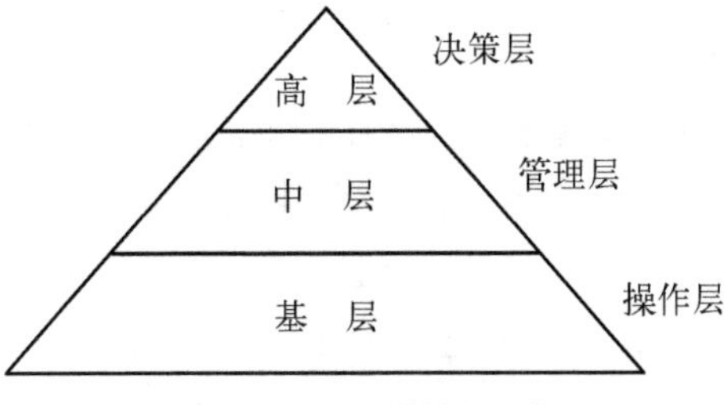

图1－2　稳定的能级结构

五、要素有用原理

要素有用原理的含义是“天生我才必有用”，在人力资源开发和管理中，任何要素(人员)都是有用的，关键是为它创造发挥作用的条件。换言之，没有无用之人，只有没用好之人。我们可以从以下三个方面来理解这一原理。

(1) 人才的招聘与配置需要一定的环境。一是知遇，要有伯乐式的领导者在人才任用中发挥关键作用；二是政策，如“公开招聘”、“竞争上岗”等政策，使许多人才走上更高的岗位，甚至领导岗位。

(2) 人的素质往往呈现复杂的双向性。如吝啬鬼有时也很慷慨，一向认真的人也会马虎，坚强的人也会胆怯，懦弱的人也会铤而走险等。这给了解人、用其所长以及发现和任用人才增加了许多困难，这就要求人力资源管理者要克服各种困难去知人善任。

(3) 人的素质往往在肯定中包含着否定，在否定中包含着肯定。优点和缺点共存，失误往往掩盖着成功的因素。各种素质的模糊集合使人的特征呈现出千姿百态，形成“横看成岭侧成峰，远近高低各不同”的现象，平庸的人也有闪光的一面。一个优秀的领导者应当成为善于捕捉每个人身上闪光点并加以利用的伯乐。

六、公平竞争原理

公平竞争是指竞争者各方以同样的起点、用同样的规则，公正地进行招募、甄选和录用。在人员招聘中引进竞争机制，可以较好地解决用人所长、优化组合等问题。运用公平竞争原理，就是要坚持公平竞争、适度竞争和良性竞争三项原则。

(1) 公平竞争。公平包括两层意思——公道和善意。公道就是严格按协定、规定办事，一视同仁，不偏不倚；善意就是领导者对所有人都采取与人为善、鼓励和帮助的态度，也就是说，“见人有善，如己有善；见人有过，如己有过”。

(2) 竞争有度。没有竞争或竞争不足，会死气沉沉，缺乏活力；但过度竞争又会使人际关系紧张，破坏协作，甚至产生内耗，损害组织的凝聚力。

(3) 以组织目标为重。竞争必须以组织目标为重，同时使个人目标与组织目标相结合，个人目标包含在组织目标之中。

第三节 员工招聘的现状

一、国外员工招聘状况

（一）美国的员工招聘状况

美国社会是以个人主义、自由主义为特征的，对经济利益和功名的追求是这种文化的典型反映。美国学者彼得斯和沃特曼认为美国组织文化重视硬件和软件两部分，其中结构和策略是硬件，而软件中的核心是整个组织共同遵循的价值观念。组织领导者最重要的任务是塑造及维持整个组织的价值共识。美国的组织文化有以下三个主要特点：个人主义、英雄主义与理性主义。组织文化的这些特点决定了人员招聘的特点。

1. 招聘前提——工作分析

激烈的竞争环境使得组织非常重视应聘者从事岗位工作所必需的知识、能力与技能。为此，美国组织重视与规范工作分析，明确每一岗位的职责、权限、工作内容与性质、任职人员应具备的能力与身心素质标准、应具备的知识和需要接受的培训等。然后根据这些标准对应聘者进行衡量，合格者才会被录用，一经录用他们就会很快胜任工作。

2. 招聘基础——应聘者能力

美国奉行“能力主义”，组织在进行应聘者选拔、录用以及在员工的配置使用、加薪以及职位晋升时，主要考察应聘者的能力与经验。

3. 招聘制度——典型的自由雇用制度

人员成熟度较高，自我实现意识强，流动比较频繁，组织忠诚度较低。组织与应聘者通过招聘实现“双向选择”，之后通过签订劳动合同明确双方的权利与义务，形成契约关系。合同到期劳资双方可以自愿解除。

4. 招聘渠道——外部劳动力市场为主

美国的劳动力市场很发达，外部供给量大，组织缺员时主要是从市场上进行招聘。

（二）欧洲的员工招聘状况

1. 受到法律环境的影响大

法律对组织有关招聘工作的方方面面都有相应的规定，包括政府职业介绍所、临时工作、合同、工作时间、雇用终止、机会均等与歧视问题等，这些方面的规定组织必须严格遵守。此外，法律的有关规定直接影响雇主在招聘问题上的战略与决策。

2. 内部招聘是主渠道

一项研究结果表明，欧洲只有 30％的组织从外部招聘高级经理。实际上，德国和丹麦半数以上的组织先将员工接受为办事员(部分作为学徒工)，然后据此设立"人才库"，并从中为大多数职位选择合适人员。西班牙国内有 66％的专业人员是从雇员中招聘的。组织也从外部劳动力市场招聘员工，主要渠道有：国家雇用办公室、报纸与杂志广告、聘请招聘顾问、面向中学和大学的招聘。

3. 技术化的选拔过程

在选拔雇员时，除了使用申请表和推荐信，很多组织开始采用心理测试的方法了解应聘者的能力与个性特点，重视利用面试的机会了解应聘者。

4. 多元化的招聘政策

欧洲组织招聘政策的制定具有国别差异性，有的政策是由组织自行制定的，有的则是由政府制定的。

(三) 日本的员工招聘状况

日本文化深受儒家文化的影响，在日本文化的背景下，人们必须按照符合社会公德和自己身份的准则行事，其社会地位的高低受所在组织的声誉及其个人在组织中的地位的影响。终身雇用制和年功序列工资制是由"礼"而产生的"忠"、"信"的思想体现，组织内部工会制则是"和为贵"思想的体现。

日本组织传统的人力资源招聘与选拔主要有以下特点：

(1) 内部调整是补充人力资源的重要途径；

(2) 主要招聘渠道是校园招募；

(3) 组织重视招聘学生的学校背景。

20 世纪 90 年代以后，日本组织招聘的最大改变是招聘渠道的多元化。主要表现在以下几方面。

1. 中途选用人才日益受到重视

受世界经济环境及高新技术的影响，日本组织开始中途选用一些专业技术人才和高级经理人才，并通过合同的方式予以雇用。组织主要根据他们的专业技术水平、在专业领域的工作业绩、工作经验、能力以及可能给组织作出的贡献等因素确定其薪酬，很多组织开始引进西方的年薪制。在中途选用人才的过程中，有的组织开始采用"挖墙脚"的方式。

2. 定期契约人员甚为流行

这里主要是指以 3～5 年为一期限签订劳动合同，在特定的行业、特定的领域雇用那些掌握专门知识和技能的人员的一种雇用形式。现在日本组织中的合同工比重在不断扩大,有的甚至超过了正式工。

3. 定时工制日益普遍

这种雇用方式是劳动时间比一般常用工人少、工资待遇也比常用工人低,并签订有合同的一种雇用形式。虽然这种雇用形式存在着一些问题,但因劳资双方都有所求,所以其人数在逐年增加。

4. 能力主义开始盛行

近年来,日本组织开始注重大学毕业生的能力。20 世纪 90 年代初,日本著名的索尼公司率先在招聘大学毕业生时不问毕业学校而注重实际能力,这种做法很快得到其他组织的认同。因此,有特长的应届毕业生就成为日本各大组织重点追逐的对象。为了使招聘的学生注重能力与实绩,有的组织甚至在毕业生进入组织后将毕业的学校作为保密档案,使大家忽略学生的来源背景而注重实际表现与业绩。

二、我国人员招聘的问题分析

信息的发达、科技手段的运用、人才市场的活跃给组织招聘活动的开展提供了方便,但同时也增加了招聘的难度,因为组织员工的流动更加频繁,优秀的应聘者有越来越多的就业机会。如何及时招到合适人才、提高用人部门的满意度和降低新进员工的离职率,是组织人力资源部门面临的巨大挑战。有些组织虽然在招聘工作上投入了大量的人力、物力与财力,招聘人员奔波于各类招聘会,在报纸、电视台、网站发布招聘广告,但人员招了又走,走了又招,使招聘人员疲于奔命。目前,我国组织招聘中的问题依然存在,表现在以下几个方面。

(一)理念层面

1. 重视显性能力,轻视潜在能力

很多组织在招聘时主要通过面试、考试等途径了解应聘者的工作经验、所掌握的工作知识与技能以及学历等情况,据此推断其工作能力。事实上现有的经验、技能和学历只能反映应聘者的显性能力,而不能反映与职位高绩效有关的潜在能力,结果就可能出现录用的新员工在工作岗位上的表现与业绩无法达到预期目标,尤其是当其所从事的工作与原来的工作岗位等级差异性较大时,这种情况更为突出。

2. 重视优秀突出,轻视适才适岗

不管什么岗位,很多组织在招聘时倾向于选择应聘者中综合能力最强的、学历最好的。一方面,招聘者认为最强者一定能带来高绩效;另一方面,也考虑这种招聘决策的风险最小。殊不知,当这种人才高消费造成应聘者的能力超过应聘岗位的需求时,一方面可能造成组织需要支付更高的费用,以满足优秀人才的需要;另一方面应聘者工作一定时间后会觉得大材小用,影响工作的投入程度,甚至影响其职业生涯发展,不可避免地造成流失。

3. 重视引进人才,轻视开发人才

很多组织为了吸引人才,制定了各种优待政策,在组织缺人的时候,首先想到的是到外部人才市场上招聘,到其他组织"挖墙脚",奉行的是"拿来主义"的人才观。同时不重视现有人员和新进人员的培训、生涯规划和留人计划。结果造成外部引进人才与组织自行培养的人才相比忠诚度较差,流动性较大,使得组织经常疲于应付招聘工作。

4. 重视招聘经验,轻视选拔技术

在进行人员选拔时,很多招聘人员过多相信经验和运用经验作判断,运用一些传统的诸如非结构化的面试方式选拔人才,而没有真正有效地运用已成熟的一些选拔技术,诸如心理测验、情景模拟等方式来进行选拔,辅助录用决策。

5. 重视实施过程,轻视效果评估

人员招聘中关注招聘广告的发布、招聘面试的实施、人员录用的操作过程,但缺乏对招聘效果的有效评估,难以对招聘的得失进行及时的总结,缺少经验和教训的积累,以指导未来招聘的实施。此外,组织招聘缺乏适当的成本预算和效率度量,只盲目地增加招聘投入并不能保证一定会招到合适的人员,更关键的是要对当前效率低下的招聘工作过程进行反思和修正,建立起完善的成本预算和控制体系,对招聘工作流程进行有效的度量,在此基础上才能进一步改善招聘工作。

(二)流程层面

1. 缺乏招聘规划,影响人员招聘的长远性

由于一般人力资源管理部门工作繁忙,往往仅把招聘当作补充当前空缺人员的工作,只是在组织出现缺人的状况下才实施,招聘准备不充分,导致组织计划因人员跟进不足而推迟或改变,无法形成良性的人才梯队,更没有足够的人才储备以满足组织未来发展的需要。

2. 缺乏工作分析,影响人员招聘的针对性

工作分析缺乏或不够完整,岗位信息不清晰,招聘广告夸大其词,招聘渠道缺乏针对性和有效性,使组织获得的应聘者存在大量的不适合者。这种现状的存在,会导致招聘周期长、成本投入大,招聘不到合适的人员。

3. 缺乏有效组织,影响人员招聘的高质量

缺少完整的招聘程序,认为招聘就是收集简历、面试,然后把自认为合适的人

员安排到用人部门了事。从本章第三节的招聘流程分析可以看到,其实招聘工作是一个动态的循环体,有多个阶段、多种内容,包括招聘前资料的收集、招聘计划、招聘中信息的收集、招聘中的宣传、选拔、应聘者背景调查、招聘后录用以及效果评估等。

4. 缺乏科学指标,影响人员招聘的信度和效度

招聘的标准不合理,招聘的手段不科学,招聘的原则较死板。很多组织不管招聘什么岗位的员工,一概要求本科学历和5年以上工作经验,似乎优秀人才就是一张文凭和一段长时间的工作经历可以代表的,这种做法缺乏灵活性。

(三)人员层面

1. 内部招聘人员整体素质不高,招聘效果和效率低下

现在很多组织对招聘环节越来越重视,一般组织中都有招聘专员,大型组织中还设有招聘经理。但是,一方面由于传统招聘更侧重于事务性的工作内容,因此,招聘人员的入职门槛较低,专业技术素养不高,对于一些基本的招聘方法、技术缺乏了解,更难以有效加以甄别和利用;另一方面,我国人力资源管理专业人才培养起步较晚,主要的模式有高校的专业培养(包括少量的研究生、本科生、夜大学、自考)、国家的相关人力资源管理人员的资格认证培训和一些培训机构的人力资源管理技术培训等,而针对招聘工作的有效培训则更为稀少,拥有招聘专业能力的人员数量不足。这样由不完全具有专业素养的人员组织的招聘,其招聘过程容易出现很多误差,招聘人员非专业的表现也会影响到应聘者对组织的印象,最终影响到招聘的效果和效率。

2. 外部人才市场供给结构失衡,招聘难度和风险增大

组织想要的关键岗位人才如中高层管理人员、技术骨干等特别难以找到;而一般性的简历堆积如山,难以处理。组织要么通过猎头公司全部包办,要么降低录用要求,设置低门槛进入方式,这就使组织招聘成本进一步加大,招聘风险亦进一步增加。全球41%的雇主发现填补一些空缺职位变得非常困难,尤其像销售代表、熟练的手工业者和技术工人这样的空缺职位,而这些职位又是生产、经营、设计和维护等领域所必不可少的。

第四节 员工招聘的发展趋势

组织对招聘的重视和认识的全面,以及各类招聘理念和技术的不断创新,为人

员招聘提供了新的思路和方法,形成了一系列新的发展趋势,这些趋势实际上也是解决我国组织中目前存在的招聘问题的思路和对策。

一、基于战略的员工招聘

传统的人员招聘处于战术管理层面,是基于组织短期的人力资源规划而进行的。由于一两年的规划只能解决眼前问题,而无法有效预测未来发展的趋势,因此,人员的管理缺乏长远性和系统性。这就需要现在的人员招聘上升到战略管理的层面,能与长期人力资源规划相结合。现在已经有越来越多的企业关注5～10年的发展。组织战略目标的实现是基于符合组织战略需要的人才的推动,由于关键岗位和重要管理岗位人才的发现、培养和管理周期较长,因此必然需要基于组织战略目标实现的人力资源管理体系的支持,而作为兼具人才吸引、储备、补充、调节等职能的招聘工作,也就必须符合组织战略的发展目标,并以此作为职能实现的核心。

现在一些企业开始了战略性人才储备,即根据组织的发展战略,通过有预见性的人才招聘、培训和岗位培养锻炼,使得人才的数量和结构能满足组织发展的需要。这显然是为组织长期发展战略服务的,在对未来的发展预期基础上,来确定人力资源的需求,有效管理人员数量、结构、知识、能力和水平等。

二、基于胜任素质的招聘

20世纪70年代,美国哈佛大学教授戴维·麦克利兰(David Mcclelland)提出了胜任素质理论。胜任素质就是个体所具备的、能够以之达成或预测优秀工作绩效的内在基本特征和特点,包括动机、性格、技能、自我感觉、社会角色和知识结构等。

胜任素质模型的构建是在工作分析的基础上的一种拓展手段,使传统的岗位分析得到了延展,它更注重结果而不是工作内容,更重视人而不是工作。另外,胜任素质模型还注重岗位高绩效人员的特征,找出高绩效者与一般绩效者的区别,并以此为基础丰富任职标准,这对于进行新型的工作分析、建立新型的岗位说明书及任职资格体系的完善有着积极作用。而这些胜任素质模型也正是招聘中的核心素质,以此作为选拔指标,来确定测评方法、设计测试题目,通过有针对性的评估,从应聘者中寻找与高绩效者类似特质的人,按照他们与高绩效者匹配程度的高低进行选择、淘汰,这样就既能保证人选的可靠性,又能体现选拔过程和标准的客观、公平。

当然,胜任素质应用体系的构建是一个长期的过程,目前还处于不断发展之中，还很难说它是对传统招聘的革命还是革新，但有一点是可以肯定的，那就是基于胜任素质的招聘已经成为对传统招聘的补充、创新和发展。具体体现在以下几个方面：

(1) 关注期望绩效所能达到的结果而非教育背景或工作经历；

(2) 招聘过程更聚焦于产生组织期望绩效的要求，试题开发设计更具针对性；

(3) 体现公平，没有歧视，剔除诸如年龄、性别、种族等与从事工作所需能力无关的因素；

(4) 可为未来培训节约成本，有利于提高绩效。

三、招聘的专业化倾向

专业化决定成败，在人力资源管理工作越来越趋于专业化、技术化、职业化的今天，招聘工作也朝着“专”而“精”的方向发展。这种专业化表现在三个方面。

1. 专业化的招聘团队

招聘工作是一项专业性很强的工作，需要具备管理学、心理学、项目管理等知识，能够有效组织进行人力资源规划和工作分析，设计招聘流程，建立基于岗位需求的能力指标，有效选择针对性的选拔方法，熟练运用如心理测验、面试等的一般测评技术，甄别各类测评的信度和效度，掌握录用决策的方法和流程，并能有效进行招聘评估，甚至还需要承担对组织内所有参与招聘的人员进行技术培训等任务。这些工作显然不是一般的事务性工作，只有具有专业技术能力的人员才能胜任。专业化的招聘团队的构成一类是完全来自组织内部的 HR 部门和相关组织内部的行业专家；另一类是组织内部和组织外部专业人员的组合，外部人员一般是一些管理学专家和测评专家。目前很多公司在人员招聘时，引入外部的专业测评机构参与人员的选拔，这充分显示了专业化招聘团队发展的趋势。

2. 专业化的流程管理

招聘工作需要基于专业化的流程管理，这是因为招聘工作是一项系统工程，是一种基于专业的招聘业务管理，而不仅仅是一项普通的常项工作而已。结合组织的战略与文化、确定组织的招聘策略、建立招聘制度、制订招聘计划、分析招聘需求、选择招聘渠道、发布招聘信息、组建和培训招聘团队、实施人员选拔测评、进行录用决策和管理，以及为提高招聘效果而进行的招聘评估等一系列的流程，必须严格遵循专业标准，避免由于招聘中的误差而导致的低效甚至无效招聘。诸如很多组织在高端人员的招聘中越来越多地通过猎头公司的方式实施，也体现着招聘流程管理的专业化倾向。

3. 专业化的甄选技术

传统的甄选技术普遍基于招聘人员的主观经验,因此其有效性和可靠性不高。而随着现代预测技术的发展和预测模型在人力资源管理中的运用,招聘工作由事后统计变成了事前预测。人才测评技术在人员招聘中的运用,大大丰富了甄选的手段,同时也为基于胜任能力的人员招聘提供了有效的工具,并提高了对应聘者评价的针对性和有效性。

4.招聘流程外包

彼得·德鲁克曾经预言:"在十到十五年中,任何企业中仅做后台支持而不创造营业额的工作都应该外包出去,任何不提供向高级发展的机会、活动和业务也应该采用外包形式。"招聘流程外包(Recruitment Process Outsourcing,RPO)组织将自身招聘需求外包给第三方专业公司来完成,专业公司管理着组织招聘的整个流程。整个流程是指从确定职位描述,到分析用人理念、职位需求、与用人部门负责人沟通,筛选简历,人才测评,面试到录用通知,直至候选人报到的所有环节。招聘流程外包可以提高招聘质量、缩短填补职位空缺的时间、改善整个行政流程、管理核心业务指标的汇报以及削减总体成本。招聘外包使得人力资源管理部门可以站在更高的层面思考、规划招聘管理,提高招聘管理的专业化程度,提高招聘的有效性。

四、招聘管理的 e 化

进入 21 世纪以来,在互联网上开展网络招聘、猎头服务、人事代理、招聘外包等成为主流。信息技术的发展为人力资源管理提供了积极的辅助,e-hr 的应用推进了人力资源管理职能的转变,使其从低层次的事务性工作中解放出来,向战略合作伙伴的角色演变。

e 化招聘管理是 e 化人力资源管理的重要组成部分,与 e 化的人力资源规划、员工管理、人员培训、绩效管理、薪酬管理等模块紧密相连。e 化招聘管理模块包括招聘业务管理功能、在线测评功能和网络招聘功能。

(1) e 化招聘业务管理功能主要是基于组织的总体发展规划确定相应的人力资源计划,具体包括职位空缺、员工需求申请、制订职位说明书、发布招聘计划、招聘活动安排、招聘录用决策和自动发送录用通知或感谢信等。e 化管理提高了招聘管理流程信息传递的及时性和信息处理的高效性,同时,与其他模块的关联性也提高了信息的利用率,如录用人员自动转入人事模块,并可批量自动分配工号等,减少了人力资源专业人员的事务性工作，提高了工作效率，降低了招聘成本。

（2）在线测评功能将招聘中的纸笔测试转化成人机对话模式，其内容包括知识考试、心理测验、申请表评估等。组织可以事先建立评价体系和题库，针对不同的岗位需求确定不同的标准和试题组合。知识试题库可以不断充实和完善，心理测验可以不断采集样本和信效度验证，形成符合自己组织特色的评价体系。这种在线测评的功能大大提高了选拔的针对性和准确性。

（3）网络招聘功能可以发布招聘信息和采集到大量的应聘者信息。网上招聘的交互性优势，避免了众多应聘者对用人组织的干扰，双方可以在网上通过电子邮件进行信息交流，甚至可以运用视频面试等技术，这不仅弥补了传统招聘的不足，并且网上招聘不受时空的限制，使异地求职成为可能，大大拓展了招聘的广度。

同时，随着社交网络（SNS）、移动互联网、云计算等技术的高速发展，大数据时代也随着而来。大数据具有的4V特点（Volume、Velocity、Variety、Veracity），即数量规模化、采集多元化、处理高效化、信息真实化为招聘管理提供了新的模式。利用大数据的技术来进行招聘相关信息的撷取、管理和处理，促进有效的招聘需求预测、建立科学招聘指标体系，拓展针对性的招聘渠道等，帮助组织优化招聘资源配置、制定科学招聘决策、发现潜在招聘机会，进而成为企业获取和维持人才的重要因素。

在2013年，整体即时通信用户规模在移动端的推动下提升至5.32亿，使用率达86.2%。与传统及时通信工具、社交网站相比，以社交为基础的综合平台不仅拥有更强的通信功能，还增加了信息分享等社交类应用。① 越来越多的组织开始运用社交网站进行招聘信息的发布，越来越多的个人利用社交网站发布个人求职信息，通过网络搭建人脉，从而促进招聘和应聘目标的实现。诸如facebook、Linkin、若邻网等社交招聘网站蓬勃发展。美国社会化招聘公司Jobvite研究指出，2012年92%的美国企业在使用社交网络进行招聘，49%的美国企业认为使用社交网络招聘渠道后提升了招聘效率。全球最大的人力资源解决方案供应商Randstad Group在《2011/2012工作世界报告》中指出，在受访的中国企业中，尽管目前只有28%的企业在利用社交媒介招募人才，但高达85%的受访者认为未来社交网络将成为吸引人才的重要手段。如何有效地利用这一新型的招聘媒介，高效精准地招聘到合适的人才，实现企业招聘流程的增值，是企业人才招聘的一大趋势。

目前，由于社交网络中的信息不一定得到充分未经验证，数据的准确性不能得到完全保障；同时，当企业和个人都将准确的个人信息融入大数据的集合后，就会暴露出隐私泄露的问题，这也需要组织能从法律角度，以不侵犯求职者的隐私权，同时保证招聘的公平为原则，做好应对策略。

---

① CNNIC：《第33次中国互联网络发展状况统计报告》2014年1月16日。

五、校园招聘的趋势

尽管很多组织认为大学毕业生刚出校门,没有工作经验,社会阅历不丰富,不如从社会上招聘的员工,然而近年来,随着越来越多的跨国公司、500 强企业纷纷登陆中国,校园招聘业已成为其重要的人才战略的组成部分,包括国内的一些知名企业也积极开展校园招聘,寻求合适人才。校园招聘的趋势基于两个方面:一是专业知识及工作能力尽管是组织在招聘人员时考虑的重点,但越来越多的组织开始更多地关注应聘者对组织管理观念和组织文化的接受程度、应聘者潜能及其发挥的可能性等问题,如学习潜力、动机等。比如微软公司雇用人才的原则之一就是"要雇用那些最有潜力的年轻人",正如盖茨所说的"因为从长远来看,潜质更有价值",并且,没有一个地方比高校储备更多的具有这类"潜力"的人了;另外,像宝洁这样的跨国公司,其所有的员工也都是通过校园招聘进入企业的。二是中国的劳动力市场进一步规范和成熟,在劳动力市场中寻找熟练员工的难度进一步加大,并且随着新经济的繁荣带来了新的职位,这类职位本身就是新生儿,没有太多具有经验的人员可供选择。这就使得越来越多的组织更加注重内部的人才培养,将招聘工作的力度更多倾注于校园招聘,通过有效的校园招聘、完善的培训计划,确保有足够的人才支撑组织未来的战略发展。

校园招聘的发展趋势,一方面对学校教育提出了更高的要求,另一方面也使越来越多的组织通过提供见习岗位和实习岗位、设立奖学金等方式,参与到了学校教育过程中,对学生的培养起到了积极的推动作用。

六、招聘工作的职能化

随着人力资源管理部门职能的变迁,传统招聘的全程化模式开始转化为服务化模式,即从原来的从头到尾的全程管理实施,转化为为各个职能部门提供支持和服务。其专业人员起到的作用也发生着转变,成为招聘技术支持部门和服务部门,从而使招聘部门参与到招聘工作中来。

人力资源部门为职能部门提供的技术支持包括:执行招聘规划,掌握规划的基本技术和操作模式;进行工作分析,编写工作描述,确定最低工作资格;选择适用的甄选方法,有效利用科学手段支持应聘者的全面素质;组织背景调查;批准部门经理的录用决定;按照法律规定进行新员工的录用管理。

人力资源部门为职能部门提供的服务支持主要包括为职能部门的管理者提供管理能力培训、法律法规培训和招聘技术培训。

招聘工作中的职能化过程,有机地协调了人力资源部门和职能部门在人员招聘过程中的有效分工和合作，大大提高了各部门的工作责任感。

本章小结：

人员招聘关系到组织的发展，组织要保持稳定和持续的发展，需要进行有效的招聘。本章就人员招聘的含义、作用、原则进行了阐述，指明人员招聘过程中要遵循匹配原理、能级对应原理等。同时简单分析了人员招聘中的五大阶段：准备阶段、招募阶段、甄选阶段、录用阶段和评估阶段，只有遵循规范的实施流程，才能有效实现人员招聘。此外，介绍了美国、欧洲、日本等国家或地区的招聘现状，以提供给我国的组织在招聘中进行参考，最后，还分析了我国组织招聘中的问题及对策，并提出了未来招聘发展的趋势。

案例分析：

1. 李俊为什么不能很好地完成自己的职责？

从公司层面来讲，由于招聘过程中没有遵循匹配原理，对销售经理岗位没有进行有效分析，对应聘人员所要具备的能力要求不清楚，过于强调高学历，致使李俊的能力特点与公司职位的需求有较大差异，最终使公司的绩效目标无法实现。

2. 张天成该如何改进本公司的招聘流程？

公司的招聘没有遵循规范的流程，缺乏完善的准备工作，没有整体的规划、设计和实施。案例中张天成在招聘前没有进行有效的规划和工作分析，准备工作不充分，在招聘中没有规划，致使人才流失后的补充都是应急行为。同时，未能对招聘岗位进行有效分析，对该岗位的能力要求缺乏细致描述，导致在人员招募和甄选时缺乏依据，仅凭学历、简单背景和管理者感觉来判断，使结果不尽如人意。

思考题：

1. 什么是招聘？主要包括哪些环节？
2. 有效招聘可以为组织带来什么样的好处？
3. 试分析招聘在人力资源管理系统中的地位与作用。
4. 什么是人岗匹配原理？
5. 简述招聘的流程。
6. 试比较美国与日本的招聘特色。
7. 目前在招聘流程中存在着哪些误区？如何克服这些问题？
8. 招聘的未来发展趋势如何？

第二章 招聘基础

引导案例

新地公司招聘人力资源总监

宏翔公司是一家传统产业的上市公司，隶属于大同集团，由大同集团控股。今年伊始，新地投资公司通过控股并托管大同集团从而间接控制宏翔公司。新地投资公司资产逾30亿元人民币，目前控股多家海内外上市公司，近年来在国内主要以证券市场运作为主，较少涉足产业经营。在入主大同集团后，新地投资公司公开高薪招聘派驻大同集团的人力资源总监，并且委托多家知名猎头公司代为寻找。其中一家猎头公司开列的对外招聘条件如下：

- 年龄在32～40岁之间，硕士以上学历；
- 五年以上大型企业人力资源管理经验，至少担任三年人力资源总监；
- 熟悉中国劳动人事政策及相关法律、法规；
- 熟悉中西方文化以及西方人力资源理论；
- 富有团队精神和战略眼光，具有出色的组织能力、判断能力和沟通能力；
- 年薪20万元(人民币)以上。

表面看来，这家猎头公司给出的资质要求较为明确，按图索骥即可。然而，这份说明首先对于应聘者来说，可能是一头雾水，不明所以。这里有许多标准难以有效量化，其原因关键还在于招聘方没有给出详尽的岗位工作内容、流程描述与工作目标要求，而这对于一个真正懂得相关专业知识的人力资源总监来说是至关重要的，因为他(她)要借此判断自己的工作经验与能力特点是否能胜任工作。这涉及聘任的一个基本原则，即判断自己是否是最合适的，而不一定是最好的人选。其次，对招聘方来说，这样的条件说明也使其难以有效判断什么样的人才是真正合适的。实际上，新地公司对要招聘什么样的人力资源总监，自身认识也模糊不清。新地公司虽然在道理上明白人力资源总监这一职位的重要性，然而并不能明确人力资源总监及其所属部门在公司经营战略及组织中的地位与作用，不能明确其真正的工作内容、流程及工作目标要求，因而就难以对这一职位提出客观的评价与要求，从而导致整个招聘过程充满不确定性，招聘周期过长，招聘费用加大，在社会上带来一定负面影响，并且难以设计、实施与此高管职位相对应的岗前定向培训和工作铺垫，导致不能理性规避其工作过程中由于能力原因及工作失误造成的失败风险，加大了聘任失败的可能。

案例讨论题：

1. 组织针对招聘工作，需要树立什么样的招聘理念？建立什么样的招聘基础？

2. 你能为该公司人力资源总监职位设计一个有效的招聘流程吗？

第一节 人力资源规划

一、人力资源规划概述

人力资源规划，是指根据组织发展战略、组织目标及组织内外环境的变化，预测未来的组织任务和环境对组织的要求，为完成这些任务和满足这些要求而提供人力资源的过程。它包括预测组织未来的人力资源供求状况、制订行动计划及控制和评估计划的过程。

组织的人力资源是实现组织目标的基础与根本保证。组织日益需要具有应对各种变化的人才。为了适应组织对未来发展战略的要求，人力资源管理也必然采取相应的对策。管理系统引入人力资源规划，是对组织发展作出的回应。人力资源规划的应用，不仅是现代管理技术的进步，更意味着现代人力资源管理由重视员工数量转向兼而重视员工能力与素质的结构；由重视组织人力资源管理的短期利益转向重视组织长期的发展和战略。人力资源规划是从组织整体和发展的角度出发，立足于组织目标和战略，匹配人力资源与组织工作的需要，将人力资源的不断开发和发展视为组织生存与发展的生命线。

（一）人力资源规划的意义及与招聘管理的关系

1. 人力资源规划的意义

人力资源规划工作对组织的重要意义可归结为以下几方面：

(1) 适应组织发展的需求。人力资源规划主要是根据组织当前及未来发展的需要,通过制订人员补充计划、人员使用计划、人员接替及晋升计划、教育培训计划、绩效评估计划、人员激励计划、退休及解聘计划等,来实现人员的适时、适量、适岗补给,从而适应与确保组织战略目标的达成。

(2) 合理、有效地配置人力。通过科学有效的人力资源规划,不仅能分析出现有的人力结构状况,而且还可以分析与归结出影响人力资源有效运用的问题或症结,使组织人力资源系统发挥出更大的效能,减少不必要的人力浪费,降低用人成本。

(3) 减少未来的不确定性,配合员工职业生涯发展。合理的人力资源规划,减少了未来的不确定性,配合员工个人职业计划,能将员工个人的发展与组织的发展有效地联结在一起,既降低个人的失业风险性和对组织造成的不稳定程度,又能提高员工的满意度和促进员工的发展。

2. 人力资源规划与招聘管理的关系

人力资源规划与组织招聘管理之间的关系不言而喻,人力资源规划规定了招聘和甄选人才的目的、要求及原则,组织的招聘工作须基于人力资源规划的框架而展开。人力资源规划的内容解决了招聘管理中的相关问题,包括岗位的空缺情况、招聘的时间、招聘的数量和质量、招聘的渠道等,人力资源规划是组织实施招聘的前提条件,招聘是人力资源规划的一个具体运用。

(二) 人力资源规划的类型

1. 按照期限长短划分

按照人力资源规划的期限长短不同,可将其分为长期规划、中期规划和短期规划。长期规划一般是指五年以上、具有战略意义的规划,内容具有较大的普遍性和灵活性,它为组织的人力资源发展和使用确立了基本的方向、目标和政策。长期规划的制定建立在对组织内外环境变化的分析预测基础之上;中期规划一般指三至五年的规划,其目标、任务的明确与清晰程度介于长期规划和短期规划之间,有承前启后的作用;短期规划则是指时间跨度在一年左右的规划,它对各项人事活动的安排往往比较明确、任务具体、目标清晰,是依据长期规划来确定现有绩效的基准点。

2. 按照内容性质划分

按照内容性质的不同,可分为宏观人力资源规划和微观人力资源规划。宏观人力资源规划是从整个组织系统和人员系统出发,在分析组织结构和人员预算状况走势的基础上,确定一个时期内组织人员总体需求状况,以期组织内职位与人员数量、素质结构在总量上达到基本均衡。宏观人力资源规划更具有战略性。微观人力资源规划是指组织各部门根据部门的工作岗位需要和部门预算情况及其发展方向,在工作描述和工作分析基础上,确定本部门在一个时期或一个财政年度内对人力资源的需求状况,并制订出其获取与分配的计划。从程序上看,微观人力资源规划作为信息汇总使宏观人力资源规划的建立有了基础;从结果上看,微观人力资源规划所包含信息的准确性关系到宏观人力资源规划预测的准确性。

二、人力资源规划的程序

人力资源规划通常要对以下重要问题作出分析:组织面临的变化着的内外部环境,对组织发展与人才需要提出了什么要求;组织近期和长期的发展目标;寻找现有人力资源素质、能力结构与组织目标存在的差距;对组织未来人力资源的需求情况进行预测;将规划与日常的人事管理活动联结起来,在管理中贯彻和实施人力资源规划的要求;通过一定的指标和人力资源管理的绩效,对人力资源规划的成果予以评估,并不断完善人力资源规划。程序内容可参见图 2-1。

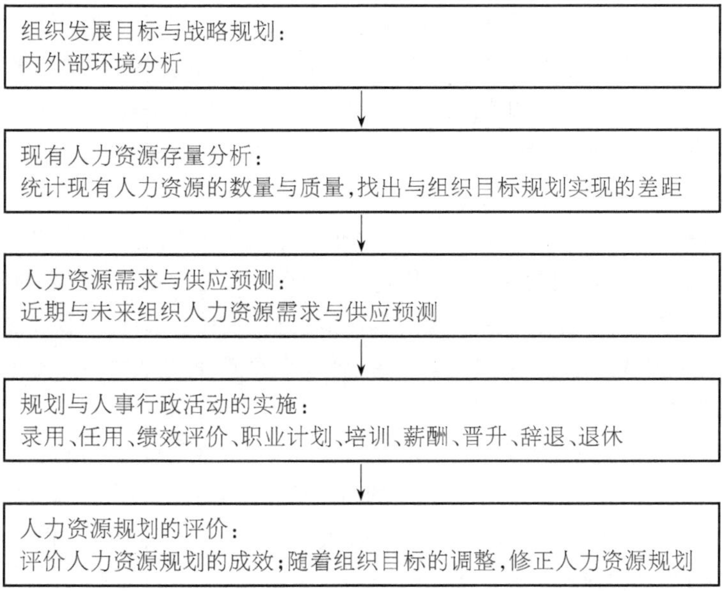

图 2-1 人力资源规划的程序

三、人力资源规划的制定

(一)人力资源的需求预测

人力资源需求预测是以组织的战略目标、发展规划和工作任务为出发点,综合考虑各种因素的影响，对组织未来人力资源需求的数量、质量和时间等进行估计的活动。人力资源需求预测是人力资源规划的中心内容。人力资源需求预测的方法较多，我们将这些方法分为定性预测和定量预测两大类。

1. 定性预测法

(1) 零基预测法。该方法较为简便，适用于短期的预测。此法先假定组织现有员工数量与结构完全能够适应预期的要求，管理者只需要安排适当的人员在适当的时间加以补缺即可，如替补晋升者和离职者留下的职位空缺。

(2) 经验预测法。该方法是指根据以往的经验对人力资源进行预测规划的方法。实际运用中的操作方法是：组织的基层管理人员根据以往的经验将未来一段时间内的活动转化为本部门人员的需求增减量，提出本部门各类人员的需求预测量，再由上一级管理层对其所属部门进行人力的估算和平衡，通过层层估算，最后由最高管理层进行人力资源的规划和决策。

(3) 微观集成法。该方法可以由具体的职能部门根据本部门的需要，预测将来某一时期内对各种人员的需求量，并向自己的上级主管提出用人建议和要求，最后经横向和纵向汇总而获得人员需求预测的总数。也可以由组织的最高管理层先拟订出组织总体的用人目标和建议，而后逐级下达到各具体职能部门，开展讨论和修改，再将修改意见反馈回最高管理层，最高管理层据此对总的预测和计划作出最后的修正。该方法适用于短期预测。

(4) 德尔菲法(Delphi Method)。该法也叫专家评估法，是美国著名的兰德公司(Rand Corporation)奥拉夫·赫尔默博士创造的。该方法是在不记名的情况下，向若干专家寄发调查表，分别征询意见，然后将意见收集起来，运用数理统计的方法，进行分析归纳，测算出各种数据的平均值和标准差，再把较集中的意见反馈给专家，让专家们慎重地修正自己的意见。经过多次反馈(3～5轮)，使大多数专家的意见趋于集中，从而获得预测结果。专家可以是来自一线的管理人员，也可以是高层经理。一般在预测组织未来劳动力需求上，可选择规划、人事、市场、销售和生产部门的经理作为专家。人数最好在20～30人之间，低于10人则统计分析无意义，人数太多则增加整理的工作量。

德尔菲法在实际的人力资源需求预测中受到广泛重视和运用，并且预测的准确性也较高。比如，有一家公司曾经用德尔菲法预测某一年中所需要的新招聘销售人员的数量，他们选择的专家是公司中的七位管理人员，这些专家被要求作答了五轮匿名的问卷。在第一轮结束之后，调查组对预测结果进行了总结归纳，发现专家预测的结果范围在25～43人之间，平均值为32人。到了第五轮问卷调查结束后，专家们预测的数量范围在27～38人之间，平均值为33人。调查者为了检验德尔菲法预测的精确程度，并没有把预测的结果公布出来，在实际的招聘工作中也没有使用这个结果。到了年底，统计得出这一年实际招聘的销售人员为 32 人，可见该方法在预测人员需求方面具有较高的准确性。

2. 定量预测法

(1) 总体需求结构分析预测法。该方法用公式表示为：

$$NHR = P + C - T$$

公式中，NHR 是指未来一段时间内需要的人力资源，P 是指现有的人力资源，C 是指未来一段时间内需要增减的人力资源，T 是指由于技术提高或设备改进后节省的人力资源。比如，某公司现有员工 1 000 人，一年后由于经营规模的扩展需要增加 150 人，但由于采取 ERP 技术可节省 50 人，根据公式我们即可算出一年后需要的人力资源为：

$$NHR = 1\,000 + 150 - 50 = 1\,100(\text{人})$$

(2) 人力资源成本分析预测法。该方法从成本的角度进行预测，测算的公式为：

$$NHR = \frac{TB}{(S + BN + W + O) \times (1 + a\% \times T)}$$

公式中，NHR 为未来一段时间内需要的人力资源，TB 为未来一段时间内人力资源预算总额，S 为目前每人的平均工资，BN 为目前每人的平均奖金，W 为目前每人的平均福利，O 为目前每人的平均其他支出，a 为组织计划每个人力资源成本平均每年增加的百分数，T 为未来一段时间的年限。比如，某企业三年后的人力资源预算总额是 400 万元/月，目前每人的平均工资是 1 500 元/月，每人的平均奖金是 400 元/月，每人的平均福利是 800 元/月，每人的平均其他支出是 100 元/月，该企业计划人力资源平均每年增加 5%，根据公式，我们可以计算出该企业三年后需要的人力资源为：

$$NHR = \frac{4\,000\,000}{(1\,500 + 400 + 800 + 100) \times (1 + 5\% \times 3)} = 1\,242(\text{人})$$

(3) 人力资源回归预测法。该方法是运用数学中的回归原理，通过建立人力资源需求量与其影响因素之间的函数关系，从影响因素的变化推导出人力资源需求量的变化。其中，单变量的回归方程体现的人力资源需求数量仅仅随着一个变量发生变化，而不考虑其他因素对人力资源需求量的影响。基本公式为：

$$Y = \alpha + \beta X + \varepsilon$$

公式中，Y 为人员数量，X 为产品产量，α、β 为根据过去资料推算的系数，ε 为不相关的随机变量,其平均值为零。比如,以某公司为例,其人员需求预测如表 2-1 所示。

表 2-1　某公司的人员需求预测

年份	产品产量(×1 000) X_i	人员数量(个) Y_i	$(X_i-\bar{x})$	$(X_i-\bar{x})$	$(Y_i-\bar{y})^2$	$(Y_i-\bar{y})(X_i-\bar{x})$
1995	11	21	−8	64	−8	64
1996	13	22	−6	36	−7	42
1997	14	23	−5	25	−6	30
1998	14	25	−5	25	−4	20
1999	17	28	−2	4	−1	2
2000	16	30	−3	9	1	−3
2001	19	32	0	0	3	0
2002	21	31	2	4	2	4
2003	20	32	1	1	3	3
2004	24	34	5	25	5	25
2005	28	34	9	81	5	45
2006	31	36	12	144	7	84

预测方程:

$$Y=\alpha+\beta X+\varepsilon$$

运用最小平方法可推导出 α、β 的关系如下:

$$\alpha=\bar{y}-\beta\bar{x}$$

$$\beta=\frac{\sum(X_i-\bar{x})(Y_i-\bar{y})}{\sum(X_i-\bar{x})^2}$$

而: $\sum X_i=228, N=12, \bar{x}=\sum X_i/N=19$

$\sum Y_i=348, N=12, \bar{y}=\sum Y_i/N=29$

$$\sum(X_i-\bar{x})^2=418 \qquad \sum(X_i-\bar{x})(Y_i-\bar{y})=316$$

$$\beta = 316/418 = 0.76 \qquad \alpha = \bar{y} - \beta\bar{x} = 29 - 0.76 \times 35 = 41.16$$

假设 $\varepsilon = 0$，

则 $Y_{2007} = 14.56 + 0.76 \times 35 = 41.16 \approx 41$(人)(35 为 2007 年的预计产量)

通过预测分析，可得出 2007 年该公司人员需求量为 41 人，假设不需要考虑其他影响因素，则可预测今后各年度的人员需求量。

但是，在多数情况下，人力资源的需求数量并不是由一个简单的因素所决定的，而是由多个主要因素共同决定的，这些因素呈线性关系称为多元线性回归。例如，人力资源的数量可以受组织的生产规模、劳动生产率等多项因素所制约。为此，我们将人力资源数量作为因变量 Y，将影响人力资源数量变化的因素作为自变量 X_1、X_2、X_3、X_4……X_n，两者间的近似关系用公式表示：

$$Y = a_0 + a_1X_1 + a_2X_2 + \cdots\cdots + a_nX_n$$

(4) 人力资源劳动定额预测法。劳动定额预测法是依据劳动者在单位时间内应完成的工作量和组织计划的工作任务总量推测出所需要的人力资源数量。用公式表示为：

$$N = \frac{W}{q(1+R)}$$

公式中，N 为人力资源需求量，W 为计划内任务完成总量，q 为组织现行劳动定额，R 为计划期内生产率变动系数。

(5) 人力资源比率分析预测法。该方法是一种通过计算某些原因性因素(如销售额)与所需要的员工数目之间的一个精确比率来确定未来人力资源需求的方法。比如，某保险公司对保险推销员的需求可以用保险推销额度与保险推销员数目的比率为基础进行预测。假设某保险公司的保险推销额度为 8 000 万元，保险推销员数量为 100 名，两者的比率基础为 8 000 ∶ 100 = 80 ∶ 1。这一比率表明，平均每个保险推销员所完成的推销额度为 80 万元，假如这家公司预期明年保单总额将新增 800 万元，则其需要新招进 10 名保险推销员。

以上所述几种方法，都是运用数学的方法进行人力资源需求预测，这些定量方法往往依赖于人力资源需求与某些因素之间的函数关系的稳定性而进行测算的。在工作实践中，往往较难发现稳定的数学模型，因此在很多情况下，对人力资源需求的预测是依靠经验进行估算的，即使运用了逻辑严谨的数学模型，也常常需要借助经验的判断对结果进行修正。

(二) 人力资源的供给分析

人力资源供给预测是指为了满足组织在未来一段时间内的人力资源需求，而对组织可以获得的人力资源的数量与质量状况进行的预测。为了更好地完成对人力资源的供给分析，必须确立人力资源供给预测的程序，一般包括：

第一，对现有人力资源的测算。即主要利用信息库的资料，分析、核查组织内部各种人员的基本情况。如果信息库建立得较为完善的组织，可查询到各类人员的数量、员工的部门分配情况、员工的技术知识水平、工种、年龄、受教育培训情况、职业发展计划、人员流动的基本数据等这些信息。

第二，对组织内人员流动的分析。通过分析本组织目前员工流动的情况及其原因，预测将来员工流动的态势，以便采取相应的措施避免不必要的流动或及时给予替补。组织内人员流动的情况表现为：平调或轮岗、晋升、降级、辞职、退休、伤残、死亡等。

第三，事先掌握组织内员工晋升和内部调动的情况，保证工作和职务的需要，进行必要的前馈控制管理。

第四，掌握组织员工的供给来源和渠道。

人力资源供给预测包括对外部的人力资源进行的预测和对内部的人力资源进行的预测。

1. 内部人力资源供给预测

内部人力资源供给预测主要是指对组织内部员工的情况进行分析，它包括分析和了解员工的人数、年龄、知识技术水平、发展潜能、流动趋势等，从而预测未来的一段时间内组织内部可能的人力资源保存和流失状况。组织内部的人力资源供给往往直接关系到整个组织团队的凝聚力和士气。

影响内部人力资源供给的因素一般包括行业的发展状况和前景、组织的人力资源策略和相应的管理措施，以及不同组织所存在的一些特殊因素等。

内部人力资源供给预测的方法主要有：

(1) 员工满意度与忠诚度调查。组织可以在内部定期对员工进行工作满意度调查，从而在各个层面了解员工对组织内各项政策和管理措施等工作环境的评价，显示出员工对工作的满意程度，同时也能体现员工流动的原因与可能性大小。满意度调查可以由组织自行开展，也可以委托专业的咨询调研公司进行，通常采用匿名方式。

(2) 档案调查。组织可以从每一个员工进入该组织的第一天起，即建立内部的个人档案，以此作为人力资源信息系统的基础。档案调查即通过查询这一信息系统，方便快捷地了解相关员工的工作经验、教育程度、特殊技能等工作信息，从而评价目前不同种类员工的供应状况、确定晋升或换岗的人选、确定员工培训或发展的项目以及帮助员工确定职业发展规划等，统计、分析目前的人力资源状况。在员工的个人档案中，一般可以记载以下几方面的信息：① 基本信息，包括年龄、性别、结婚与否等;② 知识技能信息,包括教育程度、工作经历、培训经历、任职情况等;③ 特别资格,包括参加何种专业团体、得过何种奖励、有何特长等;④ 薪资资料,包括现在与过去的薪资情况、调薪日期等;⑤ 个人素质,包括心理测验及其他测验的成绩、健康资料等;⑥ 兴趣爱好,包括业余爱好、家庭情况等。

(3) 接替继任计划。接替继任计划的实施可运用继任卡法,以分析和设计组织内各主要管理岗位的人员供应状态。正如 IBM 公司所宣称的:实施这项计划的目的是“保证高层管理者的素质,为公司遍布世界的所有管理职位做好人才准备”。继任卡也称替补图,是用于更好地满足管理人员,尤其是高级管理人员的供应所设计的岗位替补或曰晋升可能计划。通过继任卡法的制定和使用,一方面组织不会由于某个人的离职而使工作受到太大影响,另一方面,以组织图为基础的替补有利于调动员工的积极性。而且,继任卡所显示的某些员工经过一定时间的培训和实践有可能晋升的信息,大大有助于相关员工的提高和成熟,使晋升人员能达到较高的胜任水平。典型的继任卡可设计成如图 2-2 所示。

<table>
<tr><td>A</td><td colspan="4"></td></tr>
<tr><td colspan="5">B</td></tr>
<tr><td>C</td><td colspan="3">D</td><td>E</td></tr>
<tr><td>C_1</td><td>1</td><td>D_1</td><td>B_1</td><td>A_1</td></tr>
<tr><td>C_2</td><td>2</td><td>D_2</td><td>B_2</td><td>A_2</td></tr>
<tr><td>C_3</td><td>3</td><td>D_3</td><td>B_3</td><td>A_3</td></tr>
<tr><td>C_E</td><td>紧急继任者</td><td colspan="2">D_E</td><td>B_E</td></tr>
</table>

图 2-2 继任接替卡①

继任图 A 中,B 填入现任者的职务,C 填入现任者的年龄,D 填入现任者的姓名,E 填入现任者任现职的时间年限,1、2、3 分别代表三位继任者,C_1、C_2、C_3 分别填入三位继任者的年龄,D_1、D_2、D_3 分别填入三位继任者的姓名,B_1、B_2、B_3 分别填入三位继任者的职务,A_1、A_2、A_3 分别填入三位继任者晋升的可能性(可以用不同的颜色代表晋升可能性的大小)。

(4) 流动可能性矩阵分析。该方法是借助流动可能性矩阵分析图,了解内部员工在一定时间内的流动状况,以便于预测内部人力资源可能的供应量。一种基本的二维矩阵构成了这种模型图,如图 2-3 所示。该图中,工作级别从 A~I,级别逐渐由高到低,数字表示百分比。如 AA 为 1.00,表示在这个工作时间段内最高工作级别的人员没有流动;BB 为 0.80,表示在这个时间段内,这个级别的人员留住了

① 杨杰:《有效的招聘》,中国纺织出版社 2003 年版,第 66 页。

80%,其中15%晋升到A岗位,5%流出了组织,依此类推。

工作级别		终止时间									流出	总量
		A	B	C	D	E	F	G	H	I		
起始时间	A	1.00									—	1.00
	B	0.15	0.80								0.05	1.00
	C		0.16	0.76	0.04						0.04	1.00
	D		0.01	0.23	0.73						0.03	1.00
	E				0.85	0.05					0.10	1.00
	F					0.25	0.65	0.05			0.05	1.00
	G						0.40	0.50	0.03		0.07	1.00
	H						0.02	0.15	0.75		0.08	1.00
	I								0.20	0.50	0.30	1.00

图2-3　组织内部流动可能性矩阵图①

2. 外部人力资源供给预测

无论是地区性层次的人力资源市场还是全国性的人力资源市场,都会受到经济、社会、教育和法律等诸因素的影响。一般情况下,影响外部人力资源市场供给的因素主要有:当地的失业率水平、同种类型劳动力向外地市场的流动量、本地教育系统毕业生数量、交通运输发展状况、与其他地区相比本组织的报酬水平和工作环境、就业量以及组织在一般公众中的形象等。

(三)制定人力资源规划

当目前的人力资源状况或发展趋势与未来战略成功所需要的理想状态存在差距时,组织就要根据具体的需求制定一系列有针对性的人力资源规划方案,以确保未来人力资源状况符合组织的战略需要。方案一般包括一个蓝图式的总规划和人员招聘、配置、流动、培训、薪酬等具体职能的详细规划。

(四)通过评价与控制规划对战略进行调整

人力资源规划毕竟是对未来状况的预测,在规划制定与实施过程中可能发生一些与预测不符的状况。因此最初制定的人力资源战略和规划甚至是组织战略本身都可能无法达到预期的目的。为此就必须建立一套科学的评价和控制系统,通

① 杨杰:《有效的招聘》,中国纺织出版社2003年版,第68页。

过对规划的监控来及时调整人力资源战略和规划以适应环境的变化。甚至如果环境的变化使组织战略无法按预期的方向开展,应根据环境予以调整,并基于新的组织战略进行人力资源规划,保证人力资源规划与组织战略的持续滚动发展。

实施人力资源规划,通过估计未来人员的配置需求和未来人员配置的可获得性,并将两者加以比较,确定净需求。在稳定性高、工作需求变化少、人员变动也较少的组织中,实施人力资源规划会更有效些。但是,在今天灵活性组织中,驱动未来人员配置供求的因素是不断变化的,确定未来需求的过程就变成一个根据对变化的不同假设制订方案的过程,管理者可以在这些作为行为依据的备选方案中进行选择。

第二节　工作分析

工作分析是人力资源管理的一项核心基础职能,它是一种应用系统方法,是收集、分析、确定组织中职位的定位、目标、工作内容、职责权限、工作关系、业绩标准、人员要求等基本因素的过程。[①] 职位分析以组织中的职位以及任职者为研究对象,它收集、分析、形成的信息及数据是有效联系人力资源管理各职能模块的纽带,为人力资源管理体系的建设提供理性基础。

组织的招聘工作必须基于工作分析的基础上,因为确定招聘人选的条件要求首先是由该职位的关键工作职责决定的。按照招聘管理中的能岗匹配原则,只有素质技能符合该岗位要求的人,才是最合适的人选。不同的职位需要具有不同能力和素质特点的人来从事。通过职位分析,在明确职位的职责、权限、任职资格等因素的基础上,形成该职位的工作的基本规范和职责描述,从而为组织选拔人员提供基础,提升人事匹配度,提高甄选的效度。

一、工作分析的基本程序

(1) 确定工作分析的目标。要提高工作分析的效果与效率,必须使工作分析有的放矢,即根据组织与人力资源管理实践的要求,明确提出工作分析的具体目标。尽管工作分析的不同导向之间往往相互交叉,一个工作分析项目可以胜任 2～3 个具体目标,但是还是有必要建立目标导向的工作分析系统。当组织的招聘甄选作

① 彭剑锋主编:《人力资源管理概论》,复旦大学出版社 2003 年版,第 106 页。

为工作分析的目标时,工作分析强调的重点是对工作所需教育程度、工作经验、知识、技能与能力的界定,并确定各项任职资格要求的具体等级或水平。此时,工作分析所要收集的信息主要包括工作目的与工作职责、职责的重要程度和任职资格;信息收集的成果表现为招聘要求和甄选标准。

(2) 确定工作分析的执行者。工作分析是一项技术性并需要得到各方面认可的工作,因此,工作分析者应由人力资源管理专家、管理层、相关员工三方面的人员组成,并经过相关知识培训才能进行。

(3) 选择有代表性的职位来进行分析。在组织中职位系统比较复杂,相类似的岗位较多,因此,为提高工作分析的效率和降低工作成本,就需要选择具有代表性的工作进行分析,然后进行类推。

(4) 收集工作分析所需要的信息资料。这是工作分析的重要阶段。一般收集的信息资料包括员工的在职活动、员工行为、工作状况、工作条件等。

(5) 编写工作说明书和工作规范。工作说明书主要包括职位设置目的、基本职责、职位在组织中的位置、业绩标准、工作权限、职责履行等内容。工作规范主要指职位的任职资格要求,包括职位的行为标准以及胜任职位所需要的知识、技能、能力、个性特征和对人员的培训需求等。这两部分构成工作分析的结果。

二、工作分析的目标导向及其分析重点

表 2-2 概括了工作分析的基本导向及其侧重点。

表 2-2　工作分析导向及其侧重点①

工作分析的目标	强调的重点	所要收集的信息	信息收集的成果
组织优化	强调对工作职责、权限的明确界定;强调将工作置于流程与战略分解体系中来重新思考该职位的定位;强调职位边界的明晰化	工作目的与工作职责 职责细分(或履行程序) 职责分配的合理性 工作流程 职位在流程中的角色 工作权限	组织结构的调整 职位设置的调整 职位目的的调整 职位职责的调整 职责履行程序的调整
招聘甄选	强调对工作所需教育程度、工作经验、知识、技能与能力的界定,并确定各项任职资格要求的具体等级或水平	工作目的与工作职责 职责的重要程度 任职资格	招聘要求 甄选标准

① 彭剑锋:《人力资源管理概论》,复旦大学出版社 2003 年版,第 114 页。

续 表

工作分析的目标	强调的重点	所要收集的信息	信息收集的成果
培训开发	强调工作典型样本、工作难点的识别;强调对工作中常见错误的分析;强调任职资格中可培训部分的界定	工作职责 职责学习难度 工作难点 关键工作行为 任职资格	培训需求 培训的难点与重点
绩效考核	强调对工作职责以及责任细分的准确界定,并收集有关对各项职责与任务的重要程度、过失损害的信息,为考核指标的提取以及权重的确定提供前提	工作目的与工作职责 职责的重要程度与执行难度 工作难点 绩效标准	绩效评价指标与标准
薪酬管理	强调对与薪酬决策有关的工作特征的评价分析,包括职位在组织中的地位及对组织战略的贡献、工作所需的知识、技能与能力水平、工作职责和任务的复杂性与难度、工作环境条件、工作负荷与强度的大小	工作目的与工作职责 工作范围 职责复杂程度与执行难度 职位在组织中的位置 联系的对象、内容与频率 任职资格	与职位评价要素相关的信息 职位序列

三、工作分析方法的选择

工作分析的方法主要有观察法、访谈法、调查问卷法、工作日志法、关键事件法、工作实践法等。不同的方法有不同的特点,不存在一种普遍适用的或最佳的方法,在进行工作分析时,需具体情况具体分析,综合运用或有针对性地选择其中的一种或几种方法。

1. 根据目标选择

工作分析的目标导向不同,所使用的方法也应有所不同。当工作分析用于招聘时,就应该选用关注任职者特征的方法;当工作分析关注薪酬体系的建立时,就应当选用定量的方法,以便对不同工作的价值作出比较。

2. 根据职位特点选择

比如,有的工作活动比较外显,以操作机械设备为主,就可以使用现场观察法来收集信息;有的工作以内隐的脑力活动为主,不容易直接观察,就不能使用现场观察法了。又如,如果使用主观回答较多的问卷调查方法去调查那些文化水平较低的员工,效果也会不理想。

3. 根据实际条件选择

有些方法虽然可以得到较多的信息,但可能由于花费的时间或财力较多而无法采用,如专家访谈法,可以较直接地从工作任职者处获得信息,而且访谈者与被访者能进行面对面交流，深入地挖掘到相关重要信息，但这种方法的缺点是需要花费较多的时间。而问卷调查法，虽然获得的信息有限、挖掘度不够，但如果问卷设计得好，调查面又广，效率还是较高的。

四、工作说明书的编写

工作说明书(Job Description)是描写某一职位的工作内容、职责、工作环境及任职条件的书面文本。工作说明书的编写要求做到简洁、清楚、充分，也就是要用普通人能够理解的、最简练的语言完整地描述与工作有关的重要信息资料。工作说明书的编写无固定模式，需要根据职务分析的特点、目的与要求具体确定编写的条目。一般包括以下内容：

(1) 工作标识(Job Identification)。包括工作的名称、编号、工作所属部门、工作地位、工作说明书的编写日期等项目。

(2) 工作综述(Job Summary)。描述工作的总体性质，即对该职位工作职能、活动的概括性描述，所用语言尽量具体明确，切忌泛泛而谈。

(3) 工作范围。指该职位的任职者所能掌控的资源的数量和质量，以及该职位的活动范围，它代表了该职位能够在多大程度上对企业产生影响。该部分信息非所有工作分析说明书中的必备内容，往往用于管理职位、以职位评价为目标的职位描述。

(4) 工作职责。主要指该职位通过一系列什么样的活动来实现组织的目标，并取得什么样的工作成果。

(5) 工作权限。指根据该职位的工作目标与工作职责，组织赋予该职位的决策范围、层级与控制力度。主要应用于管理人员的职位描述与职位评价。

(6) 业绩标准。是在明确界定工作职责的基础上，对如何衡量每项职责的完成情况的规定，是提取职位层级绩效考核指标的重要基础和依据。

(7) 工作联系。主要包括两个部分：一是该职位在组织中的位置，用组织结构图来反映；二是该职位的任职者在工作过程中，与组织内部和外部各单位之间的工作联系，包括联系的对象、联系的方式、联系的内容和联系的频次等。

(8) 工作压力因素与工作环境。工作压力因素指由于工作本身或工作环境的特点给任职者带来压力和不适的因素；工作环境条件，主要针对操作工人的职位描述，目标是界定工作的物理环境在多大程度上会对工人造成身体上的不适或影响身体健康。

(9) 工作规范。主要说明担任此职务的人员应具备的基本资格和条件，如一般要求，包括年龄、性别、学历、工作经验；生理要求，包括健康状况、力量与体力、运动的灵活性、感觉器官的灵敏度；心理要求，包括观察能力、学习能力、解决问题的能力、语言表达能力、人际交往能力、性格、气质、兴趣爱好等。

五、工作分析与招聘配置计划

制订招聘计划是人力资源部门在招聘中的一项核心任务，通过制订计划来分析企业所需要的人才数量、质量、结构等，以避免工作的盲目性。招聘计划的制订一方面要根据企业自身的战略规划和发展要求外，还要依靠现有的内部工作分析的相关文件。企业制订招聘配置计划时要注意：

（一）借助工作分析系统，加强人员合理配置

工作分析系统承担对企业内所有有关工作的信息的收集和整理。通过工作分析，企业能够掌握已有各类人员的数量、质量、结构，所需各类人员的数量、质量、结构，这样有利于对人员进行合理的配置和调整。这些内容可以从工作分析的结果文件中获得，比如企业内每个职位的具体描述，从事该职位的人员的素质技能等。

（二）根据工作分析，制订人事安排计划

与前述的人力资源需求预测相关理论有关。人力资源需求预测主要根据企业目前以及未来一定时期内所需要的人才数量、类型以及获得的可能性进行预测的基础上，制订企业所需要人才的计划，同时面对内部员工，结合人才计划可以开展人事调动，此时人力资源部门可以依据工作分析中的工作描述书有关职位关系，拟订此工作岗位的人事安排计划。见表 2-3。

表 2-3 人事安排计划举例①

本岗位名称：招聘助理	所属部门：人力资源部	岗位编号：ZN-HR-0221
职位关系	职位	相应条件
可晋升岗位	招聘专员	在具备了一定的招聘面试等专业技能之后，能够有一定的管理能力，并且能够对所支持的部门业务有全面了解
可由何岗位转至本岗位	各部门人事助理	通过对部门人力资源事务的处理，掌握相关技能，视工作需要而定
可转至何岗位	各部门人事助理	视工作需要而定，主要负责某一部门的人力资源的全面相关事务
降级		

（三）通过工作分析文件，协助人员招聘配置计划的实施

企业在人员招聘配置计划制订时，必然会涉及各个部门、各个岗位。无论是新

① 王丽娟：《员工招聘与配置》，复旦大学出版社 2012 年版。

招聘员工还是受到岗位再调整的老员工,都要重新适应新的工作环境和工作关系。工作分析形成的文件对每个岗位都进行了详细的描述,包括其工作环境、领导关系、协作关系等,这些信息能帮助员工更快进入新的工作角色,更好适应新的工作环境,人员配置计划的有效性因此得到提高。

(四)依照工作分析,实现人员招聘配置计划的效果评估

招聘与配置效果的衡量,标准就是与岗位的匹配度以及所产生的工作绩效,而这些标准都来自于工作分析。与此同时,通过比较任职者与岗位要求任职资格之间的差距和实际绩效,来不断修正人力资源的招聘配置计划,总结不足,为下一阶段的人力资源招聘和调整积累经验。

组织正是通过人力资源管理的基础性工作——工作分析,提供了职位包含的基础信息,这些信息正是人员招聘和甄选的客观标准和依据。而这里,我们必须意识到只有"人"才是组织发展的真正动因所在,组织成员必须满足特定工作和岗位的需要,也只有员工的能力和岗位相互适应,即人(能)岗匹配,才能充分挖掘员工潜力,发挥其最大效力。随着世界经济一体化以及中国加入 WTO,对人才的争夺将更加激烈。由于国内不少企业缺少科学的工作分析,使工作职责、任务及岗位对人员的要求不甚清晰,使得招聘工作很难做到个人与岗位的匹配。

第三节　胜任素质模型构建

如果说,工作说明书中提供的基本生理与社会特征、知识与技能特征是人员甄选中的"硬约束"的话,那么对于人员甄选中更具有实际意义的则是"软约束"——心理特征,虽然有的工作分析也涵盖此项内容,但更多的还是借助胜任素质理论来探讨与获得。对任何组织的招聘管理而言,最重要、最基本的准备工作是建立以胜任素质模型为基础的任职资格体系,这也是基于胜任素质的人力资源管理研究的新方向之一。

一、胜任素质理论概述

胜任素质(Competency)是个体所具备的、能够以之达成或预测优秀工作绩效的内在基本特征和特点。它可以包括动机、特质、自我概念、态度、价值观、具体知识、技能、认知方式和行为模式等要素。简单地说,胜任素质就是决定个体在既定

职位上能够达成优秀工作成果的那些独特的内在特点。①

胜任素质理论与应用，首先在 1973 年由美国哈佛大学教授戴维 · 麦克利兰 (David C. McClelland)在《美国心理学家》杂志刊发了一篇题为“Testing for Competence Rather Than for ‘Intelligence’”(测量胜任力而非智力)的论文中提出。在该文中麦克利兰自创了一个英文单词——“Competency”，(在中文里被翻译为“资质”“胜任力”“胜任特征”“胜任能力”“竞争力”“素质”等，本书以“胜任素质”为指称)，并从六个方面对测量胜任力进行了说明。胜任素质体系的创立是一个不断探索与构建的过程，包括关于“胜任素质”的界定，除了麦克利兰在《测量胜任力而非智力》中所定义的“能区分在特定的工作岗位上和组织环境中绩效水平的个人特征”这样的说明以外，也包括其他一些研究者的成果。美国学者理查德 · 博亚特兹(Richard Boyatzis)是第一个经过深入研究，将素质模型写成相关书籍的人。博亚特兹在其《有效管理者：高绩效素质模型》中，通过将工作要求、组织环境、个人素质三个对绩效的因素联系起来，扩展了素质模型设计的观点，也因此使素质被广泛理解为导致该绩效的一种潜在特质。美国学者莱尔 · M. 斯潘塞博士(Lyle M. Spencer, Jr., PH.D.)和塞尼 · M. 斯潘塞(Signe M. Spencer)在他们所著的《工作素质：高绩效模型》一书中指出，素质是在工作或情境中，产生高效率或高绩效所必需的人的潜在特征，同时只有当这种特征能够在现实中变成可衡量的成果时，才能称作“素质”。基于此，斯潘塞提出了素质的冰山模型(见图 2－4)，即素质存在于五个领域：知识与技能、社会角色、自我形象、品质、动机。

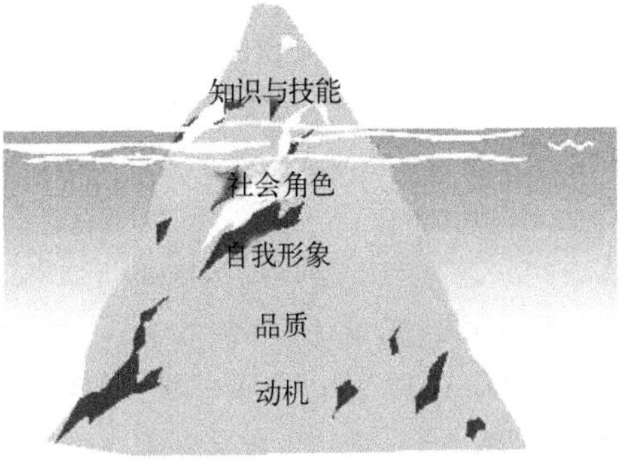

图 2－4　素质的冰山模型

(1) 知识与技能。知识是指个人在某一特定领域拥有的事实型与经验型信息；技能是指结构化地运用知识完成某项具体工作的能力，即对某一特定领域所需技术与知识的掌握情况。

(2) 社会角色。指一个人留给大家的形象。

(3) 自我形象。是一个人对自己的看法，即内在自己认同的本我。

(4) 品质。指个性、身体特征对环境与各种信息所表现出来的持续而稳定的行为特征。

(5) 动机。指在一个特定领域的自然而持续的想法和偏好(如成就、亲和、影响

---

① 何志工，李辉：《基于胜任素质的招聘与甄选》，中国劳动与社会保障出版社 2006 年版，第2页。

力),它们将驱动、引导和决定一个人的外在行动。品质与动机可以预测个人在长期无人监督下的工作状态。

其中在“水平面上”的知识与技能相对容易观察与评价,而在“水平面下”的其他特征是看不到的,必须有具体的行动才能推测出来。

二、胜任素质模型

素质模型(Competency Model)就是为了完成某项工作或达成某一绩效目标,要求任职者具备的一系列不同素质要素的组合,其中包括不同的动机表现、个性与品质要求、自我形象与社会角色特征以及知识与技能等。[①] 从 20 世纪 90 年代起,一些公司和专业研究机构开始着手将胜任素质体系引入各个具体的应用领域,引用到人力资源管理体系中,尤其是在招聘与甄选流程中发挥出根本性的作用。在过去的很多招聘实践中,人们往往以为知道自己要寻找的是哪些类型的任职者,而且也经常会根据自己对这类任职者特征的理解,去选择或设计一些甄选方法来识别应聘者。但是,他们所依据的经验式的标准以及由此所使用的甄选方法,往往是一厢情愿的,因为他们并没有找到职位对任职者的真正要求。而当利用已经建立起来的有效的胜任素质模型进行招聘与甄选时,在招聘中关注的,将是应聘者身上所具备的那些能够实现组织所要求的绩效结果的心理特征和行为模式,而避免关注那些无关紧要的因素;当有效利用胜任素质模型获得符合录用要求的应聘者时,这些合格的应聘者在工作中所创造的价值将是不可估量的。

胜任素质模型,就是对高绩效工作产出所需要的胜任素质的规范化的文字性描述和说明。在素质体系发展过程中,博亚特兹经过对大量原始资料的重新分析和研究,归纳出了一组用来寻找和辨别优秀经理人员的胜任素质,这种有效的胜任素质组合就是胜任素质模型的雏形。胜任素质模型的分类是建立胜任素质模型时必须关注的一个核心问题。目前较普遍的看法是将胜任素质模型分为以下五种类型。

(1) 统一素质模型。即组织类胜任素质模型,是指在同一组织中所有员工和岗位所共用的一套胜任素质模型,它集中体现了组织文化和组织价值理念。这一类型的胜任素质模型的构建可以在组织中形成共同的语言,能够把员工融合到共同的胜任素质文化中去。

(2) 岗位素质模型。即根据组织内具体岗位所开发的胜任素质模型。相对于统一素质模型的笼统性,此类模型具体到一个个的职位上,精确度高,对于那些许多员工从事同一类岗位的大型机构来说,这种模型更具有适用性。

① 彭剑锋:《人力资源管理概论》,复旦大学出版社 2003 年版,第 215 页。

(3) 职级素质模型。这一模型的建立需要分两步。首先要有一套基本的胜任素质组合,即对于组织内所有人都适用或都要具备的一套基本素质模板;其次在每一个渐进的职级上,对该职级上的任职者在每一项胜任素质上是否具备和熟悉程度都有更高的预期和要求,同时,在每一个渐进的职级上,还会增加更多的胜任素质条目。

(4) 通用素质模型。斯班瑟等人通过对近 300 个素质模型的研究,总结出了一个包括 21 项胜任素质的胜任素质辞典,就是一种针对管理和专业岗位的通用型胜任素质模型,如图 2-5 所示。这种类型的模型为各种不同群体间的素质进行比较建立了一个参照系统,但是缺乏针对具体岗位的适用性。

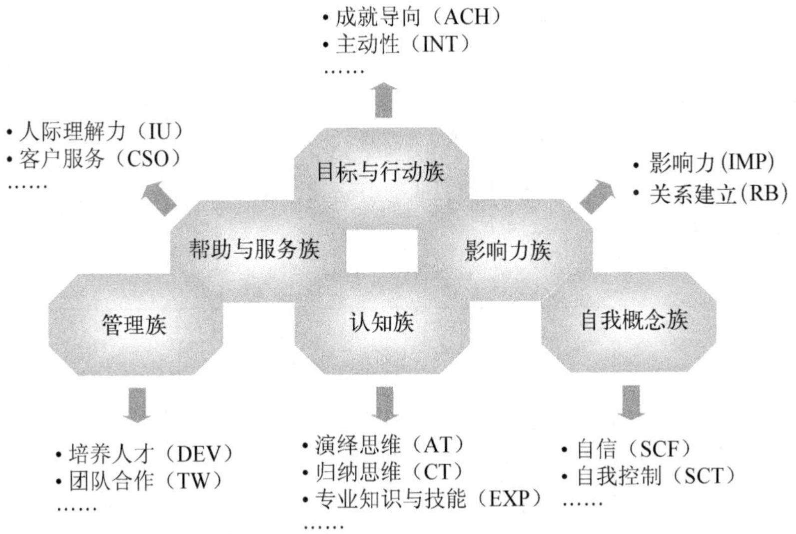

图 2-5 通用型胜任素质模型

(5) 职簇胜任素质模型。这一胜任素质模型类似于微型的统一模型,它是在一个职位种群内所开发的一套胜任素质模型,尽管在这个职簇内各个不同层级的职位对胜任素质的要求是不同的。因此,一定程度上,该胜任素质模型可以改善统一模型的笼统、不精确的问题,也可以避免岗位模型建立中费时、昂贵等缺陷。

三、胜任素质模型的建立

胜任素质模型的建立一般采用工作胜任力评估法(JCAM)。这是一种严密的、实证性的分析方法,早在麦克里兰等人负责美国新闻总署项目时就已经开始采用了。利用这种方法建立胜任素质模型的基本步骤可以简述为:

第一步:对既定职位进行全面分析,确定高绩效模范员工的绩效标准;

第二步：对高绩效员工进行分析和比较，建立起初步的胜任素质模型；

第三步：对初步建立的素质模型进行验证，使之具有足够的效度。

这一基本步骤表现在麦克里兰的经典操作流程中，如图 2－6 所示。

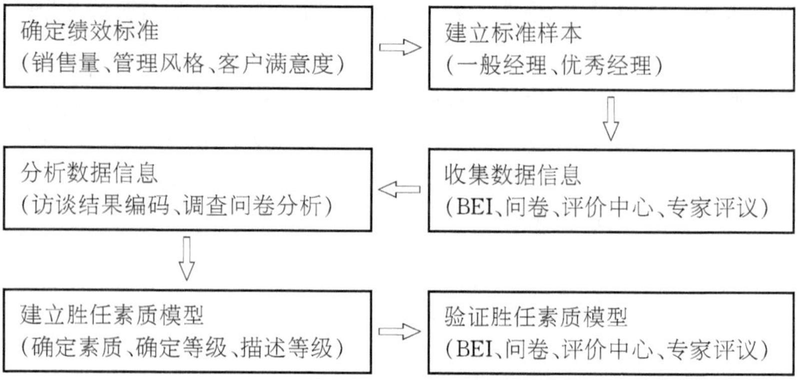

图 2－6　JCAM 素质模型开发流程①

表 2－4 是某组织管理类职位的素质模型框架，表 2－5 则列举说明了其中"战略前瞻性"这项素质的行为等级定义。

表 2－4　一般管理职位素质模型框架②

智力要求 战略前瞻性 分析力 商业判断 计划能力	人际交往 说服力 人员管理 决策力 交流技能 人际敏感性	成就导向 内驱力 主动性 组织能力 影响力	适应能力 灵活性 弹性

表 2－5　"战略前瞻性"行为等级定义③

战略前瞻性：把握组织愿景与长期发展目标，并采取创造性和有洞察力的战略行动的能力	
正向行为：	负向行为：
能够不拘泥于细节，看到更主要的问题； 考虑到更广泛的信息； 能够有逻辑地评估不同影响的变化的力量； 能够对长期的目标保持清晰的认识； 构建长期方向的组织资源、约束和价值观	忽略了要达成的目标； 全神贯注于目前的事情； 对未来发展和可能性只有短期的认识； 不能合理安排短期和长期目标的优先次序； 只是权宜之计，忽略达到组织目标的价值观

---

① IHRI：《人力资源经理素质模型》，机械工业出版社 2005 年版，第 24 页。

② (Australian) Baker & Mckenzie lawyers, Macquarie Graduate School of Management: Master Human Resources Guide 2002, p.196, the global law firm.

③ (Australian) Baker & Mckenzie lawyers, Macquarie Graduate School of Management: Master Human Resources Guide 2002, p.197, the global law firm.

四、基于胜任素质模型的招聘与甄选

尽管人们可以利用工作分析方法进行招聘，但因为并不能清晰地知道究竟要对应聘者做出哪些方面的测量和评估，因此也就无法保证对应聘者的未来绩效进行准确的预测。而当人们有效地运用胜任素质模型，通过招聘与甄选确定出那些达到录用标准的应聘者之后，这些被录用者在工作中能够创造令人满意的绩效水平。这一点已经被亨特等人(Hunter, Schmidt 和 Judiesch)进行的一项研究结果所证实。他们通过对 81 项独立调查研究项目的结果进行分析与整合，发现那些在胜任素质具备程度上比一般员工高出一个标准差的优秀员工所能给组织带来的额外价值，可以高达 47%～120%，其中后者是指销售职位上的优秀员工所能带来的额外价值。另外，由其他人进行的一项研究显示，在基于胜任素质的甄选上投资收益率可以高达 2 300%。可以说，基于胜任素质的招聘能够吸引那些具备了很难或无法通过培训与开发获取的个体特征的招聘者，使甄选过程更加有效，有助于提高组织的绩效水平。

国际人力资源管理研究院(IHRI)在将胜任素质理论和模型运用于人力资源招聘与甄选过程的研究和应用中，进行了大量的研究和尝试，并建立起一套完整的基于胜任素质的招聘与甄选操作体系(Competency-Based Recruitment and Selection，即 CBRS)。其核心内容是，根据业已建立并经过验证的胜任素质模型，确定出一组最合适的甄选工具，然后按照制定出的标准对应聘者的胜任素质状况开展测量和评估，最后通过包括人职匹配技术在内的专用程式，做出甄选决定。CBRS 的具体操作程序如下：

(1) 确保人力资源专业人员具备推行 CBRS 的若干项胜任素质。即要求准备推行 CBRS 的机构的人力资源专业人员或组织招聘者本身，须具备一些基本的胜任素质，否则难以保证 CBRS 的顺利开展和成功运作。

(2) 明确来自各方面的要求以及职位本身的要求。所有具体职位的存在都由组织的战略目标所决定。从组织战略需求的角度出发，确保既定职位的绩效任务与组织的战略方向保持一致，是进行职位分析，并将之与招聘管理工作联系起来思考的基点。因此，需要从组织战略需求出发，对职位的特性和要求进行全面的了解和分析。

(3) 根据已建立的并经过验证的胜任素质模型来完成或修正职位说明书。这一环节是建立和运用 CBRS 流程的核心所在，也是保证以后程序有效进行的基础。

(4) 确定招聘来源。指根据职位复杂和重要程度的不同，确定产生应聘者的不同来源或渠道。需要注意的是，不论选择哪种招聘渠道，都要把重心放在职位所需要的胜任素质上，同时瞄准那些曾经出现过高绩效应聘者的招聘来源地。

(5) 制作基于胜任素质的聘任申请表和甄选标准。这里的聘任申请表除了包括应聘者基本的个人信息和个人经历信息以外，还包括了大量的与胜任素质相关的问题。同时，根据胜任素质模型的要求和职位说明书中的其他具体规定和要求，制定出详细的甄选标准，然后根据制定出的标准对申请表进行审核，对应聘者进行初步的甄选。

(6) 进行行为面试。行为面试是CBRS中的核心工具，根据统计资料显示，正确实施的行为面试的效果在各种甄选工具中的预测效度仅次于评价中心，甚至有证据进一步证明，在许多情况下行为面试同样能达到评价中心的评估效果。

(7) 运用其他辅助或强化工具对应聘者进行进一步的测评。这里可以采用心理测评、评价中心和人职匹配技术等测量工具，进行辅助或强化测评，对通过行为面试得出的胜任素质程度进行证实性的测量和评估。

(8) 背景审核和做出聘任决定。背景审核是基于胜任素质的查核行为，要避免在一些无谓的问题上纠缠不休。做出招聘决定，则可能会有两种结果：或者是所有应聘者都没有达到实现确定的胜任标准，需要重新开始招聘活动；或者是应聘者达到录用标准，可以发出录用通知。

五、胜任素质模型应用案例

东方泵业岗位胜任素质评估案例

如何打造高水准的销售团队一直是人力资源总监赵相平关注的重点，然而赵相平所在的上海东方泵业(集团)有限公司麾下有着超过2000人的销售团队，要实现这一使命绝非易事。近年，东方泵业将“十年内力争行业第一”作为企业战略定位，要实现这一战略目标解决人才素质提升问题成为关键性的一步，为此赵相平感到颇有压力。

赵相平有着多年的人力资源从业经验，他发现在东方泵业的组织架构中驻外办事处主任一职是最基本的管理单元，同时也是很重要的单元。驻外办事处主任的主要职责在于带领销售团队完成所辖范围内的销售目标，这一目标能否完成将直接影响整个公司的销售业绩。

解析东方人才之惑

认识到这一点赵相平感到自己终于找到了突破口，他组织人力资源部门为这一岗位构建了简易的岗位素质模型，希望通过素质模型来评估驻外办事处主任的岗位匹配度，并制订人员规划发展方案，但是素质模型构建出来之后却并没让人满意。一方面，本部门构建的素质模型专业性很难保证；另一方面，素质模型如何应用？人才测评工具考察维度如何确定，权重如何分配？各项素质得分需要达到什么样的水平等一系列的问题在赵相平头脑中纠结。带着这些疑问，赵相平总监找到了北森测评，希望借助专业的人才测评方案专业定制经验解决企业目前面临的问题。

为解决东方泵业集团的人才问题，北森专家组对员工状况进行了分析，通过分析发现该公司存在两大问题：一方面岗位人员素质有待提升；另一方面企业现有员工危机意识差，进取心不强，团队整体上升力不明显。

与赵相平总监的看法一致，专家组认为驻外办事处主任的素质提升将成为实现企业战略目标的重要因素，而构建驻外办事处主任的岗位素质评估模型，并最终实现素质落地，将成为解决东方泵业人才素质问题的最佳切入点。因此，专家组为东方泵业制订了三步走的解决方案。

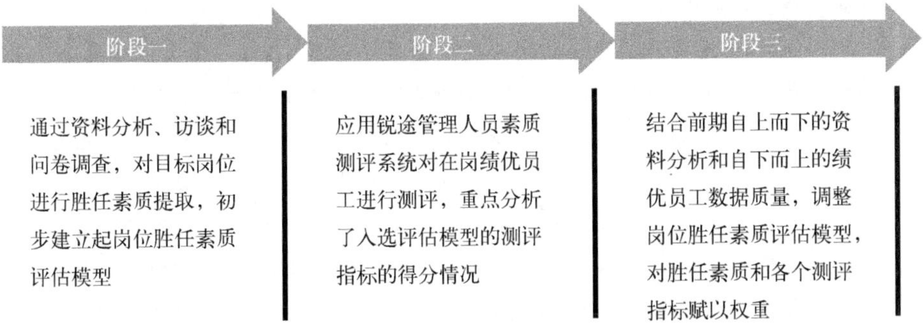

图 2-7　东方泵业三步走解决方案

核心素质提取并实现落地

核心胜任素质的提取在构建素质模型的过程中地位至关重要，通常企业评价员工是否胜任岗位工作都是通过表象化的因素，如绩效、学历水平、工作经验等，对于员工本身的基础素质和导致员工岗位表现优秀的深层次原因则涉及的比较少，而这些内在因素往往才更为关键。此次泵业公司锚定的驻外办事处主任在职人员共有二百余人，每位员工的基础素质都呈现出多元化倾向，那么这些素质中哪些才是胜任岗位所必需的素质？哪些是与岗位要求相背离的素质呢？为对该岗位的任职要求和用人标准进行系统的梳理，专家组运用了岗位分析、结构化访谈、问卷调查等多种调研方法相结合的方式对岗位核心胜任素质进行初步圈定。

核心胜任素质提取之后如何去评估也是企业甚为困惑的地方，因此找到可以使核心素质落地的方式非常关键。专家组对初步圈定的岗位核心胜任素质进行了系统分析，为核心素质找到了相应的测评指标，从而为员工评估制定了更为科学和公正评估标准。

用测评印证核心素质

第一阶段初步提取的岗位核心素质均以资料分析和调研数据为依据,仍需要针对实际工作岗位进行验证。那么如何来验证呢?专家组邀请在岗的绩优员工进行锐途测评,并对他们的测评数据进行了分析。虽然每个绩优员工在工作中的表现不尽相同,但是他们在引起高绩效工作行为的众多潜在素质上必然会存在一些共性,而测评工具刚好可以帮助我们发现这些潜在的心理特征。

通过分析测评数据,北森专家组发现,东方泵业绩优的驻外办事处主任在创新意识、自信心、责任心、压力管理等方面的得分都很高,且得分很集中,表明这些素质在绩优员工身上得到了集中的体现,很可能是支撑这些员工表现优秀的重要素质。对于这类素质,专家组会给出提高权重的建议。而对于绩优员工身上差异性较大、未表现出共性的素质,则给出删除或者降低权重的建议。自此使得企业 HR 部门对核心素质权重设置标准有了更为清晰的概念和思路。

最终确立素质模型

在第一阶段,专家组通过分析调研提取出了一些核心素质;在第二阶段,专家组通过绩优员工测评数据分析也发现了绩优员工的一些共性的素质。两者相比较会发现,它们之间存在一定的差异。那么,该如何取舍呢?为此,北森专家组与东方泵业项目组进行了更加充分的沟通,对驻外办事处主任的工作职责和任职要求做了进一步澄清,最终保留了一些对岗位非常重要、但是目前绩优员工测评数据尚未有较好表现的素质,而删除了一些对岗位职责相对不那么重要的素质,同时也对所有的胜任素质和测评指标的权重进行了调整和确定。最终形成的驻外办事处主任岗位胜任素质评估模型包括六大胜任素质,它们可通过锐途管理人员素质测评系统里的 19 项测评指标进行测查。

第四节　影响招聘的因素

招聘管理同其他管理系统一样都是一个开放的系统,受诸多相关联因素的影响和制约。招聘的成功,既受外部环境的影响,也受组织内部环境的影响。

一、影响招聘的外部因素

就外部环境而言,一般可以借助 PEST 分析框架来讨论外部各种主要因素对组织的影响作用。PEST 分析框架包括四个方面的含义：

P(Political/legal)：政治的、法律的。如政治稳定、政府和管理部门对待员工的态度以及劳动法律和法规等。

E(Economic)：经济的。如当前经济发展处于经济周期的哪个阶段、社会就业状况、通货膨胀率和银行利率的高低等。

S(Social)：社会的。如人口数量和人口结构的变化、社会收入分配状况、人们接受教育和培训的程度以及人们对待工作和闲暇的偏爱态度等。

T(Technological)：技术的。如科学技术的新发现、新进展，政府的科学技术开发政策和促进科技成果转化的措施等。①

PEST 分析框架是帮助人们系统认识环境的一种方法，可使人们学会从不同的角度以及不同因素相互之间的关系来分析问题；有助于分辨出那些个性化的、与某种特定场合相关联的关键影响因素；能够确认出一个行业或组织中存在的长期推动力。比如，就政府的政策规定因素而言，现阶段我国各级政府的人事部门和劳动部门，为指导和服务就业开办、设立了各级人力资源市场，制定了许多符合各地实际情况的人才政策，也为规范企业的招聘行为制定了一些人力资源市场管理规定，这些政策规定对组织的招聘工作起着非常重要的作用。在法律法规方面，1994 年我国颁布了《中华人民共和国劳动法》，并以此为依据，颁布了许多与组织招聘相关的法律、法规、条例和政策，它们已经成为约束和规范各组织招聘工作的重要因素。在某个历史时期，一个行业的发展往往受到某个或某些特定的因素驱动，比如电信企业受到互联网、移动电话普及的驱动等，通过 PEST 分析有助于找出其中的关键因素；从历史和发展的眼光研究外部环境因素对组织的不同影响作用，有助于人们预测未来的情况，评估在 PEST 发生变化时哪些措施是适当的。有些因素预测起来有相对较大的把握(例如对人口出生率的预测，可以预知 15 年以后劳动力的潜在规模)，但有些因素就难以预测(例如对于法律和政治影响的预测，只在一届政府更换之前很短时间内效果比较明显)。

(一) 经济因素

1. 不同经济体制的影响

例如，美国等西方国家通行的是资本主义市场经济和自由竞争，追求的是效率和利润，这促使组织更倾向于极力提高员工的效率，压缩用人成本，因而裁员成为提高组织竞争力的一个有力手段。我国在过去实行的是计划经济，人事管理实行统包统配制度，组织的用人计划、招用范围等都是统一计划管理，缺乏选人用人自

---

① Mick Marchington and Adrain Wilkinson. Core Personnel and Development. The Cromwell Press, Wiltshire, 1997：8－9.

主权。随着改革的深入和观念的变化，目前组织的人力资源招聘也从无到有，由计划经济指导下的招聘向市场配置下的招聘转变。

2. 国家经济运行情况的影响

如果一个国家经济运行良好，保持一定的增长率，失业率就稳定在一个较低水平。员工就业的难度降低，组织裁员的压力也会降低。而在经济低迷、失业率高的国家，裁员将会构成对组织的严峻考验，组织的招聘规模将缩小并谨慎对待。

宏观经济中通货膨胀对招聘的影响，直接体现在招聘过程所涉及的开支上。一方面，由于通货膨胀的作用，组织人力资源招聘的直接成本呈增长态势，交通费用、招聘者的工资、面谈开支、发布招聘信息的宣传费用等都呈增长态势，员工工资又上升，影响着招聘的规模；另一方面，通货膨胀使人们对自己的人力资本投资呈增长态势，随即又限制人们的人力资本投资额度，影响人们的人力资本存量。通货膨胀对招聘的影响，尤其明显地表现在对组织高级管理层和技术人员的招聘上。

（二）国家的政策、法规

国家和地方的有关法律、法规和政策，从客观上界定了组织人力资源招聘的对象选择和限制条件。美国的《公平就业机会法》就规定，不同性别、年龄、种族、肤色的人在就业竞争中的机会均等，享有不受歧视的权利，他们在招聘方面的法规主要体现了保护弱势群体原则、透明原则、平等就业原则等。随着劳动用工制度的改革，我国已经先后制定了一系列的劳动法律法规，如 1986 年 7 月的《国营企业实行劳动合同制暂行规定》《国营企业职工待业保险暂行规定》，1991 年 7 月的《全民所有制企业招用农民合同制工人的规定》，1993 年 8 月的《企业劳动争议处理条例》；再如，1994 年 7 月 5 日通过的《中华人民共和国劳动法》成为新中国成立以来的第一部劳动法典，继之又出台了《劳动力市场管理规定》《工资集体协商试行办法》《职业介绍规定》《就业登记规定》《企业经济性裁减人员规定》《集体合同规定》《企业劳动争议处理条例》等法律法规。2008 年 1 月 1 日《中华人民共和国劳动合同法》正式实施，2008 年 9 月 18 日，《中华人民共和国劳动合同法实施条例》正式实施。这些法律法规规定了劳动者平等就业和选择就业的权利，凡是具有劳动能力和劳动愿望的劳动者，不分民族、性别、宗教信仰等，享有平等的就业权。由此，我国在劳动力市场的改革上不断取得进步，实现了劳动力的双向选择。当然，我们还是存在需要改进的地方，比如，我国在用人方面的法律制度还不够规范，包括一些组织在招聘过程中出现了许多性别歧视的行为，女性和残疾人就业的相对困难、雇用童工现象比较严重等，因此，我们有必要进一步规范招聘中的法律制度。

建立健全法律法规体系，以进一步规范我国的劳动力用工市场，是我们当前和今后都需要不断改进和努力的方向，也是组织实施有效招聘管理的重要前提。另外，政府的政策也是组织招聘的重要外部因素，如政府的财政政策、税收政策等都可以通过对组织的生产行为产生影响而最终影响到组织的招聘行为。此外，政府购买的产品和服务也在一定程度上决定着劳动力市场上的职位的数量和种类。

（三）科技因素

科学技术的发展对招聘管理的影响，表现在以下几方面。

1. 科技发展对劳动力市场的影响

由于科技的发展变化，在不同地区，不同的职业和产业中，就业职位的破坏和创造非常不平衡，就业职位需求的分布发生了很大变化。如司炉工、纺织工、电话接线员等职业人数骤减，而工程师、专业护士、电脑程序员等职位人数猛增。计算机、激光等技术的使用，使美国 1993 年 70% 的现金支取通过自动柜员机实现，银行职位数量减少，而从事计算机、激光、半导体技术等相关设备生产的职位增加。

2. 科技发展对就业者的基本素质提出了新的要求

科技的发展要求就业者必须具备更高的受教育水平和熟练的技术水平，并且，那些掌握先进技术的人渐渐取代掌握落后技术的人。科技的发展改变了职位的技能素质要求，招聘中的选择标准就因此而不断地作出调整。

3. 科技的发展影响了人们的工作和生活方式

科技发展改变了人们的工作方式，使弹性工作制、远程工作方式、自雇用等新的工作与就业方式被很多人认可，从而影响了招聘工作。例如，由于实行了弹性工作制，那些每天只需要两三个小时用于工作的人，可以去应聘其他兼职的岗位；需要照顾孩子的母亲可以去应聘日弹性工作制的岗位；设计师可以同时应聘并就职于不同的组织。雇用的方式灵活了，雇佣关系也就灵活了。

（四）劳动力市场因素

有效的招聘管理是基于对动态变化的劳动力市场的分析与把握的，既包括对整体劳动力市场的分析与把握，也包括对组织所在行业的劳动力市场的分析与把握。劳动力市场即劳动力蓄水池状况，是劳动力供求之间在劳动力使用权的转让与购买上达成一系列合约的总和。劳动力市场状况将影响组织人力资源战略的导向和人力资源规划的确立。对劳动力市场的准确认识与预计，能使组织的招聘工作更有准备，从而赢来许多富有成效的招募机会。

劳动力市场的分类，根据层次，可以划分为一级劳动力市场和二级劳动力市场；根据组织内外，可以划分为内部劳动力市场和外部劳动力市场；根据职业，可以划分为企业经营者市场、家政服务市场等。

劳动力市场状况是决定经济发展的一个重要因素，更是影响组织招聘决策的重要因素。组织的人员结构、人员素质水平、工作结构、现有或预期的人力资源最终取决于劳动力市场的结构和作用。劳动力市场状况也影响着组织招聘计划、范围、来源、方法和所必需的费用等方面。对劳动力市场的分析，尤其是劳动力供给状况的分析，可以从劳动参与率与劳动力流动情况几方面的指标分析着手。根据国际劳工组织的多年研究，提炼出了包括 20 个主要指标在内的劳动力市场指标体系，通过这些指标，可以较准确地分析和把握劳动力市场的状况。

劳动力市场供求态势影响着招聘管理。劳动力市场应是出于自愿而进行的劳动交换活动，是反映以劳动力交换合约为基础的劳动力供给和需求之间的关系。经济学把劳动力市场划分为需求约束型市场和资源约束型市场。需求约束型市场是指在劳动力市场上劳动力供给大于劳动力需求，劳动力需求量决定就业的总规模。在这种市场上，劳动力供给处于不利地位，劳动力参与率比较低，失业率比较高。相应地，劳动力需求方处于有利地位，具有压低工资、降低劳动条件的可能。资源约束型劳动力市场是劳动力需求大于劳动力供给的市场，劳动力供给数量决定了就业的总规模。在这种市场上，劳动参与率比较高，失业率比较低，劳动者的工资收入、劳动条件相应较好。因此，不同地区、不同行业和层次的劳动力的供求状况，直接影响该地区、行业、层次的劳动力价格，并影响着相关的招聘难度和招聘质量。

目前，我国劳动力供求出现总量矛盾和结构矛盾。一方面，高技能、高素质人才供不应求，各技术等级的求人倍率已连续多次调查都大于 1，劳动力需求大于供给，导致这一素质层次的人才价格偏高，招聘成本提升，招聘难度加大，质量有时就较难保证；另一方面，年龄偏大、无技能的求职者就业困难，与用人单位对高技术等级的需求间存在较大落差，再加上农村存在大量富余劳动力，导致了组织招聘高质量人才的难度加大，而招聘低层次员工的难度则很小，价格也偏低，所形成的劳动力市场处于一种非均衡状态的卖方市场。劳动力市场条件是影响招聘决策的重要因素。

当然，供给与需求状况是不断转换且呈动态变化的。比如，当那些有充足的熟练劳动力供给的职位能够吸引相当多的应聘者时，这些职位的工资就可能下降，一部分员工就有可能重新学习新的技能并转岗，从而导致新的平衡。同样，当那些需要尚未普及的新技能或者需要经过相当长时间培训、获取相应的技能之后才能从事的职位，可能难以吸引足够的应聘者，招聘难度较大，为招到足够的员工，组织就必须支付比市场高的工资，而高工资将逐渐引导人们学习这项新技能，供给也因此增加，同样又能达到新一轮的供求相对平衡。

二、影响招聘的内部因素

组织内部环境因素，包括组织职能界定、组织目标、组织文化、组织核心竞争力、任务性质、人员构成、工作方式、技术条件等。在外部环境分析的基础上，组织要寻求自身所处的地位和发展前景，从而确定在一定时期内的目标，并制定中长期战略性的规划。比如，就组织文化和组织形象而言，人才吸引和招聘过程是应聘者和组织进行的双向选择的过程，如果组织文化、组织形象被应聘者认同和喜欢，就会吸引更多的应聘者积极应聘。同样，企业的核心竞争力强、经营状况好，就意味着能给其员工提供较高的薪酬和较多的发展机会，也就能吸引并留住更多的有用人才。

（一）组织的战略导向

正如沃克曾强调的："在组织战略中，实施变革所要求的能力来自人，因为是人而不是组织在进行创新、做出决策、开发与生产新产品、开拓新市场、更有效地为顾客服务。人力资源问题通常是实施战略的核心问题。"可见，组织人力资源战略和组织经营战略密不可分，组织人力资源战略配合、服务于组织经营战略，是以组织的独特文化和核心竞争力为依托，围绕组织战略目标的实现，而对各类人员的选、任、育、留所做的系统设定。

组织的战略目标和战略类型决定着组织人力资源战略的内容，而招聘管理属于组织人力资源管理的重要组成部分，因此组织的战略目标和战略类型以及组织文化这些因素，都会与人力资源招聘工作相互作用，影响着招聘决策的内容。组织战略目标的改变以及战略决策的层次、组织的经营决策变化等，对招聘和选拔的影响是非常直接的，如完成生产量、达到质量标准或者实现销售目标等，都可能引起对新雇员的需求。比如一个组织由于受到来自国际市场的竞争，决定放弃一些传统产品的生产，而专注于技术含量较高的产品，这样的战略决策会导致一些工厂停工，从而出台裁员的决策，同时也会改变组织对雇员性质的要求，会产生新的职位需求。再比如，组织由单一产品战略转向非相关产品战略（首都钢铁公司就从生产钢材经营战略，转向主要生产钢材但同时还生产电子仪表、计算机、洗衣机、电风扇、服装，开办陶粒厂，开采大理石、花岗石，开设宾馆，涉足航运和金融业等），这种战略变化就会产生新的职位，改变组织对员工性质的要求。同时，招聘后人员的变动尤其是管理人员的变换，会反作用于组织战略的制定。同样，组织选人是讲求"实用性"还是为后期发展储备人才？不同的战略发展目的会有不同的招聘策略，前者要求主要针对社会上有工作经验的人开展，要求应聘者有工作经验、上岗后经过短期的工作熟悉即能胜任工作；后者主要针对高校应届毕业生开展，着眼于应聘者的发展潜力。

R. 迈克斯和 C. 斯诺将组织战略划分为三种类型，即防御型战略、探索型战略、分析型战略。这三种战略类型主要依据生产/服务方法来划分的。表 2-6 表明了不同组织战略、不同人力资源战略与影响招聘决策的情况。

表 2-6　组织战略、组织要求、人力资源战略及招聘决策

组织战略	组织要求	人力资源战略	招聘决策
防御者战略： 产品市场狭窄 效率导向	维持内部稳定性 有限的环境侦察 集中化的控制系统 标准化的动作程序	累积型战略：基于建立最大化的员工参与及技能培训，获取员工的最大潜能，开发员工的能力、技能和知识	➢ 侧重在内部招聘、晋升。低层次职位采用招聘新员工的方式，高层次职位从内部提拔 ➢ 注意那些有财政金融和生产制造背景的人才，以利于稳定市场份额 ➢ 特别适合那些对安全有较高需求、对变化的容忍度较低的人
分析型战略： 追求新市场 维持目前存在市场	弹性 严密及全面的规划 提供低成本的独特产品	协助型战略：基于新知识和新知识的创造，获取自我激励的员工，鼓励及支持能力、技能和知识的自我发展，在正确的人员配置及弹性结构化团体之间的协调	➢ 既重视内部招聘，也重视外部招聘。对高层次职位更多用外聘方法 ➢ 注意发掘那些具有应用研究才能、市场开发才能和制造才能的人
探索者战略： 持续地寻求新市场 外部导向 产品/市场的创新者	不断地改变使命 广泛的环境侦察 分权控制系统 组织结构的正式化程度低 资源配置快速	效用型战略：基于极少员工承诺及高技能利用，雇用具有岗位所需技能且立即可以使用的员工，使员工的能力、技能和知识与特定的工作相配合	➢ 侧重从外部招聘。倾向于在所有层次职位上都雇用有经验的员工 ➢ 特别注意那些有工程研究和市场开发背景的人，以利于组织开发新产品和新市场 ➢ 比较欢迎独立性强、具有创造性思维能力、乐于冒险的人

应该强调，人力资源管理要与组织的战略目标相一致，制定人力资源规划时要以组织战略为基础。并且重要的是，这种一致性必须真正贯彻在执行中，必须体现在人力资源管理的每一个环节。在招聘中，这种战略一致性主要表现在招聘考官在人员甄选时必须考虑组织的战略及人力资源规划所确定的目标，并保证新招聘的员工与其保持一致。正如欧莱雅公司高管所指出的，在欧莱雅公司，从全球人力资源副总裁，到亚太区人力资源总监，再到中国区人力资源总监，是欧莱雅人力资

源战略典型的三级传递路径。这样一个体系对人力资源部门的要求是，必须始终关注公司战略。因为只有这样，具体的人力资源管理过程才能与公司发展方向一致。

（二）组织形象与条件

1. 组织的声望与管理水平

组织在应聘者心目中是否形成了良好的形象，是否具有吸引力，必将在精神和行动两方面影响着招聘活动。心理学家认为，每个人都希望自己成为优秀组织中的一员。为什么世界500强的企业，或者品牌形象有口皆碑的企业深得求职者的追捧，就是因其在公众中的声望而吸引了大量前来应聘的求职者。因此，这些企业的招聘甄选工作就有了很好的选才基础。当然，组织的声望形象与组织的管理水平是休戚相关的，因此组织的管理水平对组织的人力资源招聘影响也很大，主要表现为：首先，组织领导者的水平和能力不仅决定着组织的整体管理水平和管理风格，而且也是许多应聘者求职时优先考虑的因素。很多求职者都相信，组织能否进一步发展与壮大，很大程度上取决于组织领导者是否具有宏才胆略。第二，招聘过程实际上也体现着组织的管理水平的状况。一般而言，组织的管理水平越高，各项管理制度越规范，招聘的效率也越高，越有可能招到组织真正需要的人员。同时，管理水平高的组织，由于其发展的可预见性，能够吸引大量高素质的人才前来应聘。第三，招聘过程中招聘人员本身的素质形象也影响招聘质量。如果招聘人员端庄有礼、热情高效、真诚细致，又懂得招聘管理技巧的话，既能提高招聘效率，也能给公众特别是应聘者留下良好印象，从而吸引更多的有识之士；反之，则会破坏组织形象，影响组织招聘吸引力。

2. 组织提供的报酬和所处的地理位置

根据需求理论，组织应当首先满足员工的物质需求，即具备基本的保健因素。表现在招聘过程中，就需要提供相对有吸引力的、公平的、优厚的工资、奖金以及各种完善的福利保障制度。不少实力较强的组织，每年进行市场工资调查并确定本组织的工资政策，保证自己提供的工资在市场上具有较强的竞争力，目的就是为了吸引和留住更多的优秀人才。除了工资水平对应聘者产生影响外，组织是否能够提供培训机会以及是否关注员工的发展前途等，也是重要的影响因素。因此，这里的“报酬”，不仅指直接的工资、奖金等，也指间接的精神报酬。组织所处的地理位置在很大程度上也会影响求职者的求职意向。根据调查，我国的高校毕业生就业的首选城市主要集中在北京、上海、广州、深圳、厦门等，因为这些城市经济发展水平高、组织的发展前景好；而一些中西部不发达地区，相对来说，吸引人才的难度就大，需要这些地区的组织灵活运用各种优惠政策，才能有效完成组织的招聘工作。

同样的招聘难易程度不同也会发生在同一个地区的城市中心与偏远的郊区之间。

3. 招聘成本

招聘目标包括成本、效益两方面，而且各种招聘方法奏效的时间不同，所以招聘成本和对人才需求紧迫性的限制明显地影响招聘效果。招聘资金充足的组织，在发布招聘信息时，可以投入较大的资金用于招聘广告，所选择的传播媒体是可以在较大范围内发行的报纸、杂志，也可以在大学或其他地区开展现场的招聘宣传。在招聘甄选时也能选择更多的或更精细的测评甄选方法，更广泛地调查应聘者背景资料，这样就可以在更大范围内更准确地选取所需要的员工。

（三）求职者状况

1. 求职动机与强度

求职动机是指在一定需要的刺激下，直接推动个体进行求职活动以达到求职目的的内部心理活动。个人的求职目的与拟任职位所能提供的条件相一致时，个体胜任该职位工作并从事该工作的可能性较大。求职动机强度是指求职者在寻找职位过程中的努力程度，反映其得到应聘职位的迫切程度。格卢克把寻找工作的人分为三类：最大限度利用机会者、满足者和有效利用机会者。最大限度利用机会者是那些不放弃任何一次面谈机会的人，在寻找职位的过程中，他们尽量多地获得不同的组织提供的职位机会，然后在这些机会中选择自己认为最好的职位；满足者是那些接受第一个职位机会的人，他们相信所有的组织都是差不多的，因此没有必要做太多的选择；有效利用机会者是介于两者间的人，他们会先获得一个中意的职位，然后再寻找另一个，目的只是与他们已经选择的职位进行对比，看这个选择是不是真正好，比较之后，他们就会选择他们更中意的职位。这三类人表现出不同的求职强度。求职动机强度与个人背景和经历相关。比如，成长于艰苦的农村环境中的人对工作岗位的要求相对于在优越的城市环境中长大的人要低；受教育程度低且家庭经济条件差的人求职动机强度也会较高。求职动机强度和个人财政状况成负相关关系。比如，有非工资性收入(如有房租收入)或有失业保障金的人，求职动机强度可能也因此有所降低。求职动机强度高的应聘者一般较容易接受应聘条件，应聘成功率高；反之，求职动机强度低的应聘者对应聘条件较挑剔，应聘成功率较低。

2. 求职者个人职业倾向

通常理性的求职者，会根据自身的职业兴趣及倾向性，在选择职业以及任职过程中，尽可能沿着自我设计的职业生涯方向发展。因此，不同的职业兴趣倾向性，影响着劳动者个体的求职方向。美国学者 E. G. 沙因(Schein)在对 44 名学习管理的研究生跟踪研究后提出了“职业锚”概念，这是建立在不同的工作动机和能力之上，引导个人的工作经历的自我概念。这些不同类型的职业锚对招聘有着重要的影响。

(1) 技术/技能型职业锚。此类人喜欢围绕着他们的技术/技能能力来安排自己的职业，他们在做出职业选择和决定时，主要注意自己正在从事的职业的实际技术和技能内容。不论是工程技术分析、财务分析、营销分析、系统分析、公司计划，还是其他与商业和管理相关的领域，他们的职业定位在技术和技能领域，愿意在技术技能上努力耕耘并收获成功，但对管理工作可能兴趣不大。

(2) 自主型职业锚。此类人追求的是最大限度地摆脱组织的约束，喜欢自由自在的工作环境，选择的是能施展自己的职业能力或技术能力的工作环境。典型的职业如教授、作家、管理或技术咨询人员、零售业主等。

(3) 创造型职业锚。倾向于这类职业锚的人，追求自主权、具有创新能力，希望能够施展自己的特殊才能，创造一种属于自己的东西(一项专利、一个成果、一家公司)。

(4) 安全型职业锚。这种职业锚的人寻求长期职业稳定和工作基本安全。他们倾向于按照他人的指示进行工作，喜欢一种稳定且有体面收入和福利保障的职业。如不少想挤进公务员队伍中的求职者就属于这样的人。

(5) 管理型职业锚。这类人的特点是将管理作为自己的最终目标，具有较强的分析能力、组织协调能力、人际关系处理能力和情绪控制能力。

除了"职业锚"理论，美国的约翰·霍兰德(John Holland)于 1959 年研究并提出了职业—个性匹配理论。职业—个性匹配理论根据个性特征与择业倾向进行分类，显示不同类型的人员与不同职位之间的匹配性，这对应聘者的应聘倾向有着积极的影响。

本章小结：

本章从招聘管理的基础层面入手，就招聘的战略规划，即人力资源规划的制定，以及招聘中为做到能岗匹配、人职匹配需要事先进行的工作分析以及胜任力模型分析这些基础性工作的探讨论述，为人员招聘工作的有效开展奠定坚实的基础。最后一节中，我们分析了影响招聘的各种因素。本章的主要目的是帮助学习者更多地在技术面上构建招聘管理大厦的基石。

案例分析：

1. 组织针对招聘工作，需树立什么样的招聘理念？建立什么样的招聘基础？

本案例中新地公司所要招聘的是大同集团的人力资源总监，是一个高级别的重要管理岗位。针对这一招聘任务，详细的工作分析非常必要。要充分意识到人力资源总监作为组织战略的制定与执行者，是如何通过其切实的工作体现出来的，比如包括对宏翔公司（大同集团）自身及所属产业与市场格局进行全方位调研与深入剖析，了解自身及产业资源配置状况，把握产业发展趋势，寻找资产优化重组突破方向，明确相关资源调配途径，包括建立资本运作模型、探讨运作模式、进行可行性分析，并在此基础上进行人力资源规划，给出人力资源配置及组织保证体系设计方案等职责任务。

2. 你能为该公司人力资源总监职位设定一个有效的招聘流程吗？

通过工作分析，制定出书面的人力资源总监的工作描述。然后，进一步分析研究胜任该职位的素质模型，包括战略管理的能力、所需要的学习能力及需具备的核心知识板块、技能方面的谈判与组织控制能力、年龄的要求等条件，从个性特点、组织能力、团队精神等方面，理清该职位的任职资质、关键胜任能力，从而制定相应的资质标准、招聘要求，制订招聘计划。

思考题：

1. 什么是人力资源规划？
2. 人力资源需求预测的方法有哪些？
3. 内部人力资源供给预测的方法有哪些？
4. 简述工作分析的步骤以及和招聘工作的关系。
5. 简述素质冰山模型的内容。
6. 请阐述胜任素质模型的建立与招聘的关系。
7. 影响招聘的外部因素有哪些？
8. 影响招聘的内部因素有哪些？

第三章 招募计划

引导案例

超越科技有限公司招聘计划书

1. 招聘目标(需求分析)

职务名称	人员数量	职位要求
软件开发工程师	3	计算机专业本科以上学历,35岁以下年龄,有2年以上独立研究开发经验
销售代表	5	大学本科以上学历,相关工作经验3年以上
行政主管	1	经济管理类专业本科以上学历,女性,30岁以下,熟悉IT行业背景

2. 招聘方式及信息发布时间

(1) ××日报刊登招聘广告　　3月8日

(2) ××招聘网站发布信息　　3月8日

3. 招聘小组成员名单

组长:×××(人力资源部经理)

对招聘活动全面负责

成员:×××(研究开发部经理、销售部经理、行政部经理)

具体参与面试、录用工作

×××(人力资源部薪酬管理人员)

具体负责应聘人员接待、求职资料整理

×××(人力资源部招聘专员)

具体负责招聘信息发布以及安排面试、笔试

4. 招聘地区:北京、上海、广州、武汉、西安、成都

5. 招聘选拔方案及时间安排

A. 软件开发工程师

资料甄选	研究开发部经理	3月15日截止
初试(面试)	研究开发部经理	3月17日
复试(笔试)	研究开发部命题小组	3月19日

B. 销售代表

资料甄选	销售部经理	3月15日截止
初试(面试)	销售部经理	3月17日
复试(笔试)	分管销售副总经理	3月19日

C. 行政主管

资料甄选	行政部经理	3月15日截止
初试(面试)	行政部经理	3月17日
复试(笔试)	分管行政副总经理	3月19日

D. 选拔录用

总经理及分管副总经理、人力资源部和有关部门经理 3月20日

6. 新员工上岗时间

预计在4月1日左右

7. 招聘费用预算

A. ××日报广告刊登费　　4×8 000+2×6 000=44 000元

B. ××招聘网站信息刊登费　　800元

合计：44 800元

8. 招聘工作时间表

3月5日：起草招聘广告

3月6日：进行招聘广告版面设计

3月7日：与报社、网站联系

3月8日：到报社、网站刊登广告

3月9日～15日：接待应聘者、整理应聘资料、对资料进行甄选

3月16日：通知应聘者面试

3月17日：进行面试

3月19日：进行软件开发工程师及行政主管笔试(复试)、销售代表测试(复试)

3月20日：录用决策

3月21日：向通过复试的应聘人员发录用(试用)通知

3月25日～30日：新员工入职教育培训

4月1日：正式录用的新员工上班

9. 招聘人事政策(包括人事配置、薪酬福利等)

人力资源部　　总经理(签章)

2007 年 3 月 1 日

案例讨论题：

1. 此招募计划设计得正确、规范吗?
2. 组织中完成招聘任务的人员是如何确定的?

第一节　招募计划的制订

为了使招聘工作高效有序地进行,就要制订招募计划,也就是说招募计划是招聘实施的主要依据,制订招募计划的目的在于使招聘更趋合理化、科学化。招募计划是组织根据部门的发展要求,根据人力资源规划的人力净需求、工作说明的具体要求,对招聘的岗位、人员数量、时间限制等因素做出详细的计划。

一、招募计划的制订过程

招募计划应由用人部门制订,然后由人力资源部门对它进行复核,特别要对人员需求量、费用等项目进行严格复查,签署意见后交上级主管领导审批。编制招募计划的过程,有调研分析、预测和决策三个步骤。

(一) 调研分析

调研分析是制订计划的基础。为了避免盲目编制计划和盲目实施招聘,首先要做好组织人力资源状况分析,并根据本组织人力资源规划及当前的工作任务情况、招聘的范围、数量和规模,确定如何开展招聘工作。一般可从以下几方面进行:

(1) 了解本组织发展与运行现状,并作详细周密的分析,以便明确工作任务及完成这些任务所需或所缺人员的情况。调查的结果是明确和确定工作岗位或者在岗人员任职情况,以及岗位职责和要求。

(2) 了解与分析本组织人力资源或者局部人力资源状况,内容主要是人员的学历结构、技术人员结构、年龄结构、人力资源分布与分配状态,以及人力资源利用情况,结果是掌握组织人力资源现状以及当前管理利用情况。

(3) 了解与分析组织对人员更新、技术发展与革新、企业扩张等方面的规划与预测,结合组织人力资源战略与规划,预测近期人力资源的需求量、类型和趋势。

(二) 预测

预测是计划的前提和依据。它主要包括组织机构变化预测、产品规划对人力资源需求的预测、新产品开发对人力资源结构和数量影响的预测、设备的技术改造与更新对人力资源结构影响的预测、劳动(工作)效率对人力资源结构和数量影响的预测、减员预测、人才市场和劳动力市场预测。比如,在确定职位空缺时,不妨仔细考虑和科学地测算:本组织目前是否拥有足够的员工以及他们是否拥有足够的技能开展工作,组织是否合理地利用了现有的员工以及他们是否需要学习或从事一些不同的或新的工作以满足组织未来发展的需要,是否拥有足够的人手和才干来满足组织未来的发展需要,是否有财力进行新员工的招聘,需要的员工是兼职的还是专职的,空缺岗位的工作性质与要求是什么等等问题,来确定是否需要招聘以及招募计划的内容。

(三) 决策

决策是计划的核心,具体包括:招聘的岗位、人员需求量、每个岗位的具体要求(工作/岗位分析在整个招聘中的作用很大,它主要是确定空缺岗位所包含的一系列特定任务、职责和责任,为整个招聘甄选过程提供有效的依据);招聘信息发布的时间、方式、渠道与范围;招聘对象的来源与范围;招聘方法;招聘测试的实施部门;招聘预算;招聘结束时间与新员工到位时间。决策完成了,招募计划也形成了。招募计划确定后,需要经过人力资源部经理及高层管理的批准,表 3-1 为一份年度报批表的示例,是用于人力资源部每年根据人力资源规划而制订的招募计划报批表,主要是向组织领导说明本组织目前人力资源规划分布状况及今年增加员工的数目。

表 3-1 人力资源部年度招募计划报批表

填单: 年 月 日

<table>
<tr><td rowspan="2">部门有关情况</td><td rowspan="2">录用部门</td><td colspan="4">录用职位概况</td><td colspan="3">考试方法和其他</td></tr>
<tr><td>职位名称</td><td>人数</td><td>专业</td><td>资格条件</td><td>考试方法</td><td>招考范围</td><td>招考对象</td></tr>
<tr><td rowspan="3">公司核定的编制数</td><td rowspan="3"></td><td></td><td></td><td></td><td></td><td></td><td></td><td></td></tr>
<tr><td></td><td></td><td></td><td></td><td></td><td></td><td></td></tr>
<tr><td></td><td></td><td></td><td></td><td></td><td></td><td></td></tr>
</table>

续 表

部门有关情况	录用部门	录用职位概况				考试方法和其他		
		职位名称	人数	专业	资格条件	考试方法	招考范围	招考对象
公司核定的编制数								
本年度缺编人数								
本年度拟录用人数								
备注								

二、招募计划的内容

一般来说,招募计划的内容主要包括招聘的规模、招聘的范围、招聘的时间和招聘的预算。不同组织、不同招聘任务还可根据情况作相应的增减。

1. 招募的规模

招募的规模是指组织准备通过招聘活动吸引多少数量的应聘者。无论组织的规模如何,在进行招聘之前都应明确招聘范围和规模,就是说要明确哪些岗位需要多少人员,以及获得这些人员大致需要招聘到多少应聘者。从总体上说,招聘是根据人力资源规划进行的。就具体程序而言，招聘工作开始于正式签发“人员需求报告单”或“人员需求表”。人员需求报告单是一种具体体现人员规划所确定的人员需求及空缺岗位工作性质、任务、任职者资格和指导人员招聘工作的规范性文件，它可由组织有关业务部门与人力资源管理部门共同签发，也可由组织的高层领导签发，由人力资源管理部门具体执行。人员需求报告单的基本格式如表 3－2 所示。

表 3－2　人员需求报告单

工作编号		职位名称		要求上岗日期	
补充人员的原因 （例如：人员流动导致职位空缺、新设岗位等）					
对任职者的最低资格要求					
主要工作职责和任务					
签发日期		签发部门或签发人签章			

确定招募过程中大致需要招聘到多少应聘者，一般可以借助招聘录用的金字塔模型，即将整个招聘录用过程分为若干个阶段，以每个阶段参与人数和通过的人数比例来确定招聘的规模，见图 3－1。

使用这一模型确定招募规模，取决于两个因素：一是企业招聘录用的阶段，阶段越多，招募的规模相应地就越大；二是各个阶段通过的比例，这一比例的确定需要参考企业以往的历史数据和同类企业的经验，每一阶段的比例越高，招募的规模就越大。

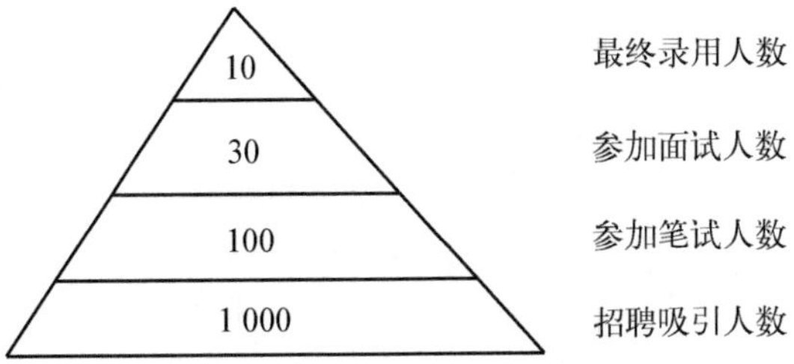

图 3－1　招聘录用的金字塔模型①

2. 招募信息发布的范围

招募信息发布的时间、方式、渠道与范围是根据招募计划来确定的。由于需招聘的岗位、数量、任职者要求的不同，招聘对象的来源与范围的不同，以及新员工到位时间和招聘预算的限制，招聘信息的发布时间、方式、渠道与范围也是不同的。

信息发布的范围是由招聘对象的范围来决定的。发布信息的面越广，接收到该信息的人就越多，应聘者也会越多，挑选的余地也就越大，即“人才蓄水池”(talent pool)的容量越大，招聘到合适人选的概率也相应地有保证，只是费用也会相应地增多。这就需要我们根据人才分布规律、求职者活动范围、人力资源供求状况及成本大小等确定招聘区域。通常招聘区域选择的规则是：高级管理人员和专家一般在全国范围内招聘，甚至可以跨国招聘；而专业技术人员可以跨地区招聘；一般办事人员在本地区招聘就可以了。据美国 1972 年的统计数据，美国有 1 000 万应聘者，在到距所在地 100 英里以外地区求职的人员中，A 类占 25%，B 类占 7%，C 类占 6%；在到 25 英里以内应聘的人员中，A 类占 13%，B 类占 33%，C 类占 38%。例如，某家企业在进行不同职位招聘时，招聘的范围是有所区别的，见图 3－2。

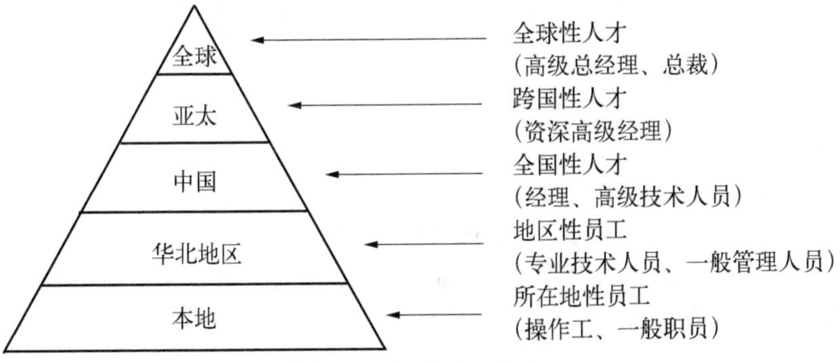

图 3－2　招募范围示意图②

---

① 董克用等：《人力资源管理概论》，中国人民大学出版社 2003 年版，第 184 页。
② 董克用等：《人力资源管理概论》，中国人民大学出版社 2003 年版，第 185 页。

3. 招募工作时间

首先确定信息发布的时间。因为招聘工作的顺利完成需要耗费一定的时间,再加上选拔录用和岗前培训还需要一定的时间,为此,在条件允许的情况下,招聘信息应尽早发布,这样有利于缩短招募进程,有利于使更多的人获取信息,使应聘人数增加。这就需要我们对招募过程中各阶段所需时间有一个比较准确的了解,以此准确估算信息发布的时间,及时进行招募信息的发布。表3-3列出了在招聘过程中从接到个人简历到新雇员开始工作的时间阶段分布情况。

表3-3 招聘过程中的时间阶段分布

事件	平均天数
收到个人简历到发出面试通知	5
发出面试通知到面试	6
面试到提供工作	4
提供工作到接受所提供的工作	7
接受工作到实际开始工作	21
总的时间	43

根据各阶段工作时间的安排,计划中应明确制订一张招聘工作时间表,以保证招聘工作能有条不紊地如期进行。

4. 招募的预算

在招募计划中,还要对招聘的预算做出估计,以便提高招聘效率,降低招聘成本。招聘的成本预算可以由以下几项费用组成:

(1) 人工费用,即组织招聘人员的工资、福利、差旅费、生活补助以及加班费等;

(2) 业务费用,包括通讯费(电话费、上网费、邮资和传真费)、专业咨询与服务费(获取中介信息而支付的费用)、广告费(在电视、报纸等媒体发布广告的费用)、资料费(组织印刷宣传材料和申请表的费用)以及办公用品费(纸张、文具的费用)等;

(3) 其他费用,包括设备折旧费、水电费以及物业管理费等。

5. 招募的渠道

根据空缺岗位的性质及相关情况确定招募的渠道。招募渠道一般分为内部招募和外部招募两个基本渠道。内部招募是指组织采用职位公告、岗位竞聘或部门推荐等方式在组织内部招聘新员工。外部招募则是根据一定的标准和程序,从组织外部众多应聘者中选拔获取所需要人选的方法。外部招募的主要方式有广告招聘、人才市场招聘会、校园招聘、专业机构招聘、网络招聘等。

6. 招聘团队的人选

招聘团队组成的合理性以及招聘团队成员的能力,决定了招聘结果的有效性。因此,在招募计划中要明确招聘团队的具体成员,并事先进行沟通协调,以便保证在招聘过程中能够有效参与整个流程。

7. 招聘的策略

不同的组织在聘用人才的时候有不同的偏好,体现了不同的管理文化,诸如微软的"聘用聪明人策略"、联想的"少用同学"等。招聘策略体现了组织的员工招聘方向,为吸引人才和选聘人才提供了依据。

三、招募计划的修订

招募计划制订以后,并非一成不变,在实际操作过程中会遇到一些问题,或是由于组织内外部环境和条件的变化,需要适时地做出调整和修订,以使招募计划真正体现对招聘工作的指导性和预见性。当然,计划一旦制订后,应尽可能保证它的稳定性,不能朝令夕改,形同虚设。

四、校园招聘示例

校园招聘方案①

某企业是一家从事洗化用品生产的公司,根据企业战略部署计划和业务量的增长,现需要招聘一定数量的人员,一同促进企业的发展。

一、校园招聘的目的及意义

刚走出校园的大学生充满激情、可塑性强,善于发现问题。招聘一批具有专业知识和技术的人才,一方面可以充实企业的专业人才队伍,另一方面也可以为企业管理者和技术人才储备后备力量。

二、招聘人数计划表

面向 2006 届毕业生的招聘计划表如表 3-4 所示。

① 孙宗虎等:《招聘与录用管理实务手册》,人民邮电出版社 2007 年版,第 64 页。

表 3－4　2006 届毕业生招聘需求表

专　业	类　　别	招聘人数(单位：人)	院校名称	学　历
工商管理	工商管理类	5		本科及以上
法　　学	法学类	5		本科及以上
广 告 学	新闻传播学类	5		本科及以上
生物科学	生物科学类	10		本科及以上
不　　限	储备人才	30		本科及以上
备注				

三、招聘标准

(1) 优秀的团队合作精神；

(2) 务实的工作态度；

(3) 较强的创新能力。

四、招聘方案设计

企业规划的招聘方案如表 3－5 所示。

表 3－5　招聘方案一览表

专　业	院　校	时　间	地　点	预算费用(单位：元)
工商管理				广告宣传费：1 000 资料、设备费：1 200 人工成本费：2 600
法　　学				
广 告 学				
生物科学				
不　　限				

五、招聘的实施

(一) 招聘的准备工作

1. 前期和学校的沟通

2. 参加招聘的人员的确定

参加此次校园招聘的工作人员有：总经理、用人部门的主要负责人、人力资源部经理、招聘专员、培训专员、薪酬专员、绩效考核负责人、具有校友身份的员工。

3. 相关资料的准备

(1) 企业的宣传资料;

(2) 考题的准备。

4. 展台的布置

(1) 宣传标语的布置;

(2) 仪器设备的准备。

5. 广告宣传

将准备好的企业宣传资料由校友身份的员工向学校的毕业生分发,做好招聘前期的广告宣传工作。

(二) 招聘实施

企业进入校园正式展开招聘工作时,一般的程序如图3-3所示。

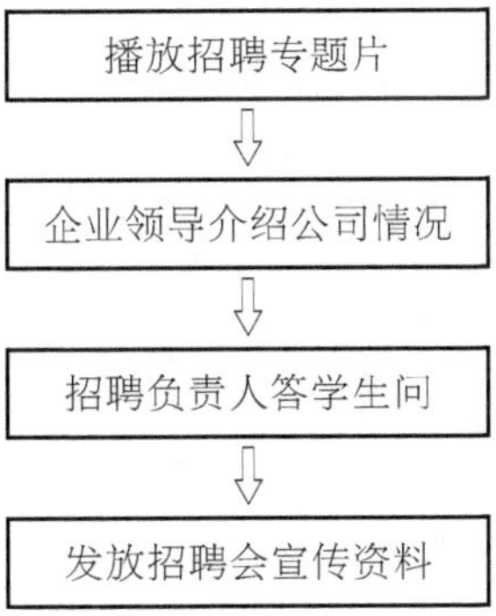

图3-3 校园招聘流程图

在招聘工作正式开始前,企业会播放事先准备好的资料片,吸引学生前来观看。接着,通常由企业副总裁介绍企业的概况,内容主要包括以下方面:

(1) 企业创建初期的情况;

(2) 企业目前主要经营的业务;

(3) 企业目前的发展状况;

(4) 企业文化;

(5) 用人政策。

在毕业生投递简历的同时,企业招聘人员会解答他们提出的问题。招聘人员在收简历的同时也会向毕业生问一些问题,例如:"你最喜欢历史上的哪个人物?为什么?""请谈谈在大学期间的一些主要社会实践活动以及学到了什么?"招聘人员会根据毕业生的回答做出初步的简历筛选,确定进入第一轮考核的人员,通常是计划招聘人数的300%。

(三) 笔试、面试

企业经过初步的简历筛选后会在一个星期之内通知应聘者参加考核的第一个环节——笔试。

(1) 笔试的地点安排在企业的会议室和培训室,时间为60分钟,主要测试应聘者的综合能力,范围涉及基本常识、推理判断、分析问题、想象力、领导力、专业知识测试六个方面,具体内容如表3-6所示。

(2) 根据笔试成绩的结果,企业再次淘汰一部分人员,笔试成绩合格的人员进入下一轮的考核——面试阶段,进入面试阶段人员的比例占计划招聘人数的200%,面试时间一般为45分钟。

表 3-6　笔试内容一览表

综合能力测试 试题分为五个部分，限时 45 分钟	考核内容： 1. 基本常识（占试题的 5%） 2. 推理判断题（占试题的 20%） 3. 计算题（占试题的 10%） 4. 问题分析题（占试题的 30%） 5. 想象力试题（占试题的 5%）
	考核点： 1. 效率 2. 思维灵活度
领导能力测试 限时 15 分钟	考核内容： 主要是开放性的问题（占试题的 30%） 考核点： 考查应聘者的领导潜质
专业技能测试 （作为笔试之外独立的一部分，是对有专业限制的学生进行的单独的考试）	对象： 有专业限制的部门的应试者，如技术研发部、质检部门等
	考核内容： 要求应聘者就某些专题进行学术报告或者就自己的毕业论文与专业人士探讨，并请公司资深科研人员加以评审
	考核点： 考查其专业水平

第一轮面试由人力资源部经理整体把握，由人力资源部经理和招聘专员作为面试的主考官。

采用结构化面试的方式，其步骤大致分为四个阶段。

(1) 前期气氛的铺垫，双方相互介绍，营造良好的氛围。

(2) 正式进入面试阶段，面试的问题主要包括以下内容：

a. 业余时间比较喜欢读哪一方面的书籍？

b. 请谈谈学习生活当中印象最深刻的一件事情。

c. 说说你做得最满意的一件事情。

d. 在大学四年中与其他同学难免有摩擦，请问你是如何解决的？

e. 谈谈自己对成功的理解（针对学生干部，请其谈谈在团队活动中如何采取主动性，并且起到领导者的作用，最终获得所希望的结果）。

f. 对自己作一个简要评价。

(3) 在合适的时间，面试官会把面试引向结尾，让应聘者问自己感兴趣的问题。

(4) 面试的评价。面试考官根据应聘者的表现，在面试评价表上打分（见 3-7 表）。

表 3-7 面试评价表

姓　名		性　别		年　龄	
应聘职位		所属部门		面试日期	
考核内容	评　价　等　级				
	A(不符合企业要求)	B(一般，基本符合)	C(较好，超出一般水准)	D(优秀)	
仪容仪表					
语言表达能力					
灵活应变能力					
个人影响力					
专业知识					
总体评价					
面试主考官签字： 日期：　年　月　日					

第二轮面试的主考官一般由企业高层领导、用人部门的经理、人力资源部经理三人组成，进入这一阶段的人员占计划招聘人数的150%。

(四) 企业做出录用决策

应聘者从参加校园招聘会到最后被通知录用需要20天左右的时间。企业根据应聘者几轮考核的表现，最终做出录用决策，并为被录用者办理入职手续。

六、招聘的总结与评估

企业招聘结束后，会对整个校园招聘工作进行总结和评估。评估的主要指标包括：招聘人员的数量是否达到计划的目标、录用人员的素质是否符合企业的要求、招聘的成本是否控制在预算之内。

第二节　招聘团队的组建

在现代组织中，人力资源的管理越来越具有重要的战略意义，人力资源管理实践中各环节的工作，也逐渐被纳入战略意义上的思考范畴，赋予更为现代化、高效率、专业化的内容。招聘管理的有效实施必定依赖于一个高效而专业的现代招聘团队。

一、招聘团队及其人员分工

一流的组织需要拥有一流的员工队伍。作为人力资源管理中的输入环节，人员招聘是企业管理中不可疏忽的部分。而是否能够完成招聘任务、保证招聘工作的长期有效性，则有赖于招聘人员的努力以及企业对此的有效管理。同时，招聘是一项繁杂的工作，不是单靠一两个人就能完成的，尤其是一些重大的招聘事件，关乎企业的生存与发展，因此需要一个招聘团队来实施。

在现代组织中，内部的人力资源管理部门和用人部门都要参加重大的招聘工作。人力资源管理部门主持日常性招聘工作并参与招聘的全过程，招聘团队中，仍以人力资源管理部门为主，并吸收有关部门人员参加，用人部门(业务部门)的意见将在很大程度上起决定性作用。在传统观念中，招聘是人事部门的事，用人部门只要提出用人需求就行了，不用参与或很少参与到招聘过程中，事实是，只有用人部门最清楚需要什么样的人，招聘进来的人员的素质和能力将直接关系到本部门的工作绩效。具体说来，用人部门的经理人员和人力资源部门的招聘人员在此合作过程中分别承担着不同的工作，如表 3－8 所示。

表 3－8　招聘中用人部门与人力资源部门的分工①

用人部门经理人员	人力资源部门招聘人员
负责确定业务发展计划、人力规划及人力需求，负责制订招聘计划和报批	分析人力资源供应的外部环境因素，帮助用人部门分析招聘的必要性和可行性
制定招聘职位的工作说明书	选择招聘的渠道和方式，设计招聘中选拔、测试、评价的方法和工具以及测试内容
对应聘者的专业技术水平进行评判、初选	策划制作招聘广告或招聘网页，并办理相关审批手续，联系信息发布
负责面试和复试人员的确定	负责简历等求职资料的登记、甄选和背景调查
参与测试内容的设计和测试工作	通知面试、主持面试、实施人事评价程序
做出正式录用决策	为用人部门的决策提供咨询
参与新员工培训并负责其基本技能的训练辅导	负责试用人员个人资料的核查、确定薪酬
负责被录用员工的绩效评估并参与招聘评估	寄发通知并帮助录用人员办理体检、档案转移、签订试用或正式劳动协议等手续，并为员工岗前培训服务
参与人力资源规划的修订	负责招聘评估以及人力资源规划的修订

① 吴文艳：《论现代企业中招聘团队的组建》，载《中国人力资源开发》，2005 年 9 月。

二、构建高效的招聘团队

需要说明的是,多个人的组合不能称为团队,只能称作群体。只有在群体的相互依赖程度比较高,每个人的工作都和其他成员的工作密切相关,而且其他人工作没有成果他也不会有成果时,这种群体才称得上团队。另外,只有共性很强的群体才算是团队,才能按照团队来运行和管理。① 因此,招聘团队是这样一种人群组合,他们为了实施企业的战略规划、完成企业的招聘任务而组合在一起,积极协同配合,共同高效完成招聘工作。企业的招聘管理中,如果能组建这样的招聘团队,就能极大地提高招聘工作的效率,顺利完成招聘任务。那么如何组建高效的招聘团队呢?

1. 团队运作目标的确立

高效的团队对所要达到的目标应有清晰的了解,坚信这一目标包含着重大的意义和价值,并以此激励着团队成员把个人目标与团队目标结合在一起,愿意为团队目标作出承诺。为此,在团队建立之前与之初,都有必要强调招聘工作的重要意义,认识到员工招聘是以不断满足组织经营管理需要、提高组织效率、增强组织核心竞争力、促进组织发展为根本目的的,明确"招聘合适的人并将其安排在合适的岗位上使其发挥作用是任何组织用人的一大目标"②。了解以最小的代价去获得组织需要的合适的员工并使其发挥最大的作用,是每一个组织所追求的目标。正如上海通用汽车公司在招聘工作开展伊始即实施的招聘策略:根据公司发展的战略宗旨,确立把传递"以人为本"的理念作为招聘的指导思想;根据公司的发展计划和生产建设进度,制订拉动式招聘员工计划;根据"一流企业,需要一流员工队伍"的公司发展目标,确立面向全国广泛招聘的方针。有效的团队具有一个大家共同追求的、有意义的目标,它能够为团队成员指引方向,提供推动力,形成凝聚力。

2. 互补的组合模式

在英国剑桥大学进行人类组织行为学研究工作的贝尔宾博士和他的伙伴们,经过多年的实验研究证实:在一个团队中,如果组员能够按"特质"组合得越恰当,团队的表现就越好,证实了"没有人是完美的,但一个团队可以达到高效而完美"这个结论。一般而言,从企业的视角看,怎样才是完美的团队呢?可以定义为:外向的、有组织的、高激励的、具有创意的、勤奋的、客观的、圆融的、仔细的、博学多

① 郭毅等:《组织行为学》,高等教育出版社、上海社会科学院出版社 2000 年版,第 143 页。

② [澳]彼得·道林,丹尼斯·韦尔奇:《跨国公司人力资源管理》,中国人民大学出版社 2001 年版,第 56 页。

闻的。[1] 这九种特质不可能在一个人身上齐全,但却可以在团队中组合成功。同样,招聘者应该具有多方面的能力和良好的素质,但不可能每个招聘者都具备优秀的综合素质,可如果能够按知识、性格、能力、性别、技能等相互补充组合在一起,则有可能形成一个较为完美的组合。比如有的人工作风格雷厉风行、具有组织领导能力;有的人办事严谨、考虑问题周全;有的人老成持重、经验丰富;有的人年轻有为、富于创意;有的人懂得心理学、掌握测评技术;有的人熟悉专业技术知识;有的人擅长沟通、协调能力强;有的人写作技巧高、表达能力强。组员间优势互补、扬长避短,可以形成功能强大的招聘团队组合。另外,特别要注意组合过程的均衡性。因为只有组合均衡的团队,组员才能做出有价值的贡献。实验显示,理想的组合是3~5个人,每个人承担不同角色,有些人可能会承担双重角色,需要管理者加以细心组合、搭配。一般而言,一个有效运作的招聘团队需要三种不同的角色成员:一类是具有招聘岗位相关专业技术知识或人员招聘专业技术知识的成员;二是具有解决问题和决策技能的成员;三是具有善于倾听、反馈、解决冲突及协调人际关系技能的成员。

3. 相互的信任和良好的沟通

成员间相互的信任和良好的沟通是建立高效团队的必要。就团队成员的信任关系而言,研究发现,信任这一概念包含5个维度,且这5个维度的重要程度是相对稳定的,通常其顺序是:正直>能力>忠实>一贯>开放。而且,正直程度和能力水平是一个人判断另一个人是否值得信赖的两个最关键特征。[2] 在一个招聘团队中,成员之间应该开诚布公,热诚对待你的伙伴并且信守诺言,同时又积极出谋划策、乐于奉献,表现出你的才能。另外,无论是互相信任的人际关系的营造或是决策中的信息反馈与灵感碰撞,都需要建立在良好的沟通机制上,通过管理者与团队成员之间健康的信息交流,通过使用有效的会议技巧,鼓励团队成员有均等的说话机会,提出宝贵的意见,创造出各种选择,进行深入的专业化思考。比如,一些现代组织在招聘面试过程中,尽管采用的是一对一的面试方式,但往往需要进行多轮面试,每一轮面试之后,这一轮的面试考官即会把对应聘者的评价如实传递给下一轮的考官,尤其是对其不甚清楚的方面会特别叮嘱。最后,所有的面试考官会共同分析、探讨面试情况和面试结果,以保证面试的客观性。由于对人员内在素质测评的不确定性,以及人类自身认知过程中的缺陷性,诸如光环效应、刻板效应、投射作用、第一印象、近因效应等,都会影响招聘人员在人员选择中的准确性。鉴于招聘

---

① 叶微微:《魅力领导——开发高效能领导的完整策略》,浙江人民出版社2003年版,第165页。

② [美]斯蒂芬·P. 罗宾斯:《组织行为学》(第七版),中国人民大学出版社1997年版,第278页。

工作的特殊性，加强招聘团队成员之间的信任度和沟通能力，通过互相的沟通、交流、讨论，消除认识偏差，从而得出较科学的结论，就显得格外重要了。

4. 支持系统的建立

高效的招聘团队需要有一个系统的支持环境作为它运行的基础结构。现代组织的管理层，应为团队提供完成招聘工作所必需的各种资源，包括：① 提供前期的培训，组织专家、教授、学者和经验丰富的实践者对团队的每个成员按照角色定位进行针对性的业务培训，使其一方面能成为一个学习型的团队，另一方面使招聘团队的成员通过培训，明确招聘的目标和任务、掌握招聘的基本技能和要领、形成良好的工作态度和一定的凝聚力，不断提高实战技能；② 建立一套易于理解的、用以评估成员工作总体绩效的测量系统和奖励系统；③ 建立一套起支持作用的人力资源系统；④ 给予配备恰当的团队领导者，所谓恰当的领导者，主要指领导者的角色定位，不是去控制，而是起到提供支持和指导的作用，指明目标，善于授权与激励他的招聘团队成员，帮助他们挖掘潜力、完成工作任务。领导者在实施招聘行为时，尤其在决策过程中，要善于汇总成员的思路，理性评估各种选择，从效用与成本出发，确定招募的渠道或者测评的方法等，某些情况下还可以考虑聘请专业的咨询或测评机构的专家，共同协助完成招聘任务。

三、团队成员素质要求及需避免的招聘误区

（一）团队成员的基本素质

1. 良好的个人品质

对于应聘者来说，招聘者的形象、行为代表着该组织及组织的文化，从他们身上能够反映出组织的风范，所以组织对招聘者的个人品质应该有很高的要求。

首先，要热情、诚恳。招聘者热情、诚恳的态度，让应聘者如沐春风，感受到该组织拥有的良好的亲和力以及可信赖性，在无形中对应聘者形成带动和示范作用。这里需要说明的是，为避免应聘者产生不合实际的心理期望，招聘者在招聘期间的任何允诺都应慎重，一定要诚实地提供真实的信息。在发达国家，在招聘中越来越推崇通过所谓的 RJP，即真实职位预视，使应聘者形成一种更加接近真实情况的预期。

其次，要公正、认真。招聘者在招聘过程中，应本着公正公平的原则，一切从组织利益出发，避免任人唯亲、拉伙结帮的情况发生。同时，招聘者要有强烈的责任心，能够尽心尽责、踏踏实实地做好招聘工作中的每一环节，这样才能保证招聘工作的有效性。

2. 相关的技能要求

招聘工作可谓千头万绪,复杂而又关键,需要招聘者具备一定的能力和相关的技术。从能力上说,须具备:

(1) 表达能力。包括口头表达能力和书面表达能力。招聘者需要与诸如人才市场、人才中介公司、广告媒体、校园、社区等各种各样的人员接触,会面对各种场合,他们需要通过谈话、报告、信件等形式来清楚地表达自己,表明组织对应聘者的要求,因此,表达能力十分重要。

(2) 观察能力。招聘者被要求在很短的时间内认识和了解应聘者的性格、才能等方面的信息,需要培养和具备很强的观察能力,才能做到这一点。

(3) 协调和沟通能力。无论是实行内部招聘还是外部招聘,都需要同组织外部和组织内部发生关系,因此,招聘者也就要具备良好的协调和沟通能力。

(4) 自我认知能力。心理学研究认为,人们总是习惯以自我为标准去评价他人,但对于招聘者而言,就要超越一般的自我,对自我有一个健全、完整的认识,才能公正、公平地评判应聘者。

(5) 不断完善自我的能力。招聘者为能适应现代企业的变化和发展,要不断地完善自我,学习各方面的知识来充实自己。心理学、社会学、法学、管理学、组织行为学等学科内容,招聘者都应该有所涉猎,使自己具备广博的知识和不断更新知识的能力,并有效地运用到招聘实践中。

从技术上说,须掌握:

(1) 人员测评技术。通过掌握人员测评的方法和手段,来提高对应聘者的评判能力,从而提高招聘能力和技巧。测评技术包括创造力测验、能力倾向测验、笔迹测验、人格测验、兴趣测验、评价中心等。

(2) 面谈技术。这里的面谈不仅仅指面试,它包括同应聘者进行的所有谈话。招聘者只有掌握策略性的谈话技巧,才能突破应聘者的心理防线,使之放松心情,展现真实的自我,从而为获取应聘者真实信息奠定基础。面谈技术的关键是如何找到与交谈者之间的心灵共鸣点或叫思想交汇点。

(3) 观察技术。观察是招聘者评价应聘者常用的方式。有经验的招聘者往往善于通过观察应聘者的不同的体态语言、习惯动作等,来进一步了解应聘者的情况。

(4) 招聘环境设计技术。良好的招聘环境既能让应聘者充分发挥自己的才华,亦可使招聘者提高工作效率,即双方都能在这样的环境里,心情愉快、注意力集中、思维敏捷、发挥正常。所以招聘者应有意识地提高自己的环境设计能力,招聘前就要考虑环境布置问题,包括简洁整洁、光线的柔和、温度的适中、空间布置的美观等因素。

(5) 招聘测试题的设计技术。对于不同的招聘目的,只有设计与之相适合的测试形式,才能加强人员招聘的有效性。测试形式的演进,从初始多凭现场感觉到经过专业人员按特定要求进行科学设计,使测评效果有了很大的改变。为准确判断与选择应聘者,就要求招聘者具有较强的对测试题的选择与设计技术。

(二) 招聘者需避免的招聘误区

在当今十分激烈的国际市场竞争环境下,能否招聘到有用之才,对组织来说往往是生死攸关的事情。调查显示,大约 30%～50%的主管级别的任命都以解雇或辞职告终,员工招聘的复杂性由此可见。同时,成功组织令人瞩目的业绩,也让人体会到了成功的招聘对组织的重大意义,为此,人们不遗余力地不断探求更好的招聘理念与招聘方法。下面所列"招聘者误区"或称"招聘者陷阱",就是在探求过程中总结出来的、招聘者在招聘活动中常常不由自主会犯的几种错误。

1. 类比效应

类比效应在这里也可以称为反复性行为。很多组织在面对空缺职位从而去寻找合适人选时,常常关注和寻找与前任者拥有相似个性和有效能力的人,进行一种简单的类比,而不是根据这个职位的工作要求去衡量与挑选。事实上,没有人能够完全像其前任那样,而且也不应作如此要求。

2. 苛刻的招聘要求

尽心尽责的招聘者为了完成招聘任务,会以冗长详细而重点不明的职位说明书指导自己的招聘工作。这些职位说明书对工作的方方面面都事无巨细地作了毫无遗漏的规定,但这些职位说明书却往往包含着矛盾,比如要求应聘者既是一个强制型的领导又是一个团队合作者,既是一个精力充沛的实干家又是一个深思熟虑的分析家。这样的苛刻规定,显然大大缩小了甄选范围,于是,那些拥有成功所需要的必需能力的最佳候选者,很可能因未达到某些条款而被拒之门外。

3. 只根据表面价值或履历做出判断

很多应聘者都对简历的制作非常用心,然而,这些精美的简历中所提供的信息都值得完全信赖吗?事实上,许多应聘者并未考虑与公司的长期契合,他们所想的可能只是逃避一个恶劣的环境,或获得更多的薪酬等等,履历的撰写强调的是突出个人的成功经验,而那些不利于个人求职的东西则会被有意识地剔除掉。比如在某家银行信贷部门工作 3 年以后,一位拥有 MBA 学历的人非常想进入一家位于硅谷的高速成长型科技企业。当被问及是否喜欢冒险时,这个应聘者十分热情地说他是如何喜欢给"勇于冒险的小企业"贷款的,但实际上,他只给两家小企业贷过款。而在同一时期,为了避免风险,他拒绝了大约 150 家小企业的贷款申请。可以理解的是应聘者们总是一心想把自己最好的一面展示出来,但大多数的招聘企业都忽视了应聘者的其他方面。

4. 片面相信背景调查

要慎重看待背景调查,尤其是申请者所提供的证明信(人)所提供的信息,因为前任或现任老板和同事通常都不会吝啬他们的赞美之词,他们只报告申请者好的一面而不会报告不足的一面,他们更关心的是他们与申请者之间的关系,而不是帮助一个素未谋面的人做出正确的雇用决定。有趣的是,尽管主管人员不知道那人是否可信,他们通常仍会相信证明信(人)所说的一切。

5. 寻找"似我者"之偏见

判断失误在招聘过程中会不断发生。例如,刻板印象——轻易将某些特征与某些种族、性别或民族联系在一起;晕轮效应——爱屋及乌等。但最常发生的偏见是对那些与招聘者相像的人给予过高的评价。一位北京大学毕业的招聘者或许会更多地倾向于有同样教育背景的申请者,而不幸的是,有时工作恰巧需要那些拥有不同视角或不同技能的人来完成,才会取得更好的效果。

6. 过度授权

过度授权就是我们强调的招聘者职位应高于应聘者的原则。但实际上,很多组织管理人员因为业务繁忙,往往将关键的对空缺工作/岗位的说明书的编制,授权给其下属或人力资源部,如果被授权者能很好地完成任务,一般就不会产生不良后果,但事实很少如此。另外,一些主管人员或者让那些未做好评估准备的职员,或者让那些不具备正确动机的职员去进行第一轮的面试,于是,一些应聘者会认为让其未来的下属来审查自己完全是一种侮辱,结果也就可想而知了。

7. 非结构化的面试

研究表明,在各种面试评估方法中,结构化面试是最可信的。结构化,也就是意味着招聘人员须使用一些精心设计的问题来考评应聘者的能力——相关的知识、技能和通用能力。但在现实中,大多数的面试是轻松、随意的,谈一些相互的熟人或者体育比赛等,即使言归正传,考官也只问一些应聘者猜都猜得出的问题,面试变成了闲聊。这种非结构化面试有许多缺点,其中最致命的是,那些企业真正需要的应聘者因为不善于闲聊而被拒之门外。

8. 忽视情商

大多数企业一般只关注应聘者的"硬件"数据:教育背景、智商和工作经历等,而忽视"软件"数据:情商。根据《运用情商工作》一书的作者丹尼尔·戈尔曼(Daniel Goleman)的研究,情商对于杰出绩效水平的贡献是智力和专业技能贡献的2倍。戈尔曼还发现,在高级领导人中,90%的成功取决于情商的水平。然而,或许是忽视,或许是测定情商的难度很大,情商的特性,比如自我意识、自我调节、动机、同情心、社会技能,很难在个体身上准确辨别。而且,不同的职位所需要的情商类型都不相同，比如，对一个战略联盟单位的首席执行官的要求是具有高超的冲突管理技能，而一个最近刚刚私有化的企业的中层管理人员或许更多地要求具有强烈的同情心和推动变革的特殊能力。另外，大部分应聘者在招聘过程中会有意识地在人前表现得冷静、沉着以及友好、合作和好心肠。对情商的评估如此复杂，所以大多数的公司在招聘过程中，没能给予足够的重视。

9. 缺乏客观准确的评价标准

如果在招聘过程中，缺乏客观准确的评价标准，会导致多种情况的发生。比如，以绝对的方式评价人的现象就是这样发生的。表现在招聘中，就是未能全面了解招聘者的情况就评判一个人，说“王先生是个好经理”、“张先生工作很努力”等等，但也许，王先生作为经理在达成组织目标方面很得力，但却不善于沟通人际关系，或者张先生工作努力只是因为想获得升职的机会。评判一个人的业绩应该考虑所处情境的因素，建立客观准确的评价标准，而不可简单地做出判断。再比如，招聘中，有些人一旦身居要职就要推举其朋友出任某职位，拉帮结伙，其他人则碍于情面而放弃应有的招聘和评判标准，这种现象在招聘管理中被称为“流沙”现象，危害极大。

第三节　招聘策略的确定

招聘策略，主要是指组织为了达到一定的战略目标，尤其是为了实现组织对人力资源的需求，而利用资源采取的招聘行动的总计划。组织选人是讲求“实用性”还是为后期发展储备人才？不同的目的有不同的招聘策略。当不同的企业根据环境状况和自身情况确定了不同的发展战略之后，招聘管理就需要随之制定相应的策略了。

一、人才吸引策略

为了吸引足够多的应聘者，组织需要分析与研究人才吸引策略。人才吸引策略制定前，应做一些调研工作。首先，分析目前已经在本组织任职的员工，他们最初是出于什么目的来到这里的，现在他们认为本组织有哪些吸引力，还有哪些让他们担忧和犹豫的地方。其次，了解本组织最近一个时期的招聘情况和效果，如投递简历的应聘者一般来自哪些地方，他们为什么选择本组织，由此基本可以确定本组织在招聘中的优势和劣势。第三,了解优秀组织具有哪些共性特点。通过与优秀组织的比较找出差距,提出改进措施。通常情况下,吸引度高的组织往往有以下特点:

(1) 高工资和高福利。高工资和高福利是吸引人才的重要因素,但不是唯一因素。由于薪酬对于几乎所有的应聘者而言都很重要,因此向员工支付比现有市场通行工资水平更高的工资,可以使组织在招募方面具有一种独特的优势。

(2) 良好的组织形象。一方面,组织招聘工作受到组织形象和声誉的影响,良好的组织形象是组织在生产、市场、管理、技术等各方面的综合反映,是广大应聘者选择应聘单位的重要因素;另一方面,人员招聘也是组织向社会展示形象的机会,如果组织在招聘过程中能创造尊重知识、重视人才的氛围,给社会以良好的印象,就会增强组织的吸引力。美国就以其人才政策吸引了世界各地各方面的人才,为其发展提供了极大的人才资源。

(3) 组织和职位的稳定性和安全感。

(4) 工作本身的成就感。虽然目前有可能本组织并不是最有竞争力的,如正处于发展阶段,很多体系还没有构建起来,效益和收入也不太好,但是员工可以亲历一个创业的过程,亲身经历很多创造性的工作,这对于那些希望体验成就感的人来说是很有吸引力的。

(5) 更大的责任或权力。比如,任职的公司规模虽小,但可能有机会负责全面的人力资源工作,这对从事人力资源管理的人员会是一次成长和锻炼的机会。

(6) 工作和生活之间的平衡。比如,这个职位并不要求放弃个人生活中的乐趣,讲求工作与生活的平衡,这对于那些在过去的工作中常常夜以继日地加班、频繁出差、苦于没有时间体验个人生活中乐趣的人来说,也是很有吸引力的。

此外,有出色的上司和同事、实现弹性工作时间、强调开放的沟通和以人为本的管理风格、一个学习型组织、工作本身对社会的贡献等,都是吸引应聘者的因素。

某种程度上,招聘工作会类似营销工作,既需要清楚自己的优势和不足,也需要了解竞争对手的优势和不足,还要知道自己的目标顾客是什么样的人群,如何才能使他们感兴趣于本组织。这里的关键是,一要找出自己“产品”的优势,二是明确哪些人是要吸引的关键“顾客”。

二、人才选聘策略

保留核心员工,降低人才流失率,是组织人力资源保持与发展的重要关注点。而选聘关没有把握好,就有可能为日后的人才流失留下隐患。

1. 关注人才的文化、价值追求

鉴于人才流失的原因之一，是由于人才不认可组织的文化、价值追求，因此，成功的选聘应该关注人才对组织文化、价值追求的认可程度。比如，朗讯公司在人员选聘过程中，就非常注重考虑人才对全球增长观念、注重结果、关注客户和竞争对手、开放和多元化的工作场所、速度等文化价值观的认同。选聘中有必要既重视人—岗的匹配度，还须重视人—组织的匹配度。这里的组织，主要指的是组织的文化和价值追求。

2. 关注人才与团队的融合度

一些组织中，有些优秀人才尽管也认同组织文化，但最后还是流失了，究其原因是人才的个性特点与所在团队结构的兼容性太小。试想，对一个观念陈旧、员工素质普遍较低的组织，选聘一位观念超前、思想有创意的人才，会出现什么样的结果呢？因此，在选聘过程中，除了关注人才个体的素质外，还要认真分析团队的结构特点，如团队成员的学历、性别、年龄、观念、价值取向等，尽量减少不必要的磨合成本，增加人才与团队的融合度。

3. 关注选聘与培训开发的结合度

人员选聘是企业吸收新鲜血液的源泉，也是组织积累人力资本、提升组织竞争优势的起点。我们在选聘人才时更多的应是考虑人才在组织中的长远发展，将组织目标的达成与人才职业生涯的发展融合起来，找到两者的平衡点。因此，人才的培训开发应该贯穿于包含人员选聘在内的所有人力资源活动中。对新聘任的人员在上岗前针对岗位要求进行导向性培训（包括环境介绍、业务熟悉、了解工作关系、了解组织文化等），让人才适应岗位，业绩优良，招聘成效因此而得到保证。

4. 关注“心理契约”

“心理契约”理论认为，在组织与其成员之间存在一种非正式且十分重要的契约，即“心理契约”（psychological contract）。这种契约的基本含义是指：在组织成员之间及组织与成员之间存在着“期望”和“对义务的承诺与互惠”。与经济契约不同的是，心理契约更强调个人与组织的关系而不是交换。这种心理契约在组织招聘人员的过程中就已经开始，并且存在于组织管理活动的几乎所有方面和始终。①现实生活中，某些组织的招聘者为招到满意的人员，会把组织说得天花乱坠，似乎一切要求都可以得到满足，等人才进入组织后才发现事实并非如此，就有上当受骗的感觉，期望越高失望也越大，离职率势必上升。为此，在人员选聘中招聘人员应注意坦诚相见，需要给应聘者以真实、准确、完整的有关职位的信息，明确告知组织

---

① ［英］波特·马金：《组织和心理契约：对工作人员的管理》，王新超等译，北京大学出版社2000年版。

的战略和企业的发展目标,使应聘者了解组织的真实情况后进行理性的选择,从而提高招聘的有效性,降低雇员流失率。

三、招聘备选策略

1. 人力资源派遣

人力资源派遣是人力资源外包的一种形式,是通过与人力资源服务公司签订服务合同或劳务合同来实现的服务交易。它是指派遣机构根据"用派单位"(行业为区分传统劳动关系中用人单位而创造的专用术语)的用人需求,将自己符合用派单位要求的员工派遣至用派单位工作,然后向员工和用派单位提供相关服务,并向用派单位收取一定的服务费用。人力资源派遣的基本程序一般是用人单位根据自身工作和发展的实际需要,向派遣公司提出所需要人员的标准、数量和派遣价格。派遣公司通过现场招聘、查询人才库等手段,将符合条件人员的名单及资料送交用人单位,由用人单位进行选择和确定。人才派遣为用人单位提供弹性用人机制,一定程度上规避了用人风险,有效降低了人事管理的成本。众多的招聘网站、猎头机构、测评公司都是人员派遣这一模块的外包服务提供商。

2. 员工租赁

员工租赁作为融资租赁等物的租赁概念的延伸而被提出的新兴人才使用方式。员工租赁的特征是组织用人而不养人,不需要承担员工工资、福利与管理、培训任务。员工租赁根据组织不同的用人目标主要有两种形式:一种是按一定期限租赁人员;另一种是以完成某个工作项目为基准,即项目租赁。当被租赁人在生产某些商品或服务方面更具有专长时,这种方法特别具有吸引力。比如,雇用独立的承包人来完成本组织所不能或需花费较大成本才能完成的工作或任务,这种形式下的雇员都只是针对某种不能完成的特殊的工作或项目在短期内进行工作。像管理和财务方面的咨询工作经常需要由外来的专业人员来提供,尤其是一些小企业,为某项工作短期租赁一位外聘兼职专家,比自己培训一位更容易、更有效且节省成本。可见,员工租赁的优势在于,一方面使用人单位可以从繁杂的人力资源管理活动中解脱出来,而且避免了与现存工会组织、劳动保险制度的矛盾;另一方面也能为组织随着市场环境的变化而提供一个弹性的、训练有素的雇员来源。当然,在我国实施员工租赁要注意被租赁者的劳动保护问题,合理协调劳动者、用人单位、租赁机构三者的关系,遵循相关的劳动法规。

3. 加班加点

由于短时间内工作量的加大,组织常用的替代人员招聘的方法是加班加点。加班是指劳动者在法定的节日(即法律规定用以开展纪念、庆祝活动的休息时间,包括元旦、春节、劳动节、国庆节等)或公休日(又称周休日,指劳动者在一周内享有的不少于24小时的连续休息时间,在我国周六和周日为周休日)从事生产或工作;加点则是指劳动者在正常工作日以外继续从事生产或工作。加班加点的方法可以使组织节省招聘、培训方面的费用支出,同时也能给员工带来一定的利益。但是加班加点必须在劳动法规许可的范围内实施。

4. 应急工

为确保组织能灵活覆盖由于经营环境变化而变化的工作量,不少组织会采用雇用应急工的方式加以应对。根据对美国企业的调查统计,长期雇员的总支出占一个企业全部支出的30%~49%,这还不包括招聘成本等因素。应急工既可以满足组织一时的工作任务要求,还可以避免因雇用长期雇员所需要的各类福利支出和招聘新成员所需要的各类费用。应急工通常分为兼职工、临时工和独立签约人(或独立承包商)三种类型。

兼职工按来源于组织内外部的不同,分为内部兼职工和外部兼职工两种。一般而言,兼职工比较适合那些工作量变化不大的工作。兼职人员大都有喜欢灵活多变的工作时间、希望增加收入的特点。

临时工一般较多地承担短期的、季节性强的,或者非核心的工作。雇用临时工最常用的方法是借助于临时工介绍机构的服务,可以达到满足工作需要、简化雇用手续、节省招聘甄选成本等目的。但组织对临时工的管理需要有相应正确的管理理念和方法,不能因是临时雇用而缺乏应有的激励、考核、薪酬等机制,缺乏与长期雇用员工等同的人本关怀。

独立签约人通常具有组织所需要的专业知识和技能,他们以独立签约方式灵活自由地为多家组织提供自己的服务。雇用独立签约人即意味着要与个人签订服务合同,需要明确工作期限、任务和职责、报酬以及雇主对其工作表现的要求等内容。独立签约人的收费方式不尽相同,有的以小时计算,有的以工作日计算,有的按项目结算。在雇用独立签约人的时候,需要注意的是应就这些人的福利待遇、所得税实现等问题做出明确的约定。

本章小结:

组织人员招聘的准备工作可谓千头万绪,当基础性的战略规划、工作分析、素质模型构建工作都完成之后,面临具体的招聘任务时,就需要进一步从招聘计划的制订、招聘策略的确立、招聘团队的组建以及招聘广告的设计这些操作性很强的工作入手。本章充分探讨了招聘计划这一环节中需要进行的一系列工作内容和管理要求,为后续招聘管理的有效推进奠定了基础。

案例分析：

1. 此招聘计划设计得正确、规范吗？

本案例是一份招聘计划书的参考格式。一份科学的人力资源招聘计划书将涉及招聘的目标、招聘的方式、招聘步骤的安排等内容。我们通过此案例使广大读者有了对招聘计划写作的感性认识。但这份计划书还是可以进一步改进的。就格式而言，比如招聘小组成员分工以及招聘时间安排，可以组合在一个表格中，使这部分内容看起来更清晰、表达得更规范。就内容而言，可以改进的地方包括："招聘目标"中的"职位要求"一栏需要增加岗位职责内容和任职资格的简要说明，这是招聘计划中的核心内容之一，目前只有几句简单、笼统的职位要求，不利于招聘者进行有效的招聘管理工作。

2. 组织中完成招聘任务的人员是如何确定的？

招聘任务完成人员的确定需要从以下几方面考虑：一是来源，一般来自人力资源部门、用人部门甚至外部专家；二是结构，需要考虑招聘成员的综合结构，人数一般在3～5人为宜；三是要求在知识、性格、性别和技能等方面有互补，并能实现有效沟通。

思考题：

1. 招聘计划的内容主要包括哪些？
2. 请替某一组织设计一份完整而实用的招聘计划。
3. 一个合格的招聘者应具备什么样的技能？
4. 招聘中人力资源部门与用人部门是如何进行分工的？
5. 如何组建一个高效的招聘团队？
6. 简述招聘者会存在哪些招聘误区。
7. 有效的人才吸引策略有哪些？
8. 招聘的替代方法有哪些？

第四章 招募渠道

引导案例

宝洁的校园招聘

与其他外企强调有工作经验不同,宝洁在用人方面是外企中最为独特的:宝洁只接收刚从大学毕业的学生。由于我国只有每年的7月份才有毕业生,宝洁才不得不招收少量的非应届毕业生。中国宝洁北京地区人力资源部傅经理介绍说,在中国,宝洁90%的管理员工是从大学应届毕业生中招聘来的。1988年宝洁刚刚进入中国,第二年即开始在高校中招聘应届毕业生。10年来,宝洁已聘用了1 000名应届大学毕业生(不含中专毕业的技术工人)。1997年报名参加宝洁招聘工作的大学生超过了2.4万人。

为什么宝洁只要应届大学毕业生?傅经理介绍说,首先,宝洁很重视年轻人的发展,实行从内部提升的原则。所有的人都是从大学中刚出来,都处在同一个起跑线上,竞争与升迁的条件是均等的。比如说,如果突然给你派来一个有着多年工作经验的上司,实际上等于剥夺了你的升迁机会,我想许多人是不会心情愉快的。第二,许多有工作经验的人被招聘进来,如果还是和应届毕业的大学生享受同样的待遇,这些人也同样不会高兴。因此,我们尽量不要有多年工作经验的人,万不得已,如果招来了非应届毕业生,他们基本上也会被安排和其他应届毕业生一样,从起点职务干起。

毕业生只要有能力,便会很快得到升迁。傅经理自己便是一例。他于1996年7月从华南理工大学本科毕业,1997年7月即到韶关宝洁公司负责一个项目,10月即开始负责宝洁全国范围的校园招聘工作,1998年8月开始负责包括校园招聘在内的所有招聘,10月又调到北京任北京地区人力资源部经理。

每年10月前后,宝洁公司就开始在全国各大学招聘新人了。宝洁一般根据往年招聘的毕业生的情况,有针对性地选择部分重点大学,并以每一个大学为单位,成立一个专门的招聘小组。如今年在北京地区就有北京大学招聘小组、清华大学招聘小组、中国人民大学招聘小组。在全国类似的小组有10余个，分赴高校集中的北京、上海、天津、杭州、西安、广州等地。而在去年，招聘小组多达25个。

招聘小组成立后，第一项工作就是在各学校召开介绍会，介绍宝洁及其人才观，并发放报名表，要求在一定时间内寄回。组织相关人员阅读报名表后，对报名的同学进行第一轮的甄选；通过者由欲求职的部门进行第一轮面试；面试通过后，将进行唯一的一次笔试；笔试通过后，进行第二轮的面试，这次面试结束，基本上就可以确定是否会被录用。如需要，一些部门还将请应聘者到广州总部去考察，以确认自己的选择。

宝洁最看重大学生什么品质与能力？傅先生说，我们整个招聘过程，都特别注意这几点：优秀的合作精神、良好的表达交流能力、出色的分析能力、创造性和领导才能。在宝洁的整个考察过程中，没有一道题是考死记硬背的知识的。笔试主要是考察应聘者解决问题的能力，多为智力题。一般说来，这一关的通过率在90%以上。与大多数外企不同，宝洁对应聘同学的外语没有任何要求。在宝洁公司的招聘选查册上，各部门对应聘者所学专业几乎没有任何限制，学文也行，学理也行，只要你能通过考察就行。在宝洁，“学非所用”的人比比皆是。宝洁不盲目追求高学历，在每年的招聘中，被录用的本科生往往占到了总数的70%～80%。

案例讨论题：

1. 如何评价宝洁公司对招聘渠道的选择？校园招聘有什么优势？
2. 除了校园招聘，还有哪些招聘渠道可供选择？

人员招募就是通过一定的方法，寻找或吸引具有一定任职资格和条件的应聘者前来应聘的工作过程。招募过程的一个基本要求是找到足够数量的合格的应聘者。当人力资源不足以满足组织生产经营需要时，组织就必须进行人员的增补，以弥补原有空缺职位或新增岗位。即使现有人员能满足生存发展的需要，组织也应从人力资源管理长远战略出发考虑人力资源的储备，有计划地进行招聘工作，建立人力资源库，以应对人员非正常流出或特殊情况给组织带来的震荡，并为内部劳动力市场的有效运作打好基础。在招募工作开始之前，要根据需补充人员的业务类型、职位复杂度、招募方法本身的适用性等情况，对招募方法与渠道做出正确的策略选择。可以说，到目前为止还没有哪一种招募方法或渠道是尽善尽美的，我们只能根据组织不同的需求，去选择那些最合适的方法和渠道。组织人员招聘的渠道有内部和外部两种。

第一节　内部招募

内部招募是指组织采用职位公告、岗位竞聘或部门推荐等方式在组织内部招聘新员工。当组织出现职位空缺时,在组织内部通过各种方式向全体职员公开职位空缺的信息,并招募具备条件的合适人选来填补空缺。内部招募作为从总体上对招聘方式和渠道进行划分的类型之一,目前在企业界和其他各类型的组织中都得到普遍运用。一些调查结果显示,高达 90%的管理职位都是由从组织内部提拔起来的人员来担任的。

一、内部招募的原则

内部招募应遵循以下基本原则:

(1) 机会均等。内部招募的信息覆盖面应是整个组织内部的全体员工,应当让每一个人都清楚空缺职位的工作职责和任职要求等信息,从而使所有符合招聘条件的员工都有获得该职位的机会。

(2) 任人唯贤,唯才是用。“贤”、“才”是人才的客观标准,“任”是主观上对人才使用做出的决策。只有解决了对人才的选任问题,才能保证合格的优秀人才有适合其发挥才干的岗位和机会。

(3) 激励员工。无论是通过选拔优秀的员工到更高的职位上工作,还是通过考试将员工安排到更适合的岗位上去,都应当让广大员工认识到,不断地提高自己的工作能力将会在组织内获得更大的发展空间,从而有效调动员工的工作积极性,起到激励的效用。

(4) 合理配置,用人所长。经过竞争、选拔、考核、甄选,安排最合适的人选到空缺岗位上去,使其能充分发挥自己的特长,确保其能胜任该岗位工作。如果员工在新的岗位上不能取得比原岗位更高的绩效,那么这就不是一次成功的内部招聘,同时也不能调动起本人及其他员工的工作积极性。

二、内部招募的方法

内部招募的实施方法主要有内部晋升或岗位轮换、内部竞聘、内部员工推荐、临时人员转正等方法。

（一）内部晋升或岗位轮换

内部晋升或岗位轮换是建立在系统有序基础上的内部职位空缺补充办法。运用此种方法首先需要建立一套完善的职位体系，明确不同职位的关键职责、胜任素质、职位级别等在晋升和岗位轮换中的运作依据；其次需要建立员工的职业生涯管理体系，对员工的绩效状况、工作能力进行评估并建立相应的档案，根据组织中员工的发展愿望和发展可能性进行岗位的晋升和有序轮换，使有潜力的员工得到相应的发展。图 4－1 即为某公司的接班人计划图。就内部晋升而言，美国柏克德公

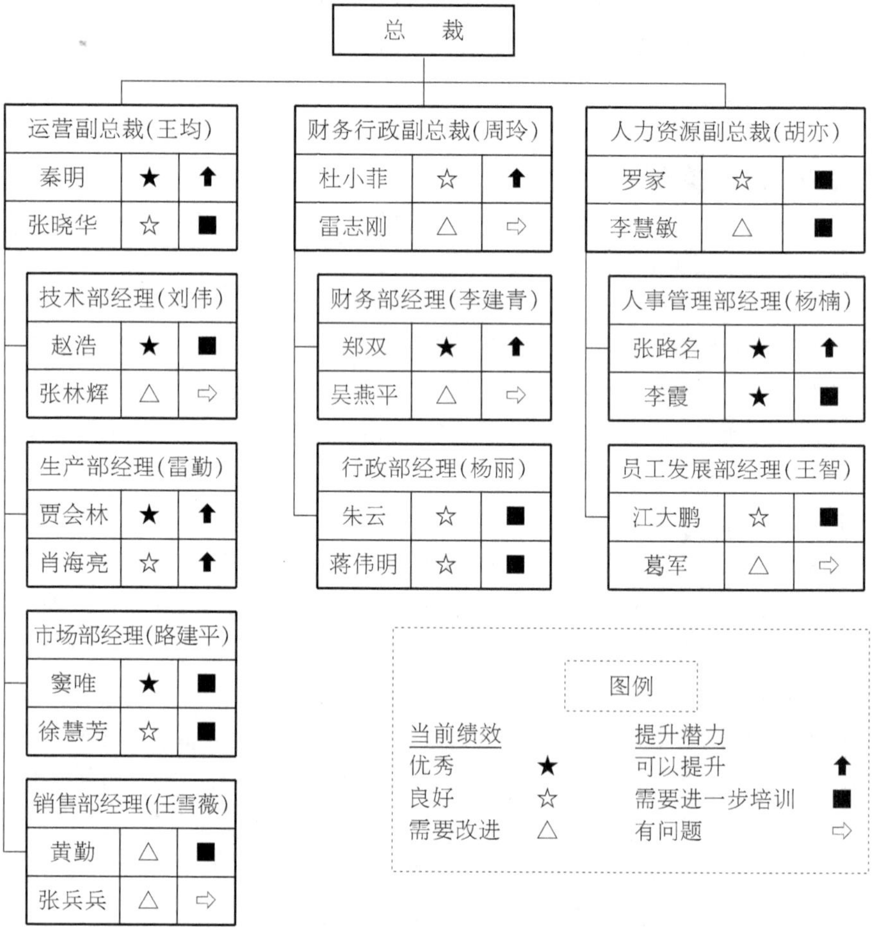

图 4－1　接班人计划图①

① 吴志明：《员工招聘与选拔实务手册》，机械工业出版社 2002 年版，第 153 页。

司的做法值得研究。该公司是美国乃至全球规模最大的从事基本建设工程的一家公司，有员工3万多人。公司设有多级培训机构，并在总部设立了一个规模很大的“管理人员培训中心”。公司的晋升方式是这样的：首先，公司从2万名管理人员和工程师中，选择5 000人作为基层领导（工长、车间主任）的申请者，然后，鼓励他们自学管理知识，并分批组织其参加40小时的培训，再从中选拔需要的基层领导人员；其次，从基层领导中选拔1 100人参加“管理工作基础”的培训和考核，从中挑选出600人分别再给予专业训练，使他们担任专业经理的职务（如销售经理、供应经理等）；最后，再从这些专业经理中选拔300人进行培训，以补充市场经理的空缺岗位（包括各公司的总经理、副总经理等）。就内部岗位轮换而言，日本丰田公司也有一套较完整的体系。首先，为提高一线工人的全面操作能力，公司对一线工人采用工作轮换制，用以培养和训练多功能作业员；其次，对于各级管理人员，公司采取5年调换一次工作的方式进行重点培养，每年1月1日进行组织变更，调换的幅度在5%左右，调换的工作一般以本单位相关部门为目标。通过这样的岗位轮换，有利于使之成为一名全面的管理人才和业务多面手。

（二）内部竞聘

通过内部公告的形式在内部组织公开招聘，符合条件的员工可以根据自己的意愿自由竞争、应聘上岗。内部竞聘中的竞聘人员需要接受选拔评价程序，只有经过选拔评价符合任职资格的人员才能予以录用，以保证内部招聘的质量。另外，参加内部竞聘的员工须征得原主管的同意，且一旦应聘成功，应给予一定的时间进行工作交接。对内部竞聘的员工条件也有一定的界定，如应在现有的职位上工作满一定时限、绩效评定的结果应该满足一定的标准等。总之，应完善内部竞聘的制度管理。我国目前不少国有企事业单位在改革人事管理制度中，尝试实施中层干部以及一般管理岗位人员的定期竞聘上岗制度。竞聘上岗，是内部获取人才的主要方法，也是当前形势下的一种创新性做法。内部竞聘由于其组织流程较为复杂，周期较长，因此不是所有的岗位都适合运用内部竞聘的方法。内部竞聘的适用条件、基本原则和实施流程如下。

1. 适用条件

一般而言，如果组织出现下列情况，可考虑采取内部竞聘的方法。

（1）组织的领导层希望传统的人力资源体系发生突破性的改变以打破传统的僵化状态；

（2）组织员工展示能力、表现自我的意愿非常强烈；

（3）岗位比较重要或敏感，传统的招聘方式得不到广大员工的认可；

（4）组织领导层之间关于岗位的人选意见不统一，存在矛盾激化的可能；

(5) 组织领导层想要激发员工的工作热情和积极性,同时增强其危机感;

(6) 现有的人选不能满足空缺岗位的需求,需要从更大的范围内发现人才。①

2. 基本原则

(1) 公平。组织过程任何人不得向评审人进行暗示、推荐竞聘者,对待所有竞聘者完全按照其实际表现确定成绩。

(2) 公正。所有竞聘岗位面向所有符合条件的人员,信息发布公开透明,竞聘规则和评审办法的实施具有统一性。

(3) 公开。对公开竞聘的岗位、竞聘流程、评审办法、评审结果等须向全体员工公开,并让竞聘者了解所有相关信息,了解信息的渠道应多元化,使信息容易获取。

(4) 权威。竞聘评审小组成员来源广泛,包括高层领导、直线经理、人力资源部负责人、其他外部专家。

3. 实施流程

一套完整的内部竞聘流程对于整个招聘工作起着关键的作用,一般而言,它包括以下八个环节。

(1) 岗位分析及合适人员的胜任模型确定。其中胜任模型是关键,它规定了应聘的条件。

(2) 建立竞聘工作团队。通过人事部门或组织部门牵头,建立竞聘工作团队,成员包括高层领导、部门领导、工会等方面的人员,以及外请专业机构的负责测评工作的人员。

(3) 发布竞聘职位公告,具体所涉及的内容包括竞聘职位名称、职位所在部门、需求人数、职位主要职责、报名条件、报名时间、报名地点、提交材料及其方式等,如表 4-1 所示。并注意公告应通过员工能及时接触到的途径进行发布,诸如公告栏、组织网站、电子邮件等。

表 4-1　竞聘职位公告

竞聘职位公告

为进一步深化公司人力资源管理竞争激励机制,实施公司内部人才发展计划,建设高素质的人才队伍,公司计划采用内部竞争上岗方式,于内部选聘苏州地区销售经理 1 名。

一、内部竞聘原则

注重实绩、自愿、公平、公正、竞争、择优。

二、竞聘职务及相关情况

1. 竞聘职务:苏州地区销售经理(1 人)。

2. 职务级别:地区经理。

3. 内部竞争上岗人员的试用期为 3 个月。试用期满进行考核,考核合格者按程序办理转正。考核不合格的,由公司重新安排适合岗位。

① 彭劲柏等:《破解企业公开竞聘中的大难题》,机械工业出版社 2006 年版,第 11 页。

续 表

4. 负责产品、市场及现状： (1) 负责部门产品，隶属华东大区，现苏州销售经理职位空缺； (2) 编制情况：苏州设销售经理 1 名； (3) 负责苏州地区公司产品的销售业务，组织好销售团队，开拓新的销售客户，维护原有的客户，直接对总公司销售部负责。 三、参加竞聘人员的基本条件 1. 公司在职工作满三年并已转正的销售代表； 2. 任销售代表期间表现出良好的市场开拓及管理能力，业绩良好； 3. 对公司有较强的归属感和认同感； 4. 熟悉苏州市场者优先。 四、内部竞聘工作程序 1. 9 月 10 日之前，符合竞聘条件者自愿报名，将个人申请表交与人力资源部； 2. 9 月 12 日之前，人力资源部对报名人员进行资格审核，结合总公司销售总监及地区负责人的意见，确定应聘者； 3. 9 月 18 日之前，通过多方的评估，择优确定聘任人选； 4. 9 月 19 日公司发出聘任通知、修改聘用合同相关条件。 人力资源部 2008.9.1

发布竞聘职位公告时，应同时附有竞聘申请表，如表 4－2 所示。

表 4－2 竞聘申请表

姓　　名		性　　别		出生日期	
学　　历		专　　业		职　　称	
政治面貌		入职时间		工作年限	
现工作部门			现职务		
竞聘职位					
主要学习工作经历					
本人主要的竞聘优势与不足					
奖惩情况					
人力资源部意见					

竞聘人签名：　　　　　　　　　　　　　　　　填表时间：　　年　　月　　日

(4) 进行初步筛选，剔除不符合要求的竞聘申请人，但须对其进行必要的反馈。

(5) 对竞聘者进行综合评价，形成评价报告，并筛选出若干名应聘者。

(6) 对确定的若干应聘者进行实地考察、业绩分析等工作，形成考察报告以供最后决策之用。

(7) 根据综合的评价报告和考察报告，进行聘用决策。

(8) 签订职位聘任合同。

(三) 内部员工推荐

当组织出现职位空缺时，鼓励内部员工利用自己的人际关系为组织推荐优秀的人才。据《劳动力杂志》(Workforce)报道，如果组织能善用员工举荐人才的做法，不仅省时省钱，而且能提高征才质量，减轻人力资源部门的负担。但是，在员工举荐的过程中，为保证推荐的有效性，组织有必要注意以下三个因素：员工的道德水平、工作信息的准确性以及中间人的亲密程度。组织鼓励或要求熟人推荐自己熟悉的人应聘空缺职位前，必须先建立一套明确的举荐制度。有很多公司愿意采用员工举荐的方式聘用新人，比如 Intel 公司通过给予员工高额奖金及奖品来鼓励员工为公司寻找合适的员工，并且还在操作流程上下了不少工夫，使员工愿意积极参与到此项活动中去。首先，公司将推荐办法在公司网站上公布，员工可以上网查看所有相关细节；其次，公司将职位空缺信息及所需条件也列在网上，员工可以直接将其转寄给熟人或朋友，同时员工可以在网上填写介绍表，被推荐者也可以直接通过网络传递履历，整个过程清楚方便。当然，组织在收到介绍资料后也会尽快处理、答复。另外，采用员工推荐方式的典型案例是思科公司，该公司大约 10% 的应聘者是通过员工相互介绍而来的。

(四) 临时人员转正

不少组织在核心员工或正式员工之外，为完成一些临时性的工作任务或因编制所限或因组织结构整合需要等原因，会雇用一些临时性员工或派遣员工。当人力资源派遣成为一种发展趋势、派遣员工或临时性员工队伍逐渐扩大的时候，组织应当特别重视这部分人力资源的价值。因此，当正式岗位出现空缺，而临时性员工的能力和资格又符合所需岗位的任职资格要求时，可以通过将临时人员转正的方式，既可填补空缺，满足组织用人需求，又能激励临时员工的工作积极性。当然，临时人员的雇用和转正都要注意在各项手续的办理中符合我国人事管理的各项法规政策。

第二节 外部招募

外部招募是根据一定的标准和程序,从组织外部众多应聘者中选拔获取所需人选的方法。这是组织根据自身发展的需要,向外界发布招聘信息,并对应聘者进行有关的测试、考核、评定及一定时期的试用,综合考虑其各方面条件之后决定是否聘用的常见方式。

一、外部招募的原则

1. 公正公平原则

外部招募的对象是广大招聘信息的接受者,面对众多的应聘者,公正公平是首要的原则。应给每一位应聘者以平等的机会,展示自我、公平竞争,使真正有能力的应聘者不因一些外界人为因素的影响而失去获得该职位的机会。组织的招聘人员,应明确公正公平的深刻含义,排除主观偏见,选拔出真正适合组织的优秀人才。

2. 适用适合原则

招聘人员应熟悉空缺岗位的工作性质、工作职责、能力要求等情况,并根据这些具体条件,认真选择合适的人选,使所招聘的人员真正适合并胜任这项工作。在实际招聘过程中,所聘用的人员并不具备担任该职位能力的现象时有发生。此外,还有一种招聘现象也不容忽视,即许多组织在招聘过程中出现的人才"高消费"现象。不少组织的招聘广告动辄提出仅招聘本科及研究生以上学历的标准,使许多有实际工作能力和经验但不具备正式文凭的人才,只能面对组织招聘的高门槛望而却步。与此同时,组织在招聘中对应聘者的期望过高,录用了能力超出职位要求很高的优秀人才,虽然在短期内组织是受益者,但其结果却造成该人才很快感到该职位并不能提供其个人发展的广阔空间,人才的流失在所难免,从而造成人员流动速度过快、频率过高的现象。这无疑会加大组织招聘的工作量和难度,增加招聘、培训等的成本。

3. 真实客观原则

组织在进行外部招募的过程中,面对的是不熟悉组织的外部应聘人员,招聘人员有必要真实、客观地向应聘者介绍组织的情况,这在国外被称为 RJP,(Realistic

Job Previews,真实工作预见),即在招聘时,向应聘者提供全面的信息。这有助于应聘者与组织形成正确的心理契约。实际招聘中,不少组织往往倾向于把自己的组织说得非常好,以吸引更多的人来应聘,但这通常会使应聘者产生过高的期望值,容易导致失望和产生不满情绪,甚至有上当受骗的感觉,导致新进人员保持率降低。因此,本着真实客观的原则,组织招聘人员应向应聘者如实介绍组织的真实情况,以提高招聘的有效性,防止人员流动率过高。

4. 沟通与服务原则

外部招募是组织内外互动的过程。通过信息的双向流动,组织在获取应聘者个人信息的同时,也应向应聘者传递组织的相关信息,实现组织内部与外部的双向沟通。此外,招聘过程也是招聘人员向应聘者提供咨询服务的过程,招聘人员向外界传递的相关信息,直接关系着该组织的形象。这些信息不仅包括组织的内部结构、部门设置等硬件设施和组织文化、经营理念、发展潜力等软件配置,还应该能够从招聘人员的形象、谈吐、待人接物等方面反映出该组织成员素质的培养和人格的塑造,从而使应聘者即使不能被最终录用,也能对组织留下良好的印象。

二、外部招募的方法

外部招募的主要方式有广告招募、人才市场招募会、校园招募、专业机构招募、网络招募等。

(一)广告招募

1. 广告招募及其种类

广告招募是通过报刊、电视和行业出版物等传统媒介向公众传递组织的人力资源需求信息,以吸引求职者前来应聘的招聘方法。目前广告媒体非常多,包括报纸、杂志、广播电视、招聘现场、网络等。在借助各类广告进行招募合适的应聘者的过程中,要注意广告方式的选择策略,即决定选用何种媒体。这是由招聘预算和待招聘的职位特点所决定的。除了考虑成本的因素外,还要考虑职位的特点和要求。一般而言,由于报纸发行的地域性较强,故报纸分类广告比较适合于将应聘者的来源限定于某一地区使用;专业杂志广告的优点是针对性比较强,所以当招聘职位专业性较强并对上岗时间和应聘者来源地没有太多要求时,在专业杂志上进行广告招募不失为一个好选择;电视广告如能与提高组织知名度相结合,也可成为一个明智的选择。各种媒体的优缺点及适用范围如表 4-3 所示。

表 4-3　广告媒体优缺点及适用范围比较①

类　型	优　　点	缺　　点	适 用 范 围
报　纸	标题短小精练；广告大小可灵活选择；发行集中于某一特定地域；各种栏目分类编排，便于积极的求职者寻找	容易被未来可能的求职者所忽视；集中的招募广告容易导致招募竞争的出现；发行对象无特定性，组织不得不为大量无用的读者付费；广告的印刷质量一般比较差	当你想将招募限定于某一地区时；当可能的求职者大量集中于某一地区时；当有大量的求职者在翻看报纸并希望被雇用时
杂　志	专业杂志会到达特定的职业群体手中；广告大小有灵活性；广告的印刷质量较高；有较高的编辑声誉；时限较长，求职者可能会将杂志保存起来再次翻看	发行的地域太广，故在希望将招聘限定在某一特定区域时通常不能使用；广告的预约期较长	当所招募的工作承担者较为专业时；当时间和地区限制不是最重要的时候；当与正在进行的其他招募计划有关联时
广播电视	不容易被观众忽略；能够比报纸和杂志更好地让那些不是很积极的求职者了解到招募信息；可以将求职者来源限定在某一特定区域；极富灵活性；比印刷广告能更有效地渲染雇用气氛；较少因广告集中而引起招募竞争	只能传递简短的、不是很复杂的信息；缺乏持久性；求职者不能回头再了解(需要不断地重复播出才能给人留下印象)；商业设计和制作(尤其是电视)不仅耗时而且成本很高；缺乏特定的兴趣选择；为无用的广告接受者付费	当处于竞争的情况下，没有足够的求职者看你的印刷广告时；当职位空缺有许多种，而在某一特定地区又有足够求职者的时候；当需要迅速扩大影响的时候；当在两周或更短的时间内足以对某一地区展开“闪电式轰炸”的时候；当用于引起求职者对印刷广告注意的时候
现场购买(招聘现场的宣传资料)	在求职者可能采取某种立即行动的时候，引起他们对企业雇用的兴趣；极富灵活性	作用有限；要使此种措施有效，首先必须保证求职者能到招募现场来	在一些特殊场合，如为劳动者提供就业服务的就业交流会、公开招聘会、定期举行的就业服务会上布置的海报、标语、旗帜、视听设备等；或者当求职者访问组织的某一工作地时，向他们散发招募宣传材料
网络广告	不受时空限制，方式灵活，快捷，成本低；联系方面，时间周期长；可以与招聘及人力资源管理的其他环节形成整体	没有在网站上查找工作的潜在应聘者可能会没有看到空缺职位	适用于有机会使用电脑和网路的人群，适合急需招聘和长期招聘的职位

① ［美］加里·德斯勒著，刘昕译：《人力资源管理》(第六版)，中国人民大学出版社 1999 年版，第 127 页。

2. 招聘广告的基本原则

广告的核心内容应包括两个方面,即职位所要求的胜任素质和向受众表明组织对符合资格要求的应聘者的欢迎态度。

(1) 广告设计原则:要使广告的形式设计得好,一般说来应满足AIDA(Attention-Interest-Desire-Action)原则。A——能引起求职者的注意,广告新颖、独特,与众不同,通过诸如大字体或色彩之类的方式,吸引眼球;I——能激起人们的兴趣,广告撰写生动能让应聘者产生共鸣,诸如一些充满激情的广告语;D——能激发人们求职的愿望,将愿望和需求联系起来,从对象需求分析的结果激发应聘者的愿望;A——方便求职者的求职行为,包括一些联系方式之类便于促使其行动的信息。

(2) 广告内容原则:真实——确保广告内容的客观和承诺的遵守,能兑现广告中所提出的薪酬福利、职业发展等承诺;合法——避免类似性别歧视、年龄歧视、种族歧视、城乡歧视等违背我国法律法规的内容,确保不出现违法情况;简洁——确保突出重点,内容准确,避免设计太单调或过于花哨。

3. 招聘广告的内容

(1) 在显眼位置标明组织标志和广告性质。招聘广告设计的最基本要求是要让阅读者一眼就可以判断出这是什么广告,不会与其他广告混同。因此,应在广告的显眼位置注明广告的性质。比如,就报纸广告而言,最显眼的位置应该是左上角,其次是左边,称为"金角"、"银边",这与我们汉字从左至右的排版习惯有关,在"金角"、"银边"的位置,应该印上招聘单位的名称和企业标志,并以大号字体注明"诚聘"或"聘"的字样。

(2) 组织性质简介。招聘广告的第一段应该写清楚组织性质及经营业务等情况简介,以便让应聘者对招聘组织有一个初步的了解。但不应文字过多、喧宾夺主,而应以简约的语言将有关组织最吸引应聘者的信息表达出来。比如有一家企业在简要介绍完自己企业情况后,加上这么一段话:"在本公司,你不必有以下顾虑:1. 论资排辈;2. 唯学历论;3. 发展空间狭窄;4. 嫉贤妒能;5. 分配封顶;6. 缺乏培训机会。"这就是一个颇为成功的设计。

(3) 主要职责和任职要求。招聘广告要发布的最重要的信息之一是有关空缺职位的"主要职责"和"任职要求"的信息。"主要职责"告诉应聘者这个职位要求你做什么,"任职要求"告诉应聘者应聘该职位要具备什么条件。当然这里不需要将该职位"工作说明书"中的相关条款全部照搬下来,但至少要参考其中的主要条款并以简要的语言注明。实际招聘中,或许有些人力资源经理会认为,既然我招聘的是有多年工作经验的骨干人员,还需要我告诉他们该干些什么吗?其实,同样的工作,在不同的组织中很可能是由不同的职位承担的。比如,一个公司的营销经理,既要管市场,又要管销售,还要管广告和公关,而来应聘的另一家公司的营销经理,可能只管过市场，其他工作并没有经验。如果在广告中注明了工作职责，该应聘人员可能就此主动退出了。

(4) 申请资料要求和联系方式。广告的最后部分，要向读者说明投寄申请资料的要求以及联系方式。如“有意者请于某月某日前将详细的学习和工作简历、有关学历证书和身份证复印件、免冠近照、要求薪金、联络地址和电话寄至……”可以要求应聘者自己提出薪金要求，这是有关应聘者的重要信息。提供招聘组织的联系方式可以有三种：通讯地址、电子邮件和传真。可以不提供电话，以免增加人力资源部的人力成本。

在招聘广告的内容方面，美国学者戈登(J. Gordon)、威尔逊(P. Wilson)和斯旺(H.Swan)在1982年通过对报纸读者的调查来了解企业招聘广告中各种信息的必要性，如表4-4所示。

表4-4　广告中细节的必要性

细　　节	细节的必要性(%)
工作地点	69
任职资格	65
工　资	57
职　务	57
责　任	47
公　司	40
相关经历	40
个人素质	32
工作前景	8
公司班车	8
员工福利	6

4. 招聘广告案例分析

案例1：上海SK机械有限公司的广告①

上海SK机械有限公司

上海SK机械有限公司是一家由世界著名企业德国KES股份公司控股99%的

① 《人才市场报》2007年11月13日，第1276期。

企业，公司位于普陀区×××路××弄××号(××公园附近)，主要生产和经营工业动平衡机和工业真空清洗设备等。

作为KES在华的控股子公司，我们在技术上与德国总部保持同步，共享一个技术资料库，产品性能达到国际水平。公司产品广泛应用于航空航天、汽车、钢铁、化工、造船、矿山、水泥及其他通用机器领域，产品畅销全国，并批量出口欧美技术发达国家及经济发展迅速的亚洲各国。公司管理采用先进的商务软件系统，产品从销售、技术、生产直至出厂实现全流程网络化管理。公司中高级技术及管理人员占员工总数比例超过60%，重要岗位人员定期前往德国总部培训。公司贯彻ISO9001质量标准体系，提倡“优质、创新、满意、卓越”的质量方针。欢迎您成为我们中的一员。

文件编制管理工程师

职位描述：

大学本科毕业，机械或机电一体化专业；一年以上相关工作经验，优秀应届毕业生亦可考虑；英语四级以上；本市户口。

机械设计工程师

职位描述：

相关专业本科以上学历；有五年以上机械设计经验，其中2年以上机床设计经验；熟悉AutoCAD和Solidworks的应用；良好的英文沟通能力，大学英语四级以上；须有液压经验；机械设计经验丰富者可适当放宽年龄限制。

以上这则广告，第一部分用较大的篇幅介绍了公司的基本情况，显示出公司的经营范围和公司实力，不仅可以吸引应聘者关注，引发应聘动机，也是对公司的有效形象宣传。广告的第二部分，也是整个广告的核心层，以“职位描述”引出了拟聘岗位的任职条件，从专业、经验、技能、户口几方面对两个拟聘岗位作了限定，使每一位应聘者能从中了解到岗位的一些基本要求。简述词的最后用“欢迎您成为我们中的一员”，使广告具有了亲和力和鼓动性。广告中无性别限制，表示该公司没有性别歧视，但对户口的要求，却表现出不应有的户籍歧视，容易引起不必要的法律纠纷。很遗憾的是，该广告在“职位描述”中没有对“文件编制管理工程师”和“机械设计工程师”这两个岗位的职责和任务作简要的说明，而这恰恰是一则招聘广告中非常重要的内容。

案例2：奥力来康体设备有限公司的招聘广告[①]

www.active.cn 奥力来康体设备有限公司

奥力来集团是一家专营中高档健身和康体设备的跨国集团公司，具有近三十

① 《人才市场报》2007年11月13日，第1276期。

年的设备代理、设计安装及服务维修经验。集团总部设于新加坡，并在印尼、马来西亚、泰国、中国香港等地设立分支机构并逐步建立全国分销、服务网络。

奥力来集团致力于将世界一流的专业服务水平引入中国，让客户深刻体验全程无忧式服务，包括前期概念设计、市场分析定位、设备组合选择、专业装修咨询、设备定期保养、快速反应维修等，全力推广客户服务新标准，倡导"快乐客户"新概念。

奥力来集团中国公司代理的康体设备产品多样，能满足各类客户的不同需求。奥力来集团以倡导"积极人生、激情生活"为理念，将以不懈的努力，助您打造全新的健康、精彩生活。

客户经理

职责：公司所代理经营的产品营销、销售及售后服务；主动进行市场开发、项目跟踪、方案设计、报价、商务谈判及设备安装、验收、售后服务的协调工作并最终完成销售。逐步建立客户网络，维护良好的客户关系，深化代理品牌形象；具备创造性市场开拓的能力。

要求：为人正直、诚恳、自信，富有团队合作精神，有较强的表达能力、人际关系处理能力和独立工作能力；具有良好的客户沟通能力，关系管理能力及优秀的谈判技巧；具有迎接挑战的信心和对工作的激情；有极强的人际沟通技巧和客户亲和力；具有一年以上销售方面经验，对于健身行业有所了解或者有浓厚的兴趣；具有良好的英文沟通能力，能够以英文与外籍人士交流；有承受巨大压力的能力；学历本科，性别不限，欢迎有志之士前来应聘。简历请 EMAIL 投递，附照片之简历有限甄选。

公司地址：上海市×××路 218 号××2 座 3709 室

电子邮箱：all@vip.sina.com

以上这则广告也在开篇处对公司的性质、规模、实力等作了简要介绍。该广告最值得借鉴的是对招聘职位，即对客户经理的职责说明得比较清晰，便于应聘者自我衡量是否能胜任相应的工作。同时也对拟聘岗位的任职条件进行了说明。广告中也没有性别、年龄、国籍、种族、信仰等歧视性内容，符合法律要求。总体看，该广告的设计还是比较完整、规范的。

（二）人才市场招募

我国人才市场包括各级人才市场、劳动力市场和职业介绍中心等。这些机构都是各级政府人事部门与劳动部门为指导和服务就业工作而建立的人才管理服务机构。人才市场招募会往往就是由这些机构作为主办单位所开展的市场招聘活动。根据主办者情况的不同，招募会一般分为专场招募会和非专场招募会两种。专场招募会是由一家单位主办也只为这一家单位的招聘工作服务的,非专场招募会则是由人才市场或中介机构组织的有多家单位参加的招聘会。人才市场招募能使组织在短时间内集中掌握众多求职者的信息,且供需直接见面,有利于双方间的直接沟通,也有利于组织进行一定的形象宣传,因此这种方法在实际招聘工作中运用得较多。目前,人才市场招募会作为一种重要的招聘形式已经有了进一步的发展,比如出现了针对某些专门人才的专业市场招募会,以及针对应届大学毕业生的校园招募会等。要使招募工作借助招募会有效完成,需要注意以下问题:

(1) 注意选择规模、参加单位、举办地点、声誉都比较理想的招募会。包括要了解清楚组办者的能力与社会影响,举办地点的交通情况,招募会的前期宣传是否到位,是否有同业竞争者参与等。

(2) 注意做好充分的参会准备工作。准备工作可包括:争取到一个有吸引力的展位、准备好会上所用的资料和相关的设备器材、对招聘人员事先进行培训、与有关协作方沟通等。

(3) 注意认真处理会后信息。要求在最短的时间里将所收集到的简历进行整理,并通过电话或电子邮件的方式将组织甄选的结果与应聘者及时联系。这样做的结果,既可体现出对应聘者的尊重,也表现出组织的工作效率。

(三) 校园招募

每年都有大量的大学毕业生走出校园进入社会,这些走出校门的毕业生充满朝气、可塑性强、最具发展潜力,是就业市场上的生力军,也是组织获取新鲜人力资源的来源。越来越多的组织将目光对准校园,展开各种各样的校园招募活动,以之作为获取人才的一个主渠道。比如,被誉为外企"黄埔军校"的宝洁公司在华招聘时,就将其目光锁定在重点大学的优秀应届毕业生身上。宝洁公司认为,一张白纸,好作最新最美的图画。因此,他们宁可招聘刚毕业的、没有社会经验的大学生,也不愿意招聘在其他组织有相关工作经验的人员,除非是那些确实需要工作经验和人际关系网络的职位。目前,不少组织主要采用的校园招募方式有:

(1) 各种校园活动。包括开展各种校园招募演讲会,宣传组织形象,同时吸引优秀毕业生加盟;举行各种校园竞赛活动从中选拔优秀大学生等。正如欧莱雅公司认为的那样,跨国公司之间的竞争并非只限于市场,也包括世界顶尖商学院的毕业生。多年来,欧莱雅公司凭借着每年吸引 3 万名学生参与"全球在线商业策略竞赛"以及"校园企划大赛"这两项活动,在校园招募领域积累起相当多的经验,这类商业竞赛令大学生们对欧莱雅公司及整个化妆品行业有了更深入的了解。为了使招聘过程更加人性化,欧莱雅集团选择体育运动这一方式来增加学生对公司的了解,这种做法被证明是卓有成效的。“这是一种与有潜力的应征者交流的新方式,这种方式轻松愉快,能让我们在与商业竞赛或是招募会完全不同的情况下来了解学生”,公司的战略招聘总监 Jean-ClaudeLeGrand 这样评说。

(2) 学生直接去组织中实践。即邀请学生进入组织中进行社会实践、工作实习或者参观访问等,使学生直接而深入地了解组织,对组织产生兴趣。组织也可以借此了解与观察实习学生的综合素质和能力,进行双向选择。

(3) 设立奖学金制度或与学校联合办学。不少希望建立良好校企关系的组织,在相对专业对口的学校里设立了奖学金制度,用以资助那些学业优秀而生活困难的学生。通常情况下,获得奖学金的优秀学生还可以获得优先进入组织工作的机会,同时,受资助的学生也会对组织心存感激,愿意为组织的发展做出自己的努力,也使学校成为未来员工的培养之地。组织在决定去哪一所大学招聘时,必然会有一定的考虑,比如会考虑该学校在关键技能领域的声望、学校的总体声望、过去从该校中聘用的员工的绩效等。选择招聘学校的决定性因素见表 4-5。组织与学校联合办学培养人才的方法,目前也有不少案例。一般这种联合办学培养的人才在毕业后可全部来到培养组织工作,组织不仅出资而且提供专业实习基地,这种方式通常适合某些特殊专业的专门人才的培养。

表 4-5　选择招募学校的决定性因素①

项　　目	重要性(1～7)*
在关键技能领域的声望	6.5
学校的总体声望	5.8
原来从该校聘用的员工的工作绩效	5.7
学校的地理位置	5.1
先前的录用比例及就职比例	4.6
过去的经验	4.5
潜在招募对象的数量	4.5
满足公平就业机会法要求的可能性	4.3

① 杨杰:《有效的招聘》,中国纺织出版社 2003 年版,第 138 页。

续 表

项　　目	重要性(1～7)*
成本	3.9
对学校教职工的熟悉程度	3.8
SAT 和 GRE 的成绩	3.0
总经理及其他高层管理人员的母校	3.0

*7 表示重要性高;1 表示重要性低。

为使校园招募富有成效,组织除了要注意了解国家针对大学生在就业方面的一些政策和法规以外,还需要采取一定的策略。一般包括以下工作要点:

(1) 选择并培训好招聘人员。校园招募对招聘人员来说是一个很大的挑战。一方面,校园招募与其他招募方式相比较有其特殊之处,因为毕业生们工作经验有限,在资历方面没有多大的差别,而招聘人员又必须在一个较短的时间内,和大量的毕业生进行面谈,甄选难度很大,需要招聘人员具备很高的测评面谈水平;另一方面,招聘人员进入大学进行校园招募,他们既向应聘者提供组织的有关信息,又为组织创造声誉,成了组织形象的代表,应聘者首先从他们身上感受到该组织的文化与形象品质。因此选择并培训好招聘人员,就显得非常重要了。

(2) 与校园建立良好关系。组织除了要与大学的学生工作部门和人事部门建立良好关系之外,与教师或教授的关系目前也越来越重要了,"教授计划"是校园招募的一种新形式。因为,一旦与大学教师建立了良好的关系,教师不仅可以帮助组织确认哪些学生是不错人选,而且在与组织管理人员接触之后或在观摩过员工的工作之后,教师们可以在各种各样的讲座或平时的教学活动中传递组织的信息,或者安排组织与大学进行合作研究,还可以进一步介绍学生到组织实习或直接介绍学生到组织工作。另外,在校园内设立优秀人才奖学金计划,也是建立良好关系的重要方法,组织要获取某个专业的技术人才,就可以在这一专业方向具有优势的学校里奖励那些科研表现突出的学生,获得奖学金的优秀学生将得到优先进入该组织工作的机会。

(3) 做好充分的招募准备。首先,对学生感兴趣的问题做好准备。校园招募中,学生通常会有一些共同关心的问题,对这些问题有必要提前考虑好回答的内容,并使所有的招聘人员都能心中有数、统一思想、口径一致。其次,因尚未走入社会的大学生往往会对自己的工作能力有不恰当的自我评价,或者对未来的工作有理想化倾向,组织在与学生面谈交流的过程中,可适当注意对其进行一些职业指导，注意纠正一些错误的认识。

（四）专业机构招募

外部招募中组织经常采用的方式就是委托人才招募机构。专业人才机构主要是指那些人力资源服务公司、人才中介服务公司、人才租赁公司、猎头公司等机构组织。我国目前已经出现了大量的职业介绍中介机构，据统计，截至2000年底，全国共有各类职业介绍机构近3万家。鉴于不少人才中介机构都有自己独特的测验工具和测验体系，有多年的招聘经验，再加上对某一行业领域人才市场的熟悉，他们能为组织提供一些比较权威的、独特的测验分析报告，帮助雇主选拔人员，节省了组织招聘选拔的时间。特别是一些组织如果没有设立专门的人力资源部时，可以借助人才中介机构求职者资源广而且能提供专业咨询和服务的优势。当前，我国的人才服务机构可分为公共服务机构和私营服务机构两种类型。

1. 公共人才服务机构

相对私人服务机构，我国的公共人才服务机构发展更早也更发达一些。由于在计划经济体制下我国就存在劳动局和人事局的传统分割状态，因此就业与人才服务也分化为劳动力市场和人才市场，出现了组织招聘"蓝领"去劳动力市场、招聘"白领"去人才市场的分离现象。与发达国家不同，我国的公共人才服务机构在招聘中扮演着主体角色。全国各经济区域、各省市都有各自的劳动力市场和人才市场，形成了覆盖全面但又各自为阵的市场体系。

2. 私营人才服务机构

2001年9月19日，国家人事部与工商行政管理总局以一号令联合发布《人才市场管理规定》，外资被允许有条件地进入中国人才市场。2001年10月16日，劳动和社会保障部与工商行政管理总局联合颁布《中外合资中外合作职业介绍机构设立管理暂行规定》，自2001年12月1日起，我国劳动力市场正式向外资开放。由此，私营尤其是外资的人才服务中介机构开始发展，与公共人才服务机构一起，构成我国人才与就业服务的专业机构格局。

在各种人才中介机构中，针对高级人才的专业招募机构，就是人们常说的"猎头"公司。这种招募机构特色鲜明：工作效率高、服务费用高。在美国，通过这种机构招募的职位其年薪一般至少在5万美元以上，而雇主需要支付的费用一般占到该职位年薪的30%～50%。由于我国经济的快速发展，对人才尤其是高端人才的需求量大大超过了人才市场的供给量，因此国内猎头机构业务量也很快提升。就组织而言，选择猎头公司应掌握以下原则：

(1) 所选公司应是可靠诚信的。诚信可靠主要表现为：一方面，猎头公司为了能有针对性地搜寻相关人才,需要了解委托方的各方面资信与管理信息,如不能很好地加以保密,没有良好的职业道德,可能给委托组织带来损害;另一方面,该猎头公司必须遵守行业内的规定,能自始至终完成整个招聘过程。根据猎头行业规定,一家猎头公司在替前一个客户完成招聘工作的两年内,不得再替新的客户去挖自己给前一位客户招聘的人员。

(2) 所选公司应是经验丰富的。经验丰富表现为:首先,作为寻才顾问,应娴熟掌握有关人事政策,如特殊人才引进办法、高新技术企业专利法等;其次,要有丰富的市场运作经验和专业操作经验,要能准确判断所需人才、应付的薪酬等,甚至能"先知先觉",能比其他竞争者先行一步,对相关人才市场甚至全球的人才市场行情了如指掌,能给客户提供有实用价值的意见和方案;再次,要有良好的人际关系和广泛的社会网络,保证人才选择面的广泛。

(3) 了解公司的收费情况和业务直接负责人情况。猎头公司收费的标准一般为所招聘岗位年薪的25%～35%之间,组织通常在项目开始时付1/3作为订金,在接近完成招聘业务的最后期限前30天左右再支付1/3费用,完成招聘业务后的60天内再付剩下的1/3费用。如出现意外情况,费用可另行商议。猎头公司在吸引客户的时候往往会派出公司最出色的、有良好业绩记录的猎头来推销自己,实际上,负责为组织进行实际搜寻工作的人非常重要,如果此负责人没有能力去开拓性地寻找合适人才并将其推荐给组织,整个招聘工作能否完成就成了很大的问题。

(五) 网络招募

网络招募也称在线招募或者电子招募(E-Recruiting),它是指利用互联网技术进行的招募活动,包括招募信息的发布、简历的在线搜集整理、电子面试以及在线测评等。随着企业信息化程度的极大提高和互联网家庭用户的迅猛增长,网络已经成为越来越多的组织、人才进行招聘和求职的最重要手段。网络招募以其招聘范围广、信息量大、可挑选余地大、应聘人员素质高、招聘效果好、费用低等优势,获得了越来越多组织的认可。很多跨国公司成为跨国招聘网络平台的组织会员,如总部设在香港的JobsDB.com就是近年来成立的亚太地区最大的跨国招聘网络平台,目前有13万家企业会员。IBM、英特尔等知名跨国企业都在网上接收简历,世界500强企业中96%的人才招聘是通过网络实现的。跨国公司将网络招募与传统的招募方式结合起来,由此构建一套完善、多元的人才交流体系,而网络招募占据强势地位。

与传统招聘方式比较,网络招聘被认为具有以下优势①:提高了招聘信息的处

① 吴东晓:电子招聘:网络时代人力资源管理的新变革.中国人才.2001.6.

理能力;企业利用搜索引擎、自动配比分类装置、自动反馈等技术,可以更快更好地识别、发掘优秀人才。增强了招聘信息的时效性;电子招聘没有时间限制,供需双方可以随时通过传输材料进行交流。降低了招聘成本;电子招聘因无地域、时空限制,供需双方足不出户即可直接交流,节约了人力资源部门的精力、时间和费用。1999年美国思科公司有60%的员工招聘是通过网络进行的,82%的人员简历是通过互联网收到的,电子招聘使得思科招聘一名员工的费用仅为美国业界的六成。网络招聘的不足则表现为:由于缺乏面对面的沟通交流,无法深入考查应聘者的综合能力、内在素质、语言表达等,还需要之后进一步的考查;目前的招聘网站良莠不齐,加上缺乏规范管理和有序竞争,许多网站之间的竞争演化成信息的竞争,一些网站不经授权转载报纸杂志或其他网站的招聘信息,导致公布的信息失真失效、过时虚假,误导应聘者;网络招聘需要与网络硬件、信息技术关联,在一些发展不平衡地区可能缺乏足够的生存空间。

网络招募有委托人才网站招募、刊登招募广告、利用BBS发布招募信息、通过公司主页发布招募信息等几种方式。

1. 委托人才网站招募

这是用人单位采用的最为广泛的一种招聘方式。组织通过这种形式,在人才网站上发布招聘信息,收集应聘者简历,查找适用的人才信息。由于人才网站上资料库大,日访问量高,加上人才网站收费相对较低,所以很多组织往往会同时在几家网站注册。

从总体上讲,优秀的招聘网站一定具备服务好和功能强两个主要特点。具体而言,可以从以下四个方面来对招聘网站进行考察:

(1) 拥有良好的信誉。信誉是招聘网站的生存之本。登录任何一个招聘网站,我们总会看到大量的招聘单位信息和应聘人员的信息,但这些信息是否及时准确、是否有效,普通的访问者是不得而知的。具有良好信誉的招聘网站会对应聘及招聘信息进行审批和甄选,并及时删除那些过时的信息。信息的真实性和有效性直接影响着网站用户的招聘效率和效果。另外,有信誉的招聘网站不会任意夸大自己拥有的应聘者数量及网站访问量。企业可以以应聘者的身份查阅网站招聘单位的方式,来审查招聘网站的信誉度。比如可以留意招聘单位的招聘时间和招聘岗位,然后再与该单位人事部门联系,了解招聘的具体情况效果。如果对方并不知道自己的招聘信息登录到了该招聘网站,或者招聘信息的招聘时间、岗位和人数被莫名地修改了,则说明这家招聘网站不具有良好的信誉。

(2) 强大的功能。虽然各人才网站的功能目前都大同小异,但某些网站一些个性化设置显得很有活力,有些网站提供了自动搜索功能,它们都可以为客户刚刊登的职位自动搜索出符合职位要求的人才资料。另外,有些网站还能够提供与企业组织结构完全吻合的企业职位库管理系统,或为企业人事部门提供最为方便的职位管理解决方案、招聘广告自动投放管理系统等,组织可以随时随地利用最多的资源及时发布职位信息,同时能第一时间掌握广告效果。有些网站的功能已经不仅仅限于网络招聘广告的发布及网络人才数据库的查询。一些著名的网站已经推出了面向客户的网络化招聘管理系统,这种系统可以有效地节省企业招聘人员的时间,提高招聘效率。比如,客户可以通过该系统在网上直接对向企业投递应聘材料的人员进行甄选。

(3) 优质的服务。每个企业在招聘方面都有不同的需求,所以招聘网站也不可能仅凭借千篇一律的服务就能满足客户。在客户提出招聘需求时,招聘网站要根据客户的具体情况提供适用的招聘组合,帮助客户用最小的成本达到最好的效果。有些招聘网站会对客户进行满意度调查和定期回访,认真听取客户的意见,从而改进自己的服务。为了更好地服务客户,有些招聘网站会面向客户提供免费的人力资源管理研讨或培训,使客户在完成招聘任务的同时提高自己的专业水平。

(4) 网络招募扩展服务。随着网络技术应用的不断深入,网络招募这个新的招聘形式也会逐渐走向深入。比如在招聘方面,个别网站已经开通了电子面试或多媒体面试服务。另外,像人才测评、培训、管理咨询等都可以通过在线方式进行,这种招聘扩展服务可以极大地提高企业人事部门的工作效率。

2. 刊登招募广告

一些用人单位会选择在一些大型的专业网站上发布招募广告。因为专业网站能聚集某一行业的专门人才,在这样的网站发布招聘信息,一方面由于浏览量较大而信息反馈多,另一方面对吸收某一特定专业的人才效果良好。

3. 利用商务社交网站、微博、BBS 等发布招聘信息

随着企业对社交媒体认可度及使用率的不断提升,以大街网、天际网为代表的新兴商务社交招聘网站在中国得到快速发展。与传统的 SNS 相比,商务社交招聘平台不仅可以满足用户的社会交往需求,而且能够帮助用户提供职位信息平台,使求职者与企业雇主在互动过程中即可完成招聘。与传统网络招聘相比,商务社交招聘在时效性、精准度及成功率方面的优势更加明显。2010 年微博的兴起不仅成为中国互联网的最大热点,由此微博招聘也随之发展起来。据上海艾瑞市场咨询有限公司的数据表示,截至 2011 年 5 月,含有"招聘"两字的新浪微博已逾百万,而含有"招聘"两字的微群也已有上千个。

BBS 是英语"Bulletin Board System"的缩写,中文称为"电子布告栏",它是 Internet上热门的服务项目之一,用户只需通过远端登录的方式,就可享有在远端主机上张贴布告、网上交谈、传送信息等功能。采用这种方式发布信息的成本几乎为零,但其影响力也有限,并可能不利于体现组织形象,一般适用于小型的公司。

4. 通过公司主页发布招募信息

当公司建立了自己的网站后，就可以将招募信息随时发布在公司的网站上，这样既可以吸引来访问的求职人员，又可以将组织文化、人力资源政策以及更多的公司信息传递给应聘人员，让其了解组织的实际状况，使之有针对性地选择应聘岗位。

总之，网络招募并不仅仅是将传统的招聘业务搬到网上而已，它应该是互动的、无地域限制的、具备远程服务功能的一种全新的招募渠道。

第三节 招募渠道的选择

一、内部招募与外部招募的模式比较

各组织的招聘实践表明，组织应按招募计划中的职位数量和资格要求，根据对成本效益的计算，来选择一种或几种招募渠道和相应的招聘方法。

在组织招募实践中，无论是内部招募还是外部招募，都有其一定的优势和劣势，如表 4－6 所示。我们通过掌握它们之间的特点，进行具体情况具体分析，灵活选择、有效应用。

表 4－6 内外部招募优劣势比较①

内部招募	外部招募
优势： 组织对应聘者的能力有清晰的认识 应聘者了解工作要求和组织 鼓励高绩效，有利于鼓舞员工士气 组织仅仅需要在基本水平上雇用 更低的成本	优势： 更大的应聘者蓄水池 会把新的技能和想法带入组织 比培训内部员工成本低 降低徇私的可能性 激励老员工保持竞争力，发展技能
劣势： 会导致“近亲繁殖”状态 会导致为了提升的“政治性行为” 需要有效的培训和评估系统 可能会因操作不公或心理因素导致内部矛盾	劣势： 增加与招募和甄选相关的难度及风险 需要更长的培训和适应阶段 内部的员工可能感到自己被忽视 新的应聘者可能并不适合企业文化 增加搜寻成本

① 资料来源：(Australian)Mater Human Resources Guide, p.198, the global law firm.

（一）内部招募的优缺点

内部招募的优点主要表现为：

(1) 为组织内部员工提供了发展的机会，体现了组织对内部员工的信任感，这有利于稳定、激励内部员工，调动员工的积极性，提升内部员工的工作热情和绩效水平。

(2) 可为组织节约大量的费用，如广告费、招聘人员与应聘人员的差旅费、被录用人员的生活安置费与培训费等。

(3) 简化了招聘程序，为组织节约了时间，省去了许多不必要的培训项目(如职前培训、基本技能培训)，减少了组织因职位空缺而造成的间接损失(如岗位闲置等待、效率降低等)。

(4) 在能够使组织获得大量非常了解自己的应聘者的同时，组织对内部员工也有了较为充分的了解，被选择的人员也更加可靠，有利于保持组织内部的稳定性，尽量避免识人用人上的失误。而且，对于那些刚进入组织时被迫从事自己不感兴趣的工作的人来说，则提供了较好的机遇，使他们有可能选择从事感兴趣的工作，进一步提高了招聘质量。

内部招募的缺点主要表现为：

(1) 由于人员选择面的狭小，往往不能满足组织发展的需要，尤其是当组织处于创业初期或快速发展时期的时候，或是需要特殊人才(如高级技术人员、高级管理)时，仅仅依靠挖掘内部人力资源显然是不够的，必须借助于组织外的劳动力市场，采用外部招募的方式来获得所需的人员。

(2) 内部招募可能使被拒绝的申请者感到不公平、失望而影响工作的积极性和创造性。

(3) 如果长期使用内部招募，会导致组织内部近亲繁殖，管理理念和管理风格缺乏差异性、缺少创新意识，影响组织的活力和竞争力。

(4) 内部招募有可能在一定程度上造成内部部门之间的矛盾。比如，当一名优秀的员工受到多个部门欢迎的时候，由于有的部门经理比较容易获得员工认可，员工会倾向于该部门，或者由于职位之间待遇上的差异，员工会选择薪资高的职位等等。因此，内部招募可能给部门之间的关系带来一定的矛盾。

（二）外部招募的优缺点

外部招募的优点主要表现为：

(1) 外部招募挑选的余地大，能招聘到更优秀的人才，特别是一些稀缺的复合型人才,从而可以节省内部培养和培训人员的费用。

(2) 新员工会带来不同的价值观和新观点、新方法、新思路,从而给组织带来更多的创新机会。新员工加入组织,与组织内部的人员没有各种复杂的关系,可以放手工作。

(3) 外聘人才可以在无形中给组织原有员工施加压力,形成危机意识,激发员工的斗志和潜能,从而产生“鲶鱼效应”,通过良性竞争实现共同进步。

(4) 外部招募可以缓和、平息内部竞争者之间的紧张关系。组织内部可能会出现同时有几个人员基本符合某一空缺职位要求的情况,不良的竞争会导致钩心斗角,影响正常工作。而外部招募可以使竞争者得到某种心理平衡,从而缓解他们之间的矛盾。

(5) 外部招募也是一种很有效的信息交流方式,组织可借此树立良好的社会形象。

外部招募的缺点主要表现为:

(1) 由于信息不对称,往往造成甄选难度大、成本高,可能出现被聘者的实际能力与招聘时的评价不符合的现象;

(2) 外聘员工需要花费较长的时间进行培训和定位,可能挫伤内部有上进心、事业心的员工的积极性,或者引发外聘人才与内部人员之间的冲突;

(3) 外聘人员需要一定时间才能适应新的组织文化,并可能出现“水土不服”的现象;

(4) 外聘人才可能使组织沦为外聘员工的“中转站”。

二、不同职位类别的招募渠道选择

在招聘管理实践中,组织招聘可以有多种渠道进行选择,如何以合理的成本吸引足够数量的高质量的工作申请人,需要组织进行分析并不断总结经验。研究证明,内部招募与外部招募相结合使用会产生最佳的效果。如何结合以及结合的力度取决于组织战略、职位类别与组织在劳动力市场上的相对位置等因素。比如就职位的类型而言,调查显示,对管理职位来说,使用得最多的是报纸招募渠道,其次是私人就业机构;对销售人员的招聘,使用最多的是报纸广告招募渠道(Bureau of National Affairs,1979)。

美国人力资源管理学界的一个主流看法是,招聘专业技术人员的最有效的三个途径依次是员工推荐、广告和就业服务机构;招聘管理人员的最有效的三个途径依次是员工推荐、猎头公司和广告。研究人员还认为,对于需要保持相对稳定的组织中层管理人员,更多地适合从组织内部进行提拔,而高层管理人员在需要引入新的管理风格、面临新的竞争格局时,可以考虑从外部引入合适的人员。不同的工作岗位应该有不同的招聘来源。在20世纪80年代末,美国曾经公布过一个包含245个样本组织的调查结果,显示了这些组织对不同招聘来源的有效性的评价,如表4-7所示。对于行政办公人员,被认为最有效的招募渠道依次是报纸招募、内部晋升、申请人自荐、员工推荐和政府就业服务机构;对于生产作业人员,被认为最有效的招募渠道依次是报纸招募、申请人自荐、内部晋升、员工推荐和政府就业服务机构;对于专业技术人员,被认为最有效的招募渠道依次是报纸招募、内部晋升、校园招募、员工推荐和申请人自荐;对于获取佣金的销售人员,被认为最有效的招募渠道依次是报纸招募、员工推荐、内部晋升、私人就业服务机构和申请人自荐;对于经理人员,被认为最有效的招募渠道依次是内部晋升、报纸招募、私人就业服务机构、猎头公司和员工推荐。值得注意的是,各个组织对招聘来源的选择和使用与他们的有效性评价存在着很大程度上的不一致。例如,对于行政办公人员和生产作业人员,被认为最有效的招聘方法是报纸招募,但是分别只有84%和77%的组织采用这种方法;对于获取佣金的销售人员,被认为最无效的招募渠道是申请人的自荐,但却有52%的组织采用这种方式;对于经理人员,被认为最无效的招募渠道是员工自荐,但是仍然有64%的组织采用这种方式。只有专业技术人员的招募渠道的使用频率与有效性的评价次序保持一致。

表4-7 不同职位采用不同招募渠道的匹配度①

有效性	行政办公	生产作业	专业技术	佣金销售	经理
第一	报纸招募(84)	报纸招募(77)	报纸招募(94)	报纸招募(84)	内部晋升(95)
第二	内部晋升(94)	自荐(87)	内部晋升(89)	员工推荐(76)	报纸招募(85)
第三	自荐(86)	内部晋升(86)	校园招募(81)	内部晋升(75)	私人就业服务机构(60)
第四	员工推荐(87)	员工推荐(83)	员工推荐(78)	私人就业服务机构(44)	猎头公司(63)
第五	政府就业服务机构(66)	政府就业服务机构(68)	自荐(64)	自荐(52)	员工推荐(64)

注:括号内的数字是调查样本组织中采取该种招募渠道的百分比。

① George T.Milkovich and John W.Boudreau, Human Management, Richard D.Irwin, 1994, p,292.

三、组织在不同发展阶段、不同文化下的招募渠道选择

组织在不同的发展时期可以选择不同的招募渠道。在组织的初创期，特别需要有能力、有经验的人才加盟，然而现场招聘这样的人员几乎没有可能性，因为这些人才往往已经有稳定的职位，不大会有空闲时间去参加现场招募会，但有可能通过网络投放简历，所以组织可以采用网络招募的方式去寻找。初创时期，由于组织规模较小、员工人数有限，一些组织在此阶段会更多地从外部进行招聘以补充大量的空缺职位，尤其是基层的很多岗位。但对于管理人员和技术人员，此时可采用内部招募，根据不同员工的表现给予内部晋升、工作轮换、返聘等。而对于成长期的组织，由于组织规模日益壮大，对新员工的需求量逐渐增加，内部劳动力市场满足不了组织的发展，需求和供给的矛盾会比较突出，需要较多采用外部招募的方法，因为这样一方面可以满足本组织对人才的需求，另一方面也可借此展开对组织的形象宣传。此外，成长期组织如果需要中高层管理人才的话，可能更适合通过猎头公司进行招聘。

另外，不同的组织文化与经营风格也会倾向于不同的招募渠道和方法。正如日本企业的管理特色之一是内部提拔，IBM、HP等公司的CEO则更多地采用"空降"。还有一些组织根据自己的发展战略和偏好，从应届大学毕业生中招聘人员，他们看中的是大学生们所具备的年轻人特有的开拓创新和不惧困难的精神，尽管事后他们需要花费很大的精力和财力去培训这些新手。另一些组织在一定阶段更希望从外部组织(经常是竞争对手那里)招聘那些有相应工作经验并有社会关系网络的熟练型人才，招聘后不需要重新培训即能使用。

许多人曾研究过不同方式和来源的招聘效果，然而结论却很不相同。比如，戴克和柯里留斯(Decker & Cornelius)1979年的一项研究显示，通过非正式渠道(如员工推荐)所招聘的员工的离职率要比正式渠道(如广告招募)低。而斯沃夫等人(Swaroff, Bass & Barclay)1983年的研究则显示，通过正式和非正式渠道所招聘的申请者在任期长短或绩效上并不存在差异。由于影响招聘效果的因素是多方面且是动态变化的，因此，一般意义上我们不能绝对肯定地评价哪种渠道或方式更合适，重要的是组织应根据自己的战略、经营环境、竞争态势等实际情况和组织文化取向等，进行综合分析，最终决定选择哪种招募渠道和方式。

本章小结：

本章围绕着招募渠道的选择展开论述。招募渠道分为内部招募与外部招募两

种基本的渠道类型，这两种不同的渠道划分，也划分出了组织的内部劳动力市场与组织的外部劳动力市场。两种渠道可以说是各有千秋、不分伯仲，关键需要组织在不同的环境、阶段、需求下进行具体的分析与选择，充分发挥它们各自的能效，满足组织对人力资源的需求。

案例分析：

1. 如何评价宝洁公司对招募渠道的选择？校园招募有什么优势？

本章案例是以宝洁公司成功进行校园招募工作为内容的。学校是人才高度集中的地方，也是组织获取人力资源重要的源泉，因此，目前很多组织对于校园招募关注度都很高，但是如何有效开展校园招募、如何面对大学生缺少工作经验的事实、如何形成本组织独特的校园招募模式，是很多组织正在探索的问题。宝洁公司在这方面走在了前列，他们对应届毕业生的重视程度、他们在校园招募中的投入程度、他们对校园人才的培养力度，都值得其他组织思考和借鉴。

2. 除了校园招募，还有哪些招募渠道可供选择？

校园招募属于外部招募，外部招募还有诸如广告招募、人才市场招募、专业机构招募（包括公共人才服务机构、私营人才服务机构）、网络招募等渠道。针对不同的招聘需求，进行有效的招募渠道甄选，对招聘的效果将起到积极的作用。

思考题：

1. 内部招募的原则是什么？
2. 内部招募的方法主要有哪些？
3. 内部招募的优点是什么？
4. 外部招募的方法主要有哪些？
5. 如何才能更好地开展校园招募工作？
6. 外部招募的缺点是什么？
7. 简述招募渠道选择的基本策略。
8. 根据招聘广告的设计要点，请从报刊上找一则招聘广告并分析其优缺点。

第五章 人员甄选

引导案例

成瑞公司招聘中的委托测评①

成瑞公司是一家大型跨国企业，是集研发、生产、销售于一体的实体企业。因企业发展需要，要招聘两名技术主管和一名大区经理。如何识别出适合企业需求的管理和技术方面的人才呢？知识、经历和技术把关应该不是问题，很多应聘者有足够的水平来做这项工作。但实践证明，水平或能力发挥不好的人才往往不是因为知识背景不行，更多的是个性等综合素质不适合公司相关岗位的工作。如何有效地进行应聘者的评估，成为关注的重点。为了有效的选拔人才，成瑞公司请来咨询公司进行专业的测评。

测评公司接受委托之后首先考虑了这样一个问题：在目前情况下，该公司最需要什么样的人才？经过深入的调查，确立了不同岗位的不同选人标准。针对这项标准，选择并开发测评工具，整个测评方案如下：

纸笔测验——“能力测验”、“MBTI 行为风格测验”、“兴趣测验”、“企业文化测验”和“动力测验”用来考查应聘者的基本能力素质和发展潜力、所必备的心理素质、行为风格和在日常工作中的偏好等。

评价中心技术——无领导小组讨论和管理游戏，用于考查分析应聘者处理问题的能力、口头表达能力、人际沟通意识与能力等。

结构化面谈——考查应聘者经营观念和组织管理意识，并深入考查其人际沟通意识与能力。

整个测试分为三个单元，用两天时间。纸笔测验共用半天时间，无领导小组讨论和管理游戏用时半天。经过这两轮甄选，从 21 名应聘者中确立 12 名进行结构化面谈，历时一天。

最后测评专家写出详细的甄选评价报告，评价出 21 个人的差距、优势和不足，

① 摘自 http://www.hra.cn，有修改。

并针对大区经理和技术主管两个岗位进行选择性排序，对其中的三个人提出推荐意见。

看过评价和推荐报告，成瑞公司的领导班子进行了认真的分析和讨论，一致认为评价非常科学并有说服力。成瑞公司还高兴地发现报告不仅对应聘的人员进行了甄选和评价，还为将来如何使用这些人员及如何使他们在岗位上更好地发展提供了良好的建议。

案例讨论题：

1. 你如何评价成瑞公司的人才测评方案？甄选时常用的测评方法有哪些？

2. 如何才能设计出有效的人才甄选测评方案？在做人才甄选时还应该注意哪些问题？

第一节　人员甄选概述

一、人员甄选的含义

人员甄选是招聘活动是人才招募之后的一个环节，指的是综合利用心理学、管理学和人才学等学科的理论、方法和技术，根据特定岗位的要求，对应聘者的综合素质进行系统的、客观的测量和评价，从而筛选出适合的应聘者的过程。其过程包含了两个核心：测量与评价。测量是评价的基础，是依据事先设计好的规则对应聘者所具有的素质通过一些具体的方法给出一个可比较的结果；评价是测量的延续，是对测量结果进行深入的分析、评价并给出定性和定量的结论供录用时参考。

事实上，古人已经具有了丰富的测评思想和具体实践。战国时期孟子对齐宣公说："权，然后知轻重；度，然后知长短，物皆然，心为甚，王请度之。"体现出人的素质的可测性。孔子也说过："听其言而观其行。"即对一个人的评价，既要听他说了什么，更要观察他的实际表现。《吕氏春秋·谨听》描述了尧考查舜的过程，共包括了五个方面：一是把两个女儿嫁给他，并考查舜的品格；二是让舜制定常法，考查他能否服众；三是让舜总理百官，考查他的管理能力；四是让舜接待宾客，考查他的交往能力；五是派舜巡查山林，考查他的实际工作表现。尧对舜的考查可以说是既全面又系统。

二、人员甄选的作用

对人员的正确评价是招聘中最为关键的一个步骤,如果在甄选中做出错误的判断,不仅会导致招聘活动的失败,而且也会对组织的正常运作造成负面的影响。因此,有效甄选的作用具体表现在:

1. 甄选的决策关系到组织绩效和战略目标的实现

组织环境中,相同的职位常常由能力不同的人来做。但研究表明,同一职位上最好员工的工作效率要成倍地高于最差员工的工作效率。因此,如果能在甄选中挑选出优秀的员工,无疑会为提高组织效益、节约成本打下基础。同时,具有巨大潜能的应聘者对组织来说也是一种储备,会在组织的未来发展中发挥重要的作用。因此,人员甄选是招聘工作中的关键步骤,该项工作的完成效果将直接影响组织战略目标的实现,其重要性是显而易见的。

2. 降低人员录用的风险,提高招聘效果

人才甄选的过程不是凭借甄选人员的主观判断,而是使用科学的方法对应聘者进行测评,了解其心理素质、个性特点、知识与技能、工作风格以及与工作相关的各方面的素质,通过诊断分析,从而判断出该应聘者是否能够胜任工作。同时,应聘者的工作态度及其工作经验等也是需要评判和核实的重要内容。在一系列规范的测评之后,可以找到最适合岗位要求的人选,有效地避免将不符合任职资格的应聘者留用,或者将有胜任能力的人才拒之门外,从而降低招聘风险,提高招聘效率。

3. 有利于录用后的合理安置和管理

通过人员的甄选,可以大致了解到应聘者各方面素质的差异,了解其优势与劣势,在具体安置岗位时做到有的放矢,真正做到用其所长,使个人的特点与特定的岗位要求结合起来,做到人岗匹配。在经过严格的甄选之后,减少了雇用不合格人员和与工作团队不和谐的可能性,可以有效防止人员流失,甚至可以减少员工的培训投入,节省培训开支。同时,有助于主管人员在今后的管理过程中根据员工的不同特点实施管理。

4. 发现应聘者的潜力,有利于人员开发目的实现

通过有效的甄选过程,组织可以了解应聘者的潜能,预测其未来发展的可能性,从而能够为其制定职业发展规划,或是为其提供适当的培训与提高的机会,为今后能充分发挥员工的工作潜力、形成良好的工作关系打下基础,有利于组织对人才结构进行有效的调整,并在组织与个人的发展方面实现共赢。

5. 在招聘的整个过程中体现出公平

精心设计的甄选程序和测评工具，可以较为客观地评判应聘者，为组织内外的应聘者提供一个公平竞争的机会。在一系列的笔试、面试以及其他相关的测试中，有定性和定量的比较，不仅使甄选变得容易，而且也体现出甄选的公平性。

三、招聘甄选的内容

招聘甄选的内容是鉴别应聘者的各项素质。在人力资源管理领域，人员素质是指个人在完成特定活动和特定任务时必须具备的基本条件和基本特点，是影响个人从事活动的自身因素，是个人固有的特点，对一个人的职业倾向、工作能力与潜力、工作成就和事业的发展起着决定性的作用。

（一）个性心理素质

个性是指某一事物区别于其他事物的特殊品质。人的个性心理是指人在心理、行为方面所表现出的不同于其他人的特点，也就是个体在其生理素质基础上，在长期生活实践中形成的有一定意识倾向性的稳定的心理特征总和。在人员甄选中，通过心理测验等方法，可以了解到应聘者内在的能力、发展潜力、个性特点、动机等。近年来人们对直接影响管理效能的个性特征日益重视，不断提出一些独特的能直接应用于管理实践的人格特征。

（二）知识与技能

1. 专业知识

专业知识测验是最早的甄选方法，也是笔试中最基础、最持久的项目，对特定岗位所要求的特定知识的测试，其内容因岗位的不同而不同，如对国家公务员考核要进行行政管理知识、国家方针政策、法律法规知识等考核，对管理人员要测试管理基本知识等。

2. 工作技能

能力可分为一般能力、特殊能力和专业能力。能力与技能有密切的关系。技能指的是通过练习而获得的有意识活动和心智活动方式。技能可分为动作技能和智力活动技能两种。

(1) 动作技能是由以完善而合理的方式组织起来并能顺利进行的一系列外部动作构成的技能，如绘图技能、操作技能等。

(2) 智力活动技能是由按一定的合理方式组织起来的一系列内部智力操作构成的技能，如视图技能、设计技能等。

技能测试是对特定职位所要求的特定技能进行的测试，其内容也因岗位的不同而不同。例如对会计人员需考核珠算、做账等能力；对秘书则需要测试其打字、记录速度和公文起草能力；具有涉外业务的组织还对应聘者的外语能力进行测试。

技能测试有多种形式，可验证应聘者已获得的各种能力证书，如会计上岗证、计算机能力合格证、外语等级证书等，这些证书是对应聘者能力的证明。对于不同的职位技能，其考查鉴别的方式是不同的，必须有该领域的专业人士参与，并参照该行业内的标准进行规范化测试。

（三）工作经验

当一个组织招聘时，往往希望能够招收到具有一定工作经验、录用后能立即开展工作的人员，但有些人的经历与本组织的岗位要求并不一致，在遇到这样的应聘者时，我们就要对其具备的工作经验进行考查分析，为最后的录用决策提供依据。有的组织招聘时也会招收一些没有工作经验的人员，例如从大学中招收应届毕业生。当然，每个组织根据自身情况都有自己的用人政策，我们就不一一详述，在本部分我们主要讨论如何对有一定工作经验的应聘人员进行甄选与评价，通过履历分析和面试等方法了解应聘者的工作经验。

（四）能力素质

能力是顺利完成某种活动所必须具备的心理特征。它是先天遗传因素与后天学习及实践相结合而逐渐形成发展起来的。人的一般能力分为思维力、记忆力、观察力和想象力，它们是人们所共同具有的，但每个人强弱程度不一样，有的人观察力强，有的人想象力强，因而职位选择要根据自己的优势能力，才能更好地发挥自己。仅靠一般能力难以保证某项任务顺利完成，还需要一些特殊能力。如企业管理人员，必须具备决策能力、管理能力、交际能力、应变能力等。有些职位特别注重某一方面的能力，如产品设计人员就必须具备创新能力。组织应该根据岗位要求选择具有合适能力的人才，这样才能保证工作任务的出色完成。许多能力是通过学习或实践发展起来的，如适应能力、沟通能力、激励能力等。

（五）身体素质

现代的职场竞争日益激烈，来自工作等各方面的压力都在不断增大，为了得到较高的报酬，人们必须全力以赴。相当多的工作岗位，不仅需要丰富的专业知识和工作经验，而且需要拥有一个健康的体格，这日益成为职业人员成功的重要因素。

心理学家经过长期的研究发现，大部分职业至少要保证三种基本的身体素质：肌肉力量、血管的耐力、活动力（灵活性、平衡性和协调性）。但不同的岗位对身体素质的要求也不同,具体的职位要求要根据实际情况来制订。例如销售人员,除了要具备一定的销售知识和技能外,还要保证能够经常到各地出差,这就要求拥有健康的身体,并保证在商务谈判时精力充沛;对管理者的身体素质在健康状况和年龄方面也有一定的要求。管理者应当年富力强,身体健康,精力充沛。所谓身体健康,不能只理解为体魄健壮、体力充沛,还包括要精力旺盛、思维敏捷、记忆良好。

每个企业对应聘者的素质要求均有所不同。例如,比尔·盖茨心目中最佳雇员所应具有的十大素质包括:① 你必须对你的公司或小组的产品抱有寻根问底的好奇心;② 在与顾客进行讨论如何使用产品时,你必须真诚关切地投入会谈中,你必须抱有传道般的热情;③ 一旦了解顾客的需要后,你必须不断思索,力求寻找出令产品符合客户需要的方法;④ 必须致力于长远目标;⑤ 你虽具有远见卓识,但仍须具备专业知识和技术;⑥ 你必须灵活利用可带给你灵感的机会,如需要在地区之间或部门之间调换你的工作,你都应坦然面对;⑦ 好雇员应了解做生意的经济学原理,公司为何这样运作,有必要明白一个举措成功或失败的原因;⑧ 你必须留意竞争者,我们的竞争者有哪些策略棋高一着,我们可从中学到些什么,如何才能避免重犯他们的错误;⑨ 你必须用脑。要分析问题,要明了各种潜在交易所给予的提示;⑩ 必须不忽略明显的基本条件,诸如诚实、忠厚和勤奋。

四、人员甄选的流程

通过前一阶段的招募活动,人力资源部门获取了大量的应聘信息,其中绝大部分的应聘者不符合职位的需要,因此,要进行一步步的甄选,最后选到组织需要的人员。

合理的甄选过程应该是按照以下的几个阶段实施,如图 5-1 所示。

(一)筹备阶段

1. 明确甄选目的

甄选目的指的是明确为什么进行甄选和甄选结果的用途。由于甄选的应用除了招聘以外,在人力资源管理的其他方面也有用到,因此,要明确招聘的甄选目的是为了区分应聘者是否与招聘岗位匹配,而非选择最优者,这就可以规避人才高消费的倾向。

2. 组建考官团队

考官团队一般基于招聘团队,但不局限在招聘团队,其组成人员既要熟悉岗位的工作内容,又要有很好的评价能力。通常,考官团队是由组织的高层领导、人力资源管理部门、用人部门人员共同组成的,有时还包括外部的人力资源专家或测评专家。

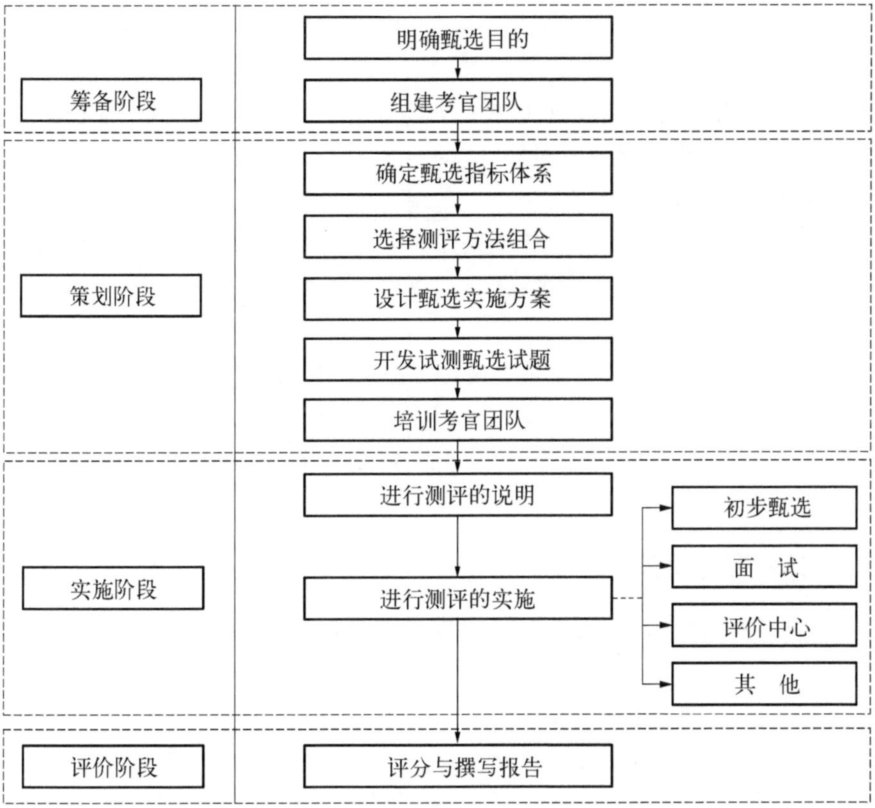

图 5-1　人员甄选的一般流程

（二）策划阶段

1. 确定甄选指标体系

甄选指标体系，也称测评指标体系，是选拔人员时的依据，是完成职位要求工作的客观、统一的条件。甄选指标体系通常包括知识背景、能力素质等。如果组织已经有完备的工作说明书或岗位胜任力模型，那么这些材料对确定甄选指标体系是很好的参考。

2. 选择测评方法组合

对于不同的岗位，应该选择适当的测评方法。比如说对于技术岗位，专业相关的知识测试是必不可少的；而对于管理岗位，管理能力的测试可以采用评价中心的方法。同时，使用什么样的测评方法还要看甄选项目的预算和实施条件等因素。

3. 设计甄选实施方案

甄选方案设计指的是根据甄选的目的、结合甄选的岗位、基于应聘者的人数等相关内容确定整个甄选实施的过程。一般要遵循“成本最低、时间最短、用人最少、效果最好”的原则。这里的效果最好并不是说方案一定是最全面完整,而是指采集的信息能够有效评价岗位匹配性即可。

4. 开发试测甄选试题

这是策划阶段的核心工作,无论是知识测试、面试还是情景测评,都需要针对不同的岗位要求进行专门的策划,这样,才能保证测评试题的有效性。

5. 培训考官团队

在考官团队中,由于其知识和素质有一定的差异性,同时每次招聘的甄选指标与具体方案各不相同,选用的甄选方法也不一样,且都具有不同的实施技巧,所以,必须要对考官进行培训,使他们了解并掌握各种方法和相关的知识,尽量避免个人因素对甄选的干扰。

(三) 实施阶段

实施阶段是对应聘者进行测评,并获得个体相关信息的过程,是整个甄选的核心。

1. 进行测评的说明

由人力资源管理人员向应聘者宣读指导语,说明测评的内容、流程和注意事项,消除他们的戒备心理,使之认真地参与到测评中,有利于他们的正常发挥和考官的客观评价。

2. 进行测评的实施

这是甄选的具体进行的过程,在此过程中,按照甄选最初设计的方案有步骤地进行。通常,这个阶段包括甄选简历、知识测验、心理测验、面试、评价中心和背景调查等。经过这个阶段,组织能够获得大量的个人综合信息,这些信息是最后录用决策的参考依据。

(四) 评估阶段

评估阶段的工作是统计实施阶段所获得的信息资料,并通过定性与定量的分析形成甄选报告,从而提出甄选结论。信息包括两种:数字性的和文字描述性的。数字是定量的信息,文字描述是定性的信息。两种信息要结合起来看,参考最初设定的标准,对所有的应聘者进行比较,最终得到甄选的报告与结论。

招聘甄选的评价报告没有固定的格式,一般而言主要包括以下内容:

(1) 应聘者基本情况描述：个人基本信息、测评过程中的总体表现；

(2) 测评指标得分与相关测评活动评价描述：回顾整个测评过程中所使用的测评工具，对应聘者在这些工具所测评的指标上的得分以及在这些测评过程中的行为表现进行描述；

(3) 优缺点总结：说明应聘者的优势和不足；

(4) 发展建议：根据岗位特点提出发展建议。

五、甄选人才应该注意的问题

1. 甄选之初一定要确立明确的甄选指标

甄选指标的制订可以参考该职位的岗位说明书，并和该职位的直接领导沟通，确立明确的指标及标准。其原因是，甄选是一个过程，要经过很多的环节，因此，参与甄选过程的人也比较多，如果没有明确的标准，而是依据个人的理解和喜好，会加入很多主观的判断因素，而且在各个环节之间会造成矛盾。评价的标准是在甄选之前就根据组织的实际情况制定好的，而不是最理想的状况，职位标准应该客观反映组织对应聘者的要求，同时体现高层管理者的战略意图。

2. 甄选不是选最优秀的，而是选最合适的

并不是条件高、背景好的人都是优秀的应聘者，还要考虑个人的发展需求和组织的发展平台。要将应聘者与组织制定的评价标准进行比较，而不是在应聘者之间进行比较。在招聘甄选中遵循能岗匹配的原则，如果甄选一个过于优秀的人，这个人可能会远远超出职位的要求，那么这份工作对他来说可能丝毫不具挑战性，他的工作稳定性就不会太高。

3. 不要随意改变甄选标准

在招募过程中经常会遇到这样的情况，面试过很多的应聘者之后，所有的应聘者都无法满足招聘的标准，而组织又急需用人，招聘者往往不得不重新思考招聘的标准。标准并不是一成不变，而是应该进行合理的修改，需要认真的审视职位的需求和劳动力市场的供给状况，有的情况下，确实是标准定高了，可以作适当的修改。但相当多的情况下并不是这样，而是时间紧迫的原因，这种情况下不能随意降低标准。因此在考虑降低标准时一定要谨慎，否则会造成标准的混乱，对其他员工就显得不够公平。

4. 甄选工作应该由专业人员来进行

要保证甄选与评价工作的正确进行，必须要有专业的人员来操作。这要求甄选与评价人员不仅要有深厚的理论知识，还要有丰富的实践操作经验，有条件的话

要经常对这部分人员进行培训。有时候,组织需要成立人才甄选小组,由人力资源部门的人员、用人部门主管或是外部的专家组成,从岗位技能、工作经验、人品素质等多方面给出客观的评价。甄选也可以借助专门的机构来辅助进行,如专业的测评咨询机构,他们有科学的工具和专业的人员,能够保证甄选的公正性和专业性。

5. 全面地评估人才,不要被某一方面的光环迷惑

在人才甄选过程中,要善于把握人才的本质特征。那些真正善于发现人才的人,能够抓住人才的本质特征,而不为某些表面现象所迷惑。要善于发现应聘者在工作中的实际能力和发挥的实际作用,不要认为知名企业出来的人才一定比不知名的企业的人才要好。有些专业的技术人员,虽然他们颇有能力,但在面试中却没有好的表现,只是因为他们没有口才和应答不敏捷。因此,不能因为某方面的突出或是不足而给出片面的论断。

6. 识别真实信息,重视背景调查

甄选过程中如何辨识出信息的真实性是非常重要的。要特别留意那些频繁"跳槽者",一定要了解其当时离职的原因。甄选时要留心这样一些人:有些应聘者只想暂时先找一份工作安身,然后再慢慢找更稳定的工作,组织很可能在对其培训数月后,得到的却是他们要离职的消息;那些经常更换老板的应聘者,要对其工作变更的原因进行仔细分析,因为他们可能是缺乏合作精神或者不安于现状的空想主义者,背景调查是过滤这些虚假信息的有效手段。

第二节　甄选指标体系设计

一、甄选指标体系

甄选指标,也叫做测评指标,是能反映应聘者综合素质的一系列特定考查维度。全球著名的企业在进行人才甄选时均有明确的甄选指标。如摩托罗拉的 5 个 E: Envision(远见卓识)——对科学技术和公司的前景有所了解,对未来有憧憬; Energy(活力)——要有创造力,并且灵活地适应各种变化,具有凝聚力,带领团队共同进步;Execution(行动力)——不能光说不做,要行动迅速、有步骤、有条理、有系统性;Edge(果断)——有判断力、是非分明,敢于并且能够做出正确的决定;Ethics(道德)——品行端正、诚实、值得信任、尊重他人,具有合作精神。

甄选指标体系是由一群特定组合、彼此相关联的甄选指标组成的,并体现了各个指标之间内在的联系和在整个评价体系中的重要性。甄选指标体系为有效的甄选提供了统一的标尺,明确了根据工作岗位或任务要求来确定人才的素质范围、维度和程度。甄选指标体系的确定有利于统一考官的评价标准,也有利于对应聘者进行分析比较,有效地提高评价过程的客观化程度,提高评价结果的科学性和合理性。

二、甄选指标体系的设计原则

1. 针对性原则

由于各类人员的工作性质、特点、职务、专业技术不同,选择的甄选指标也应有所不同。因此,在指标体系编制时,要针对甄选的目的和对象来选择相应的指标,以充分体现出所测对象的特点。如要测评销售人员的口头表达能力,则要求其不仅仅是表述清楚,还要有一定的鼓动性等。

2. 明确性原则

明确性原则是指每个指标内容要明确、直观、合理。一个指标只能有一个明确的甄选内容,不能模棱两可,含糊不清,同时每一个指标都必须有明确的定义,使用内涵明确的词语来表示。如甄选指标"表达能力"就不明确,它没有一个明确的甄选内容,不知道指的是语言表达能力还是文字表达能力,应该区别语言表达能力和文字表达能力。即使是语言表达能力,还要定义出什么表现是语言表达能力为"好",什么表现为"差"。

3. 合理性原则

指标体系中包括的两大组成部分——甄选要素和标准之间要相互吻合,而且符合实际,不能过高,也不能过低。要求过高,一方面会导致甄选成本增加,另一方面也会使甄选周期延长;要求过低,则不能达到要求,导致录用的人员无法适应岗位需要。

4. 精炼性原则

从理论上来讲,甄选内容越全面、越完整,就越能清楚地反映应聘者的各种素质结构。但实际上,不可能也没必要对所有要求的素质特征都作出评价,而只是选择其中对工作影响较大的、有一定代表性的素质特征进行评价。在保证质量的前提下,应尽量减少指标的数目,指标越少,越有利于甄选工作的开展和信度的提高。因此,甄选指标体系要体现少而精的思想,把最具有岗位代表性、最能反映人才素质的指标提取出来,从而使指标体系的内容既完整又精炼。

三、甄选指标体系的构成

甄选指标体系由测评指标和测评权重组成。

（一）测评指标

测评指标一般包括两大方面的内容：测评要素和测评标准。

1. 测评要素

测评要素是指每一项素质用规范化的行为特征进行描述与规定。整个测评指标要素包括以下两个层次：一是测评维度，指的是测评所指向的具体对象和范围，往往由数个维度组成，反映了该测评体系所测的对象各类素质的宽度、深度和层次关系；二是测评内容，是对测评维度的明确规定和细化。例如，经理人的管理能力、人格特征等属于测评要素，而管理能力中的协调能力、感召能力、决策能力等属于测评内容。在测评指标体系结构中的每一个素质结构成分(也叫一级指标)又由相应的测评亚指标(也叫二级指标)组成，甚至有时还有三级指标，如表5-1所示。

表5-1 测评要素范例

一级指标	二级指标	三级指标
测评维度	测评内容	
管理能力	协调能力	语言表达能力 倾听能力 说服能力
	感召能力	……
	决策能力	……
	……	……

2. 测评标准

测评标准指的是测评内在规定性，使各项测评要素层层分解并推向可操作化，是一个测量精度的概念，如影响能力中的赢得支持的程度等。测评标准也就是对测评结果进行评判的方式。

测评标准包括两个组成部分。

一是测评标志，指的是每个测评要素确立的关键性描述特征或界定特征，要求可分辨和易操作。通常一个测评要素有多个测评标准来说明。一般的表现形式有评语短句式、设问提示式、方向指示式三种。

评语短句式是指用对测评要素的简洁判断与评论的短句作为标志，如语言表达能力中的“用词不当情形”，可以设计成：

- 没有用词不当情形；
- 偶有用词不当情形；
- 多次出现用词不当情形。

设问提示式是指以问题形式来提示考评者注意某个测评要素特征，如表 5－2 所示。

表 5－2　设问提示式范例

测评内容	测评标志	测评标度
协调能力	1. 合作意识如何？ 2. 是否不固执己见？ 3. 能够主动化解冲突？	有　有时有　没有 是　有时是　不是 能　有时能　不能

方向指示式是指只规定测评标志，没有具体的尺度，如业务经验的测评标志是从应聘者的业务年限、熟悉程度、有无成功经验等方面测评。

二是测评标度，是对素质行为特征或表现的范围、强度和频率的规定。一般的表现形式有量词式、等级式、数量式、数轴式、图表式、定义式、综合式等。

量词式标度是用一些带有程度差异的形容词、副词、名词等修饰的词组刻画与揭示有关考评标志状态、水平变化与分布的情形，例如“多”“较多”“一般”“较少”“少”。

等级式标度是用一些等级顺序明确的字词、字母或数字揭示考评标志状态、水平变化的刻度形式，例如“优”“良”“中”“差”或“1”“2”“3”“4”“5”。等级之间的距离要适当，太大了，有可能犯“省略过度”的错误，考评结果太粗，区分度差；太小了，有可能使考评操作烦琐，判断过细，不好把握与操作。研究表明，等级数超过 9 时，人们难以把握评判；等级数在 5 以内，考评结果最佳。

数量式标度是以分数来揭示考评标志水平变化的一种刻度。它有连续型与离散点标式两种，分别如表 5－3、表 5－4 所示。

表 5－3　连续型标式

测评内容	测评标志				
	4.5～5	4～4.5	3.5～4	3～3.5	3 以下
合作性	亲密合作	积极合作	愿意合作	尚能合作	不合作

表 5-4　离散点标式

测评内容	测评标志	测评标度
综合分析能力	能抓住实质、分析透彻 接触到实质,分析较为透彻 抓不住实质,分析不透彻	5 分 3 分 0 分

测评标记是对应不同标度的符号表示,通常用字母标记、汉字标记或数字标记来表示。标记没有独立意义,只有与相关的标度联系后才有意义。

(二) 测评权重

所谓权重,是指测评指标在测评体系中的重要性或测评指标在总分中应占的比重,其数量表示即为权数。

测评指标的记分在相当程度上依赖于测评对象和测评目的,同样的测评指标在不同对象的测评中,其解释和记分应该是不一样的,如"语言表达能力"这一测评指标,在招聘研发人员、行政职能人员和市场销售人员时的要求是不一样的。即使是对于同一种人员,若这一指标同时在笔试、面试和小组讨论中被检测,则其对最后总分结果的影响,随各种测评方法对不同指标的适用性的不同,也会不一样。为体现这一差异,通常在一个测评体系内,按不同的测评对象、目的或方法,对测评指标赋予不同的权重。

对测评指标权重的分配,多数取决于测评使用者对其组织文化的主观经验。不同组织对不同测评指标强调的重点是不一样的,如不同的组织所有制性质,或组织的不同发展阶段等等。给测评指标加权的形式通常有两种:

(1) 赋分的形式,体现为直接的各不相同的绝对分数,就是把一定数量的总分按照一定的比例分派到不同层次的测评指标上的过程。赋分的关键在于分派的法则与形式,分派的法则既可以主观臆断,也可以按经验确定或根据科学研究成果确定。分派的形式可以是静态的,也可以是动态的;既可以一次定下,也可以反复多次试调后再定;既可以事先确定,也可以测评后自动生成。

(2) 权重系数的形式,就是依据测评指标体系中各部分指标相对总体的不同"分量"赋予不同的百分数,以区分测评指标在总体中的重要性。加权系数可以看作是一种隐形的赋分形式。赋分一般是非常明显地把总分逐一分配到测评指标体系的各个指标上,被赋予的是绝对性的分数量。而加权系数过程实际上是把总权重分数分配到各个指标上的过程。若把总分乘以权重系数即得到了每个测评指标的赋分。表 5-5 是一个素质测评指标体系的例子。

表 5-5 某集团副总经理素质测评指标体系①

评测要素			测评标准
一级指标（权重）	二级指标（权重）	三级指标（权重）	高分标准定义
个人内在能力（30%）	个性品质（10%）	诚信正直（2%）	言行一致、信任他人、平等待人，建立道德标准并能严格遵守
		自信心（2%）	知道自己的优点和局限性，在必要时能坚持自己的观点
		成就动机（2%）	对成功、个人成就有强烈的渴望，展现出充沛的精力
		适应能力（2%）	1. 能够持续学习和接受变化，寻找机会增长知识、开阔眼界，愿意接受并吸取别人的意见，愿意超越自我； 2. 能够在变化的、不确定的环境下处理问题，对环境敏感，能够平衡相反的观点和不利的因素
		应变能力（2%）	善于随机应变，能够认识到应该做什么并能及时采取行动
	逻辑思维能力（10%）		1. 能够抓住复杂问题的关键要素、根本原因； 2. 能根据多种信息来源得出结论，看问题深入、透彻并能通过对过去事件的分析做出相应比较
	改革创新能力（10%）		1. 预见组织需要的改革，创造新的规范，倡导各项战略变革； 2. 创造、支持、奖励前瞻性思考和风险意识
人际沟通能力（30%）	个人影响力（10%）		1. 向员工灌输成功理念，营造良好的、积极向上的组织氛围； 2. 在组织的主要战略上，能够获得并保持管理层的支持； 3. 对内、对外能有效地、正确地代表组织执行任务； 4. 适当放权，促进员工取得进步并适当给予表扬； 5. 建立激励、奖励体系，树立榜样或典型人物
	沟通技能（10%）		1. 有亲和力，能使自己的个人沟通风格适应各种关系； 2. 通过有效的沟通，影响、促进组织目标的实现； 3. 倾听员工的意见，在组织内形成开放式的对话方式
	客户服务导向（10%）		1. 与客户建立战略性联系，获得客户的尊重与信任； 2. 制定战略以满足客户现在和未来的需求； 3. 与客户形成战略伙伴关系

① 孙宗虎等：《人员测评实务》，人民邮电出版社 2007 年版，第 148 页。

续 表

评测要素			测评标准
一级指标（权重）	二级指标（权重）	三级指标（权重）	高分标准定义
组织管理能力（40%）	业务组织能力（8%）		1. 能够确定战略经营方向，创造内部、外部环境； 2. 平衡内部、外部利益群体间发生的冲突； 3. 通过对政治、组织文化教育的理解与他人合作
	目标管理能力（6%）		1. 能够制订组织的战略目标、长期目标与短期目标； 2. 能够很好地制订并实现自己的工作目标； 3. 能够指导下属制订并实现其工作目标
	团队建设能力（8%）		1. 在组织的所有级别创建团队、形成团队互动； 2. 倡导建立不断进步的高绩效团队； 3. 以多方面的能力和技能形成协作的团队
	果断决策能力（10%）		1. 能够根据具体情况，运用合适的方法，平衡短期与长期目标，做出明智的决策； 2. 在充分了解和理解企业经营环境的基础上果断地做出决定
	危机应变及处理能力(8%)		1. 在特殊场合的应变能力强，能看好时机，采取乐观、积极、向上的态度和平静的心态去解决问题； 2. 头脑机智，冷静沉着，有能力应对变故，面对危机或特殊场合自制力强，勇气和智慧过人，有自信心

第三节　甄选方法的选择

一、甄选方法

在对应聘者甄选的过程中，甄选指标体系是整个甄选的依据，但如何选择合适的甄选方法，是最终确保质量的关键。

甄选方法，即测评方法，是取得应聘者有关个人素质信息的方法，用以对应聘者进行客观、公平、合理的素质测评。

目前常用的甄选方法有简历或申请表分析、知识测验、心理测验、笔试、面试、评价中心和360度评定等。由于各种甄选方法特点各异，均有各自的优缺点，因此，要提高甄选质量，一般会选择其中几种方法进行组合施测。了解不同方法的特点并结合指标的不同选择甄选方法组合，可以有效获取应聘者的相关素质信息。

二、常用的甄选方法

1. 简历和申请表分析

经过招募阶段，会获取大量的应聘简历，初步甄选是要淘汰掉那些不符合基本条件的简历，让合适的应聘者进入下一个阶段。如果有必要，还可以进行电话甄选，致电给应聘者，核实他们的资料，了解他们的真实意图，对于不符合组织要求的即可甄选掉。通常，初步甄选会过滤掉一半以上的不合适的应聘者。

2. 心理测验

心理测验是对行为样本进行测量的系统程序。这一程序在测量内容、实施过程、计分及解释等方面都具有系统性，从而使测量条件和测量结果具有统一性和客观性。通俗地说，心理测验就是通过观察人的少数具有代表性的行为，对于贯穿在人的行为活动中的心理特征，依据确定的原则进行推论和数量化分析的一种科学手段。

3. 面试

面试是使用得最为普遍的一种甄选方法，几乎所有的人员甄选过程都会使用面试，而且还常常在一个招聘甄选程序中不止一次地使用。面试是考官和应聘者双方通过面对面的观察、交流等双向沟通的方式，了解应聘者的素质状况、能力特征以及动机的一种甄选技术。面试的特点是灵活，获得的信息丰富、完整和深入，但是同时也具有主观性强、成本高、效率低等缺点。

4. 评价中心技术

评价中心是近几十年来西方组织中流行的甄选和评估管理人员，尤其是中高层管理人员的一种人员素质测评技术，其核心内容是多种情境性甄选方法。在这些情境性甄选方法中，可以充分地对应聘者行为进行观察。但评价中心技术的费用较高，在时间及人员上的花费也较大；而且，参加评价中心的考官也需要经过专门的训练。因此，这种方法一般在甄选中高级管理人员或较重要职位的人员时才使用。

评价中心技术有很多种，表 5 - 6 是几种方法的对比。

表 5 - 6　评价中心方法的汇总

测评方法	方法概述	考察的能力
文件筐测验	应聘者假定为应聘职位人员，在其办公室的桌子上堆放着一大堆亟待处理的文件，包括信函、电话记录、邮件、报告和备忘录，应聘者要求在给定的时间内完成文件的处理工作	计划能力、组织协调能力、分析判断能力、沟通协调能力、决策能力、授权能力、团队管理能力、时间管理能力、文字表达能力、信息的收集和利用能力、处理问题的条理性程度和灵活性程度及人际敏感性等

续 表

测评方法	方法概述	考察的能力
无领导小组讨论	把应聘者划分为不同的小组，每组人数6～8人，不指定领导者，大家地位平等，在此基础上根据提供的案例进行讨论，最后要求形成一致意见，并以书面或口头形式汇报。整个讨论过程考评者并不参与，完全由应聘者自己控制讨论进程	组织协调能力、领导能力、团队合作能力、说服能力、综合分析能力以及决策能力、自信心、进取心、责任感、灵活性、情绪稳定性等
角色扮演	考评者设置了一系列尖锐的人际矛盾与人际冲突，要求应聘者扮演某一管理角色并进入角色情境去处理各种问题和矛盾。考评者对应聘者在不同角色情境中表现出来的行为进行观察和记录	判断能力、创造能力、谈判能力、沟通能力、决策能力、语言表达能力、应变能力等
管理游戏	给几个应聘者分配一定的任务，这些任务必须通过合作才能较好地完成，有时引入一些竞争因素，通过对游戏项目的完成判断应聘者的能力	沟通能力、语言表达能力、综合分析能力、团队合作、领导能力、决策能力、应变能力等
案例分析	考评者提供给应聘者一些在管理中遇到的各种现实问题，要求他们通过准备一系列的建议，形成一份书面报告提交相关部门	综合分析能力、逻辑思维能力、独创性、决策能力、策划能力等
演　讲	给应聘者随机抽取一个题目，让其准备5～10分钟，然后进行演讲，演讲时间一般在5～10分钟，以此来阐述自己的观点和理由	分析推理能力、逻辑思维能力、反应理解能力、语言表达能力、言谈举止和风度气质等

三、甄选方法的选择

选择甄选方法，应该掌握以下的原则。

1. 了解各种甄选方法的特点、内容以及适用范围

每种甄选方法都是针对特定的目的而设计的，因此它对测评特定的内容是有效的，而对测评其他内容则可能是无效的。就像我们选择尺子来测量长度、选择天平来测量质量一样，评价方法也要选择最合适的。如果我们想知道拟录用人员使用计算机软件的能力，可以设计一道工作中常见到的题目，让其直接在电脑上解决一个问题；如果要测试管理人员的综合能力，可以对其进行文件筐测试，在限制的

时间内，处理突发事件、业务问题、人际问题等文件，以考察他的综合能力。使用任何人才评价方法，都应该考虑到它的成本和效益问题，在可能的情况下，尽量选择节省费用、时间和人力的做法。比如，有的公司录用一名做基础工作的后勤人员，只需要经过几轮面试就可以了，没有必要采用复杂的方法。各种甄选方法的特点如表 5－7 所示。

表 5－7　各种甄选方法特点比较

甄选方法	测评形式	主要适用对象	可靠性	公平度	成本
评价中心技术	情景模拟	中高层管理人员和关键岗位人员	最高	最高	最高
结构化面试	问答	所有人员	高	高	高
心理测验	纸笔测验	所有人员	中	高	低
知识测验	纸笔测验	普通员工、基层管理人员	中	中	中
个人简历	资料信息	所有人员	低	中	低

2. 确保甄选方法的可靠性

适合的甄选工具应该具有高信度，即每次测量的结果要基本保持一致，即使有误差，也应该控制在一定的范围之内。

一个甄选方法效度越高，表示其所测的结果越能代表应聘者的真正素质，该方法就越有效。尺有所短，寸有所长，各种甄选方法都有各自的局限性。纸笔测验比较简便、易实施，可以进行集体施测，对环境的要求较少，测验的标准化程度也比较高，计分和解释都比较容易，对考官的要求相对比较低；但纸笔测验的测量结果有时无法反映应聘者在真实情景中的表现，对某些甄选维度，如沟通能力、组织协调能力等，很难通过纸笔测验进行甄选。情景性甄选方法比较复杂，不易标准化，计分和解释都比较困难，对考官的要求也比较高，但它却能对有些实际操作的项目进行有效的甄选。在进行方法选择时可以考虑进行组合实施，以提高甄选效度。

3. 确保甄选方法的公平度

公平度指甄选方法对不同人员（种族、性别、年龄、专业背景等）的所测结果不会引起偏差和不同对待，要排除与甄选目的无关的影响因素。要保证甄选工具在某个领域的通用性，避免使用专业领域狭小的测试；同时，甄选当中尽量少使用难以理解的专业术语和缩略语，保证参与的人员在题目的理解上不存在问题。此外，甄选中应避免过于敏感的个人隐私问题。

4. 确保甄选方法的可用性

可用性是指在甄选中该甄选方法实际使用的方便程度,同时也要平衡甄选方法的可用性和甄选有效性的关系。要充分考虑甄选方法对实施条件的要求,包括实施操作的方式、时间限制、对场地的要求、对考评者的特殊要求等等。

5. 选用甄选方法时应该考虑成本

成本是指实施相关甄选所需要的花费情况。在成本方面是越低越好,但同时要考虑其甄选的效益。一般而言,甄选的精确度越高,成本也越高,在具体使用中要平衡好效果和效益之间的关系。一般而言,纸笔的心理测试和知识测试可以实现批量操作,尤其是借助电脑管理以后,成本更低,但相对而言准确度有限,而评价中心技术等情景模拟的方法投入成本高,准确度也高。因此在甄选时,能够用成本较低的甄选方法进行甄选的,就尽量不去用成本较高的甄选方法;能够在较短时间内完成的甄选,就不要使用耗时较长的甄选方法。

四、甄选方法的组合

甄选方法的组合设计实际上是对甄选方法的深度使用,它不仅仅是一个简单的堆积,而是一个完整的甄选解决方案设计,包含了考评者对甄选指标体系与甄选方法的深刻了解和熟练把握。同时要注意的是,甄选方法最终要服务于甄选目的,而不能让甄选目的迁就甄选方法。

(一) 组合设计中的原则

(1) 针对性:必须针对组织的甄选需求。

(2) 重点性:必须突出甄选重点,而非面面俱到。

(3) 经济性:必须考虑质量、时间和经费之间的平衡关系。

(4) 顺序性:一是简单的甄选方法放在前面进行(或通过上下午的时间来调节);二是低成本的、批量化的甄选方法放在前面,以易于实现单项淘汰的策略;三是对其他甄选会产生影响的甄选方法放在后面;四是容易产生疲劳的甄选方法放在后面;五是甄选内容敏感或易产生较大压力的甄选方法放在后面。

(二) 针对不同甄选目的的甄选方法组合

1. 不同职务层次表

组织中不同职务层次的岗位,由于其承担的工作性质、内容、责任等都有所不同,因此对任职者的要求也是不同的。具体的测评要素和测评方法如表 5-8 所示。

表 5-8　不同职务层次人员的测评要素与测评方法

职务层次	测 评 要 素	测 评 方 法
一般员工	个性特征、实际操作能力、工作经验、价值取向	简历分析、人格测验、价值观评定、面试(结构化或半结构化)
中层管理人员	能力特点、个性特征、职业适应性、知识经验	面试(结构化或半结构化)、评价中心技术、人格测验等
高层管理人员	工商管理能力、创造性思维能力、较高的成就动机、灵活机敏但有原则、人际敏感性与沟通能力、开放和变革意识	评价中心技术、人格测验、动机测验、领导行为评估系列测验、管理潜能开发系列测验

2. 不同岗位系列

组织中的各个部门作为组织职能和业务的承担者,对组织整体目标实现的贡献是不同的,其活动的性质、难度、作用、技能和机制等都有所不同,因而对各个岗位上的人才要求也有所差异。具体的测评要素与测评方法如表 5-9 所示。

表 5-9　不同岗位的测评要素与测评方法①

岗　位	测 评 要 素	测 评 方 法
生产系列	个性特征、组织协调能力、综合分析能力、兴趣取向、行为风格、工作履历	人格测验、兴趣偏好测验、价值观测验、面试(结构化或非结构化)
营销系列	人际敏感性、沟通能力、个性特征、动力需求模式、语言表达、工作履历	人格测验、敏感性与沟通能力测验、需求测试、生活特征问卷、无领导小组讨论、面试(结构化或半结构化)
财务系列	个性特征、思维分析能力和综合决策力、工作履历	人格测验、数量分析能力测验、面试(结构化或半结构化)
行政人事系列	个性特征、人际技巧、事务处理能力、工作履历	人格测验、无领导小组讨论、领导行为评定、面试(结构化或半结构化)
技术系列	创造性、思维推理能力、个性特征、工作履历	人格测验、逻辑推理测验、抽象推理测验、面试(结构化或半结构化)

五、某集团副总经理甄选方案示例

甄选方案,就是甄选的计划,它是实施甄选的指导性依据。甄选方案规定了甄

① 王垒:《实用人事测量》(简明版),经济科学出版社 2002 年版,有修改。

选指标体系、测评方法、实施步骤、参加人员、时间安排、成本等方面内容。

某集团副总经理素质测评方案①

飞翔集团总裁为了了解集团内各个岗位副总经理的人职匹配情况，特授权人力资源总监组织一次团体测评。人力资源总监聘请某咨询公司的三位测评专家协助完成这一工作。

一、准备阶段

1. 成立测评小组

测评小组包括测评专家组和测评项目小组，其中专家组包括此次测评的主要负责人——人力资源总监和三位测评专家，主要负责建立测评指标体系、重点测评项目施测、汇总测评结果；测评项目小组包括总经理、培训中心经理和招聘主管共三人，主要负责测评指标的评估、打分和最终测评结果的讨论。

2. 建立测评指标体系

测评专家查阅全体副总的"职位说明书"及规范，明确所有副总的工作职责及职位要求，确定副总所需具备的素质要求。

测评项目小组人员查阅全体副总的绩效考核资料，确定高绩效人员和普通绩效人员，并从这些人员中各取三名组成样本组，以备建立胜任素质模型。

(1) 初步确定胜任素质。首先，由人力资源总监提供与副总职位相关的背景材料和素质要求；其次，由测评专家提供具体的胜任素质；第三，项目小组成员在测评专家的指导下列出各位副总胜任职位的重要素质；最后，将所有资料汇总整合，确定出初步的胜任素质。

(2) 开展行为事件访谈。由测评专家分别对优绩组、普绩组成员一一进行行为事件访谈（专家事先不知道访谈对象属于哪个组别），专家要对谈话的内容做详细的笔记并做全程录音。

(3) 甄选、修订胜任素质。通过分析、汇总访谈笔记和录音内容，寻找新的胜任素质，同时对原先的胜任素质进行甄选和修订，得出最终的必不可少的胜任素质。

通过分析优绩组成员的行为表现，对所得的胜任素质进行高分标准定义，并赋予权重。

测评指标体系参见前文中的表 5－5。

二、确定测评方法

针对此次被测人员的特殊性，决定采用以评价中心技术为核心、以心理测试和书面资料分析等方法为辅助、分阶段的施测方法，如表 5－10 所示。

① 孙宗虎等：《人员测评实务》，人民邮电出版社 2007 年版，第 147 页。

表 5-10 副总经理测评指标体系与测评方法一览表

测评要素		测评方法(测评工具)
测评维度 (一级指标)	测评内容 (二级指标)	
个人内在能力	个性品质	心理测试 (16PF 量表、投射测试、DISC 个性测试)
	分析思维能力	心理测试(韦克斯勒成人智力量表)
	改革创新能力	心理测试(威廉斯创造力倾向测评量表)
人际沟通能力	个人影响力	评价中心技术、心理测试
	沟通技能	评价中心技术
	客户服务导向	评价中心技术
组织管理能力	业务组织能力	评价中心技术
	目标管理能力	评价中心技术
	团队建设能力	评价中心技术
	果断决策能力	评价中心技术
	危机应变及处理能力	评价中心技术

三、分阶段实施测评

1. 初测阶段

首先需要运用书面资料分析法对所有参测的高层管理人员的资格进行审查，分析职业申请表、个人履历表以及所有副总的档案，初步确定被测人员的年龄、学历、专业、从事管理工作的经验等各个方面的差异。

其次，将以上各方面的差异与副总职位胜任素质相比较，分析已得到测评的素质和有待进一步测评的素质，确定集中施测阶段的工作重点。

2. 集中施测阶段

在明确此阶段的工作重点之后，可以运用表 5-10 中相应的测评方法和测评工具，由经过专门培训的测评小组在集中的一段时间内对所有副总进行深入测评。

在集中施测阶段，测评人员及测评专家不仅需要指导被测人员了解测评目的以及测评工具的使用方法，还需要避免各种心理效应干扰，提高测评的公正性、可靠性和有效性。

四、汇总结果,得出结论

测评结束后,需要汇总、整合、分析测评结果,得出测评结论,主要有四项工作。

1. 评阅试卷,得出原始分数

一般由测评专家来评分,测评项目小组成员进行数据录入工作。

2. 转换原始分数,整合信息

为了最大限度地减少年龄、学历等各种差异对测评结果的影响,可运用测评工具的常模标准把原始分数转换成标准分数。整合各方面获得的信息,得出每位副总的实际素质水平,并结合相应职位的具体要求,分析人与职是否相匹配。

3. 撰写素质测评报告

一般来说,测评报告由测评专家共同撰写,需要经过撰写人员再培训、拟定初稿、共同商讨、统一标准、正式撰写、统筹定稿等阶段,从而保证测评报告格式的统一性和结论的准确性。

从内容的综合程度来分,测评报告有两种形式:一种是单个副总的素质测评报告;另一种是集团副总整体素质测评报告。提交何种形式的报告由企业实施测评的目的决定。

五、跟踪素质测评结果

测评结束后,测评项目负责人——人力资源总监继续对副总经理的工作表现进行跟踪和考核,评估此次测评结果是否符合事实,总结经验教训,以便改进素质测评技术。

第四节　招聘甄选中的信度和效度

招聘甄选的结果直接影响到录用决策最终的效果。信度与效度是在甄选时的两个非常重要的指标。在对应聘者进行甄选测评时,应做到既可信又有效。

一、信度

(一) 信度的定义

信度是指测量结果的一致性或可靠性程度。一个好的测评工具必须稳定,每次测量的结果要保持一致,但实际上,由于受到被试样本、施测条件、动机水平和注意力等因素的影响,不可能达到完全的一致性。对于一个好的测评方法,它会有误差,但误差要控制在一定范围内。如果前后两次的测验分数之间差异大,测评的结果就值得怀疑,因此,信度是对测量一致性程度的估计。

在统计上,信度通常由信度系数来表示。那么,多高的信度才能说这个测评是可靠的呢?对于信度的高低,并没有绝对的评判标准。通常来说,信度系数大于0.90的测评被认为是可靠的;系数为0.80左右的信度也认为是比较可靠的,而信度系数低于0.70则认为可靠性比较低。

(二)信度的种类

1. 重测信度

是指对一组被试进行某项测试后,过几天再对他们进行同一测试,两次测试结果之间的相关程度即为重测信度。一般情况下,这种方法较为有效,但却不适合于两次试题重复量过大的测试,因为被试在第一次测试后,可能记住某些内容,产生练习效应,从而提高第二次测试的分数。

2. 复本信度

复本信度是指用两个功能等值但表面内容不同的测试复本(如A、B卷)来测量同一组被试,然后求被试在这两个测试上的相关系数。这里的复本指在结构、施测效果等方面和原测评工具基本一致的题目,常作为原测验的备用测验。

3. 内部一致性信度

内部一致性信度,也称为同质性信度,主要反映的是一个测验内部的题目之间的关系,考察一个测验中想要测量相同内容或特质的各个题目是否真正测量了相同的内容或特质。一个具有可靠性的测评工具必须具有很好的内部一致性。

4. 评分者一致性信度

评分者一致性信度指的是不同评分者使用同一测评工具时所评分数间的一致性。评分者一致性信度在面试或评价中心中尤为重要,它可以反映多个考官对应聘者的评价是否一致。

二、效度

(一)效度的定义

效度指的是测量的有效性,即一个测验或量具能够测量出其所要测量东西的程度。效度所要回答的基本问题不是其是否有效而是其对什么有效。也就是说在考虑测评的效度时,必须从该测验的目的与特殊功能着眼。一个测验所得的结果,必须符合该测验的目的,才能成为正确而有效的工具。人才甄选有其特定的功能和实用目的,效度就是采用测评工具对其所要测评的特性测量到什么程度的估计。

效度是针对某种特定的测评目的而存在的,有时一种人才测评方案的设计对某一特定目的的测评有效,但对另一种目的和用途则可能毫无价值。因此,每种测评各有其功能和限制,不存在一种对任何目的都有效的测评手段。例如为录用高级管理人才而设计的测验用到一般职工的甄选上就不那么有效。所以人才测评工具的编制要做到有的放矢,只有在此基础上,才可以来评价测评的效度,否则是没有意义的。而在对效度进行评价时,也不是说某个测验结果"有效"或"无效",而要在考虑其用途的基础上,用"高效度"、"中等效度"或"低效度"来对它进行评价。效度的相关系数越大,就表明该测验的效度越高。一个测评工具也许很可靠、很稳定,但并不能保证它一定有效,从而也就无法保证它是科学的测评工具。在评价人才测评工具的效度时,可以有不同的角度和不同的指标。

(二)效度的种类

1. 内容效度

内容效度指的是试题对有关内容或行为范围取样的适当性,即内容效度研究的目的是要评估试题是否充分代表了所要测量的内容范围。因此在进行测评时,我们总是选用一定的内容或项目来对某个特质进行衡量,内容效度也就是指这些项目能够代表所有表示该特质的项目的程度。这种测评的效度主要与测验内容有关,所以称之为内容效度。例如,要求饭店员工在培训结束时掌握这一阶段所学的端盘子技术,为了检验员工的学习情况,可以设计一个测试,比如测验在规定时间内员工端盘子的姿势、数量、走路的速度等。只有当这个测验能代表员工所要求掌握的端盘子技术时,测验结果才会有比较高的内容效度。

因此,一个测评要有内容效度必须具备两个条件:第一,要有明确的内容范围。内容范围,可以是一个明确而有限的题目总体,也可以是由编制者界定的一些范围较广的材料与技能;可以包括具体知识,也可以包括复杂的行为。第二,内容范围代表了能够用来测量个体的某个特点的所有行为样组,而每个测评工具都应是一个特定的行为范围的系统抽样。测量不同的特质,其内容范围就有所不同。如我们想测试员工的工作绩效,就应该先从工作行为角度界定工作内容,然后随机挑选一些任务和工作行为作为测试中的行为样本。例如甄选打字员,如果打字速度测试是打字员工作的代表性取样,则测试就具有内容效度。

2. 构思效度

构思效度就是测评对某一理论概念或特质测量的程度。在人才测评中，经常要测量一些抽象的概念，如智力、动机、焦虑程度等。这些抽象的、假设性的概念或特质在测量理论中通常用构思来表示，而构思是不能直接测量的，需要借用测评工具反映出来。构思效度就是指测评工具能说明构思或特质的程度。假设我们要对应聘者的成就动机进行测评，那么首先要明确与成就动机相关的行为，如设定有一定挑战性的目标、承担适当的风险、对自己的行为负责、喜欢反馈等。其次找出与之相关的构思。据已有的研究，成就动机倾向可能与主动性、分析能力、创新能力有关，在此基础上再对这些构思进行分析，如主动性可以表现为事事有安排、独立安排工作等，这样就可以把抽象的成就动机外显化了。

3. 效标效度

效标效度，又称准则关联效度，是指测评分数对所要测验行为的预测能力，用测评分数和效标之间的相关系数来表示测评效度的高低。效标或准则，是衡量测评有效性的参照标准，并且这种标准往往被大家所公认，较为客观。例如检验 MBA 考试的准则关联效度是以 MBA 考试(测试分数)与应聘者多年后的工作业绩(准则分数)间的相关来表示的。如果两者相关度高，则就可以用 MBA 的成绩作为准则来预测应聘者今后的工作成就。而且不同测评需要寻找的效标或准则是不一样的，不同的测评目的需要有与之相适应的效标或准则。对于员工的甄选来说，行为表现和工作业绩是测评较好的效标。

从信度和效度各自的定义可以看出，两者是既有区别、又有联系的概念。效度是信度的基础，信度是效度的必要条件。如果一个测评缺乏效度，就像测评工具不准确，信度再高也没用，甚至出现差之毫厘、谬以千里的结果；而一个测评缺乏信度，其效度也会受到很大影响，信度是效度的必要条件，但不是充分条件。

三、招聘甄选误差及其控制

(一) 误差

误差是指在测量中由与目的无关的变因所引起的不准确或不一致的效应。误差有两种主要形式：一种是随机误差，又叫可变误差，这是由与测量目的无关的偶然因素引起而不易控制的误差，它使多次测量产生不一致的结果。这类误差的方向和大小的变化完全是随机的，无规律可循。另一种是系统误差，又称常定误差、偏差，这是由与测量目的无关的变量引起的一种恒定而有规律的效应，稳定地存在于每一次测量中，此时虽然测值一致，但不正确。

（二）误差的来源

1. 影响测评信度的误差来源

(1) 应聘者本身特征的影响。通常来说，应聘者的应试动机、应聘经验、身心健康状况、注意力、持久性、求胜心、作答态度等个人因素会对测评的效果有影响。应聘者的团体影响因素有团体的异质性和团体的平均水平。

(2) 考官的影响因素。不按规定实施测评、制造紧张气氛、给予某些应聘者特别协助、主观评分以及一些暗示性的语言等都会对测试产生影响。常见的主观判断有：① 首因效应。是指考官对应聘者的第一印象，是由先前信息所形成的最初的印象及对后来的影响。由于对应聘者表情、身材、容貌以及声音等的印象，以此作为对应聘者的评分依据。② 近因效应。是指考官对应聘者最近表现的印象。由于面试中前面的信息比较模糊，就以最后的信息来作为对应聘者评价的依据。③ 晕轮效应。是指考官对应聘者所具有的某个特征的关注而泛化到其他一系列的特征上，即常从好的或坏的局部印象出发、扩散而得出应聘者全部好或全部坏的整体印象，并以此给予评分。"爱屋及乌"、"情人眼里出西施"就是晕轮效应的一种表现。④ 相似效应。是指考官觉得应聘者某个或某些方面的观点或特征与自己相似而产生对应聘者好的印象，并给予应聘者好的评价。⑤ 刻板印象。是指考官根据应聘者的一些特征将其归为某一类人，并将这一类人的特征赋予应聘者，而不管其实际差异如何，并以此作为评价依据。例如，山东人是豪爽正直的，能吃苦耐劳；而江浙一带的人则是聪明伶俐的，善于随机应变。

(3) 测试内容方面的影响。如果测试题目取样不当、内部一致性低、题目数量过多或过少、题目意义含糊等，都会对测评结果产生影响。一般来说，在一个测试中增加一些题量可抵消测试中的随机误差。测试难度与信度之间没有什么必然联系。但是如果测试太难或者太容易，则分数差距将缩小，信度也随之下降。

(4) 实际测试环境的影响。测试的现场条件、通风、温度、光线、噪音、桌面好坏、空间的大小、他人的影响等都会对测试结果产生影响。例如，盛夏季节在一间没有空调的房间里做测试，应聘者的状态会受到很大的影响。

(5) 其他干扰因素的影响。碰到一些突发事件，如突然停电、电脑死机、题目印制出错、考场上突然有人生病等，或多或少都会对测试产生影响。

2. 影响测评效度的误差来源

(1) 测评构成方面的影响因素。测评的具体项目和内容是构成测评的要素，测评的效度很大程度上取决于题目的设计。测评的取材、长度、难度、编排方式等对测评都有影响。如果将针对销售人员的甄选而开发的题目用在财务人员的甄选上就不适合。测评题要经过严格的选择，依据岗位来设计，注意题目的长度要合适，难易程度适中且安排得当。如果题意含糊,容易产生歧义,以致应聘者产生误解,也会降低测验的效度。另外,试题的编制也要合理。一般而言,试题应按照由易到难的顺序排列。如果难题在前,水平较低的应聘者就可能由于受挫而影响进一步答题的积极性,并且,应聘者可能花很多时间去解答这些题目,而没时间做后面较容易的题目,从而无法测出应聘者的真实水平,降低测验的效度。除此之外,试题的难度也要适当。如常模参照测验是通过比较应聘者得分间的差异,确定某一特定个体在团体中的相对位置。其试题平均难度应在 0.5 左右,并有适当的难度分布。试题太难或太容易都无法区分应聘者的优劣,从而降低测验的效度。

(2) 测评实施过程中干扰因素的影响。在测评过程中要合理设计测评的流程,若中间的环节有误差,可能会影响测评的效果。在实施测评的过程中,是否遵照测评使用手册的各项规定进行标准化的施测、指导语是否已将答题方式说清楚、是否按要求进行时间限制等,也会影响到测评的效度。所以,测评的组织者应该能够恰当控制测试情景,遵照有关规定去进行测试,以避免外在因素影响测试结果的正确性。

(3) 应聘者反应方面的影响因素。应聘者对测试的接受程度、兴趣、动机、情绪、态度和身心健康状况等,都令其在测试情景中的反应有所不同。如在无领导小组讨论的过程中,如果其中的一位应聘者不接受这种测评方式,整个过程一言不发,不仅无法评判出其能力,其行为还会对其他的人员造成影响。无论是能力测试还是人格测试,只有应聘者认真配合才能反映真实的状况,才能对其做出正确判断。

(三) 测评的误差控制

1. 测评工具的误差控制

由于人的才能、个性、品德等许多特征都是无法直接测量的,且人才测评常常会受主观因素的影响,因此人才测评工具和方法所造成的误差比物理、化学测量的误差要大得多。如何避免这些由测评工具和方法引起的误差呢?

首先,要根据人才测评的目的来正确选用测评工具。现有的测评工具很多,如笔试、面试、情景模拟测试等。而标准化的纸笔测验是目前在人才测评中使用得最广泛的一种形式,无论是成就测验,还是人格测验,或者是能力倾向测验都有多种形式,为了控制误差,应该根据不同工具的特点和人才测评的目的来谨慎选用。如 16PF 人格测验每道题有三个选择项,以减少猜测因素;YG 性格测验试题前面部分有练习题,给予应聘者练习的机会,在一定程度上可以减少测验经验的影响;MMPI 有测谎题,可以区分应聘者的自我掩饰程度。

其次,尽可能恰当地对测验题目取样。如果题目数量太少或取样缺乏一定的代表性，就容易使应聘者的反应受机遇影响。比如应聘者碰巧准备或没准备到某次考试的某道题目，其得分情况纯属机遇，这对测验分数的一致性影响较大。另外，同一测验的几种等同形式实际上不等值，包括内容、安排格式、难度上的不匹配，均会引起测评误差。除此以外，应避免选用一些不恰当的测验题目格式，如是非题或单选题容易引起猜测，主观题目太多，容易引起评分时的主观性，这些都会使测量误差增大。试题的难度也要合适，理想的测验难度分布是呈钟形曲线的常态分布。如难度过高容易引起猜测，误差增多；过低则会引起分数相近，测验的实测分数差距减小。这两种情况都会导致信度下降。

最后，试题或指导语用词也要恰当，如果试题所表达的意思含糊不清、模棱两可，易使应聘者随意猜测作答，容易使测评结果不正确。

2. 测评实施过程的误差控制

在人才测评前要做好充分的准备工作，熟悉整个测评程序、测评材料、使用的工具、场地等。如施测现场的温度不合适、光线过暗、背景声音（例如过于安静或一直有噪声）、桌椅不舒适、空间大小不当、通风不够等诸多情况都会产生测量误差。

3. 考官的误差控制

考官必须受过施测前的培训，使他们既要具备一定的能力，又要恪守职业道德；考官的言谈举止也要符合施测要求，着装不得体、表情夸张或过分呆板，都会不同程度地影响应聘者的测试状态乃至测验分数；考官一定要按规定实施测验，不能发生计时错误，或指导语解释错误，或给应聘者作答提供暗示等；通过规避主观偏见，以减少测量误差的产生。

4. 应聘者的误差控制

即使测试题编制得很好又有标准化的施测和记分程序，但由于应聘者本身的变化，仍然会使测验分数不一致。这是最难控制的误差。首先，测试会受应聘者动机的影响。每个应聘者都抱着获取就业机会的目的来参加测评，这个目的可以导致应聘者故意掩饰自己，作出一些带有倾向性的回答，其结果就不能反映出应聘者的真实情况。不同的应聘者其动机水平不一样，因而掩饰程度也会有所不同。而且，不同的动机水平可以引起应聘者不同的应激状态，动机过分强烈会使应聘者产生测评焦虑，而动机不足则会使应聘者对测评采取敷衍了事的态度。在人格、态度、动机等测评中，应聘者的动机水平常常是使测评产生误差的最重要的因素。另外一些生理因素如应聘者在测试前失眠或在生病、疲劳的状态下进行测试，也势必会影响应聘者对自己的某些个性特征做出不同于正常情况下的判断和反应，比如会倾向于判断自己的稳定性比较差。过分的疲劳，会使应聘者注意力分散，也容易引起测量误差。

本章小结：

人员甄选对于有效识别应聘者起着决定性的作用。人员甄选的过程包括履历的初步甄选、一般面试和测试、综合测评、背景调查和体检、录用的决策几个阶段。甄选的标准应该是针对岗位提前设定的，需要注意的是，甄选要选择适合组织的而不是条件越高越好。甄选中应该选用合理的测评方法，这样不仅能够提高甄选的准确性，也为人员以后的发展奠定了基础。在选择测评方法的时候应该根据测评的目的进行选择，同时，还需要注意测评的公正性、可用性、经济性和测评的信度及效度。

案例分析：

1. 你如何评价成瑞公司的人才测评方案？甄选时常用的测评方法有哪些？

此次成瑞公司招聘的是技术主管和大区经理，都是中层以上的职位。总体来说，成瑞公司的测评方案还是比较成功的，该方案用了纸笔测试和评价中心测试，针对职位从基本能力、管理风格、实际能力等方面进行了综合的评定；由于方案比较全面，因此取得了很好的效果。

常用的测评方法有知识考试、面试、心理测验、评价中心技术(包括无领导小组讨论、文件筐处理、演讲测试、管理游戏、角色扮演、案例分析等)等方法。

2. 如何才能设计出有效的人才甄选测评方案？在做人才甄选时还应该注意哪些问题？

在设计招聘测评方案的时候，要准确地进行工作分析，明确岗位胜任要求，要合理选择测评方法，仔细考察该方法的信度和效度，还需要考虑到方法的实用性、公平性、经济性等因素。

在做人才甄选时还需要注意：一定要有明确的甄选标准且不应随意修改；甄选合适的人，不是最好的人；注意参与甄选的考官的专业性；在甄选的结果最终确定之前要做背景调查。

思考题：

1. 甄选的流程包括哪些环节？
2. 在进行人才甄选的过程中，应该注意哪些问题？
3. 人才甄选中，测评体系的作用有哪些？

4. 人才甄选测评中,经常会测评哪些内容?
5. 选择测评方法的时候,应该注意掌握哪些原则?
6. 什么是信度?信度的种类有哪些?
7. 影响信度的误差来源有哪些?
8. 什么是效度?效度的种类有哪些?

第六章 初步甄选

引导案例

龙江公司的人才问题

龙江公司是位于西安的一家计算机销售公司,过去一年里由于市场需求旺盛,公司运作得当,业务蒸蒸日上,但是人力资源部经理却高兴不起来,一年内接连发生的几起事件令他极为难堪。

2006 年 8 月,业务员夏某与代理商景旺公司签订了一笔货款为 100 万元的供货合同,但货物发出后迟迟不见货款返还,年底公司派人上门催款,发现景旺公司已人去楼空。龙江公司感觉不妙,报告北京总公司,总公司向法院提起诉讼,请求法院判决对方支付货款。法院和律师几次到西安调查取证,由于景旺公司已经逃逸,无功而返。鉴于缺乏被告主体,民事诉讼难以进行下去。由于夏某是经手人,其工作失误给公司造成巨额损失,2007 年初龙江公司将其辞退。后来龙江公司律师在工商局查阅代理商景旺公司的注册资料时发现,业务员夏某原来是景旺公司的第一大股东。此时,龙江公司意识到这是一起有预谋的诈骗案,一场普通的经济纠纷演变为情节恶劣的刑事案件,龙江公司遂向公安局报案。经立案侦查,将夏某和作案同伙抓获,追回了部分货款。审讯中发现夏某曾经有前科,因犯盗窃罪被拘留过。

案件终结后,人们纷纷指责人力资源部引狼入室,人力资源部经理压力很大。偏偏祸不单行,2007 年又发生几起假文凭案,人力资源部在整理档案时发现几名员工的文凭可疑,向学校查实后,发现他们的文凭果然为假,公司领导层震怒,当即决定予以辞退。但公司为他们已经花了不少培训费用,且他们对公司的许多商业秘密已经掌握,以后是否还会给公司带来麻烦这让人力资源部经理更为担心。

案例讨论题：

1. 该公司的事件对人力资源管理部门在招聘时有哪些启示？
2. 在进行招聘初步甄选和背景调查的时候，应该考察哪些内容？

第一节 简历与申请表甄选

一、简历与申请表概述

（一）简历

简历是应聘者自己携带的个人介绍材料。简历的内容大体上可以分为两部分：主观内容和客观内容。招聘组织的注意力主要应放在客观内容上。客观内容主要分为个人信息、受教育经历、工作经历和个人成绩等几个方面。个人信息包括姓名、性别、民族、年龄、学历等；受教育经历包括上学经历和培训经历等；工作经历包括工作单位、起止时间、工作内容、参与项目名称等；个人成绩包括学校、工作单位的各种奖励等。主观内容包括应聘者对自己的描述，如本人的性格、兴趣、爱好等，主要是应聘者对自己的评价以及描述性的内容。

应聘者简历的格式往往五花八门，很难统一，而且，有些组织需要的信息不一定能在简历当中反映出来，这为甄选制造了很多麻烦。同时，简历内容不统一，也不便于在应聘者之间进行比较。但每个人的简历又有个人的特色，简历给应聘者较大的自由创造空间来展示自己的能力和风采。

（二）申请表

申请表是由招聘组织设计，包含了岗位所需的基本信息，并用标准化的格式表示出来的一种表格。申请表的目的是收集组织需要了解的岗位相关信息，方便对应聘者进行甄选，并从中选出参加后续甄选的人员。申请表一般包括个人基本情况、应聘岗位情况、工作经历和经验、教育与培训情况、生活和家庭情况、个人的职业发展设想、个人的任职要求等。需要注意的是，应聘申请表中不应含有歧视性项目和可能涉及个人隐私等敏感性内容。

一般来说申请表有以下特点：

(1) 结构清晰、内容简洁。经过精心设计的申请表应该有合理的结构，并且布局很简洁，可以使甄选过程节省很多时间，加快预选的速度，是较快、较公正准确地获取应聘者有关资料的最好办法。

(2) 既有通用信息，又能反映岗位特色。相对于简历而言，申请表可能更可靠，因为申请表是组织决定填写哪些信息，并且所有应聘者都要按表中所列项目提供相应的信息，因此可以使招聘组织比较准确地了解到应聘者的相关历史资料。

(3) 为后期的其他选拔方法提供参考。申请表有助于在面试前设计具体的或有针对性的问题，有助于在面试过程中作交叉参考，看看有无矛盾之处。

二、申请表的设计

有很多组织自己设计出申请表的格式，要求应聘者填写。但无论格式有什么样的区别，申请表中不外乎都包含如下的内容：

(1) 个人基本资料。包括姓名、性别、近照、年龄、籍贯、婚姻状况、健康状况、联络地址及电话、个人邮箱、家庭状况等。

(2) 教育背景。主要说明应聘者所受的教育历程和内容，其中包括教育程度及历程、毕业年限、主修科目、撰写的论文主题、特殊训练课、个人成绩等。

(3) 工作经验。这是申请表中最重要的部分，这部分应该能够真实反映应聘者的职业经验和经历。在设计时，应该覆盖的信息有：所在组织的名称、起止日期、所在部门、岗位名称、主要的工作职责、重要的业绩、离职原因、薪资福利状况、直属上司或下属、主要参与的项目、所获得的奖励和处罚等。对一些刚从学校毕业的新入职场的人员来说，这部分内容能够看到他的社会活动能力，包括参加社团及担任职务、举办的活动、志愿者活动、社会实践等。

(4) 能力资格和培训经历。通过这部分内容可以获取与岗位相关的技能信息，如专业训练与证件、职业资格证书、语言能力和计算机应用能力等。

(5) 自我认识和其他个人信息。自我认识的信息包括个人性格描述、自我评价、价值理念、生涯规划、兴趣爱好等；其他的个人信息包括个人希望待遇、对工作环境的期望、应征动机等。

(6) 组织希望了解到的其他信息。组织可以根据需要设定一些较为个性化的问题，以便有更多的参考信息对应聘者进行判断，如“你职业生涯中经历的最困难的事情是什么？你是如何应对的？”“你如何评价自己的优缺点？”等。

表 6-1 为应聘申请表的一个例子。

表 6 - 1　应聘申请表

编号：　　　　　　　　　　　　　　　　　　　　　　填表日期：　　年　　月　　日

<table>
<tr><td>姓名</td><td></td><td>政治面貌</td><td></td><td>出生年月</td><td></td><td>民族</td><td></td></tr>
<tr><td>性别</td><td></td><td>身份证号码</td><td colspan="2"></td><td>籍贯</td><td colspan="2"></td></tr>
<tr><td>电话</td><td></td><td>手机</td><td colspan="2"></td><td>E-mail</td><td colspan="2"></td></tr>
<tr><td colspan="2">通信地址</td><td colspan="3"></td><td>邮政编码</td><td colspan="2"></td></tr>
<tr><td colspan="2">特长及爱好</td><td colspan="3"></td><td>有否驾照</td><td colspan="2"></td></tr>
<tr><td colspan="8">教育培训经历</td></tr>
<tr><td colspan="4">教育/培训机构</td><td colspan="2">时　间</td><td colspan="2">专业学历
/资格证书</td></tr>
<tr><td colspan="4"></td><td colspan="2"></td><td colspan="2"></td></tr>
<tr><td colspan="4"></td><td colspan="2"></td><td colspan="2"></td></tr>
<tr><td colspan="4"></td><td colspan="2"></td><td colspan="2"></td></tr>
<tr><td colspan="8">工　作　经　历</td></tr>
<tr><td colspan="2">公司名称</td><td>时间</td><td>职务</td><td colspan="2">主要职责</td><td colspan="2">起薪/终薪</td></tr>
<tr><td colspan="2"></td><td></td><td></td><td colspan="2">1.
2.</td><td colspan="2"></td></tr>
<tr><td colspan="2"></td><td></td><td></td><td colspan="2">1.
2.</td><td colspan="2"></td></tr>
<tr><td rowspan="3" colspan="2">家庭主要成员
和社会关系</td><td>关系</td><td>姓名</td><td>年龄</td><td>工作单位</td><td colspan="2">职务</td></tr>
<tr><td></td><td></td><td></td><td></td><td colspan="2"></td></tr>
<tr><td></td><td></td><td></td><td></td><td colspan="2"></td></tr>
<tr><td colspan="2">应聘岗位(职务)</td><td colspan="6"></td></tr>
<tr><td colspan="2">希望薪水</td><td colspan="2"></td><td>其他愿望
和要求</td><td colspan="3"></td></tr>
<tr><td colspan="4">若所应聘岗位已满,还愿应聘何职</td><td colspan="4"></td></tr>
<tr><td colspan="8">自我评价：</td></tr>
<tr><td colspan="8">本人承诺：
我保证上述内容均属事实,并欢迎就上述内容进行调查、核实。为应聘该职位,我愿意接受笔试、面试和身体检查。
申请人签名　　　　　　　　　　　　　　　　　　申请日期</td></tr>
</table>

三、简历与申请表的甄选方法

如何从一大堆简历和申请表中挑选出面试的应聘者？这是招聘人员发布招聘信息后要做的第一件事。虽然大多数人力资源管理者已有了相当多的简历分析经验，但仍不可避免地会犯一些错误，以至将真正合适的应聘者从一开始就拒之门外。

现在应聘者对简历的包装都已非常熟悉，因而在格式上很少再出现以往那种不知所云、极不专业的简历，但有不少的应聘简历为了迎合招聘方的需要增加一些虚假的内容，或是夸大事实，这就需要对简历做出准确的判断。对一些重点的问题，在接下来的面试及其他甄选中进行确认，并使其他甄选实施更有针对性。

应聘者简历和申请表的人工甄选可从以下方面进行。

（一）结合招聘岗位要求查看应聘者的基本条件

主要包括个人信息、受教育程度、工作经历、工作岗位和工作内容、个人成绩五个方面。

1. 个人信息

根据岗位的要求对应聘者的工作年限、学历、相关工作经验等信息进行判断。同时，根据职业生涯的规律，判断个人的就职动机。通常在 25 岁以前的职业初期，个人求职是为了增加职业经历；26～30 岁之间，会比较注重个人职业定位与发展；31～40 岁，属于经验比较丰富的时期，这个阶段个人比较注重工作的薪资福利和更好的职业发展机会；到了 40 岁以上，应聘者会比较注重工作的稳定性。

2. 受教育程度

在查看应聘者教育背景时，要特别注意应聘者是否用了一些含糊的字眼，比如没有注明大学教育的起止时间和类别等、没有注明学位的情况、没有说明是全日制教育还是业余教育等。查看应聘者培训经历时要重点关注是否是专业度较高的培训、组织培训机构的专业性和权威性、专业与培训的内容是否相吻合等。

3. 工作经历

这部分是查看的重点，也是评价应聘者是否符合工作要求的最重要的判断，应从以下方面做出分析与甄选：

(1) 工作的期限。主要查看应聘者总工作时间的长短、跳槽或转岗频率、每项工作的具体时间长短、工作时间衔接等。

(2) 是否有频繁跳槽或转岗的现象。可根据这方面的信息分析其任职的稳定性，如果能够判定不适合职位要求的，直接甄选掉。

(3) 查看应聘者工作时间的衔接情况。如果应聘者存在非常频繁地变换工作的情况,那么他们每次工作变换的原因是需要分析的。当然,频繁的变换工作也并非绝对存在问题,关键是为什么变换工作。通常来说,频繁更换工作的应聘者工作稳定性较差。

4. 工作岗位和工作内容

查看这部分描述的工作内容和目标岗位要求的工作内容是否符合。

(1) 主要查看应聘者经历的工作岗位和内容是否与招聘岗位的工作相关,如相去甚远则需要认真考虑。例如,从事若干年财务工作的人员申请销售职位,则需要判定其动机和是否有销售的潜能。

(2) 结合工作时间,查看应聘者在专业上的深度和广度。如应聘者短期内工作内容涉及较深,则要考虑简历虚假成分的存在。在安排面试时应提醒面试考官作为重点来考察,特别是细节方面的了解。查看应聘者曾经工作的组织的大致背景,特别是对中高层管理岗位和特殊岗位,通过面试过程进行审核,确认其曾经的职位与管理权限,这样就能获得关于应聘者更完整的信息,发现其中的亮点和疑点。对于亮点和疑点,都不是最终判断,还必须通过进一步的甄选进行确认。

(3) 结合以上内容,分析应聘者所述工作经历是否属实、有无虚假信息,分析应聘者年龄与工作经历的比例,例如,一名 28 岁的应聘者,曾做过教师、行政人员、财务人员、公司的总经理,现来应聘工厂厂长,显然这样的经历是不太可信的。如果能够断定不符合实际情况的,直接甄选掉。

5. 个人成绩

主要查看应聘者所述个人成绩是否适度,是否与岗位要求相符(仅作为参考,不作为简历甄选的主要标准)。

(二) 查看主观内容

这部分的信息包括应聘者对自己的评价性与描述性内容,如自我评价、个人描述等。主要查看应聘者自我评价或描述是否适度,是否属实,并找出这些描述与工作经历描述中相矛盾或不符合、不相称的地方。如果能够判定应聘者所述主观内容不属实且有较多矛盾之处,可直接甄选掉。

(三) 全面审查简历中的逻辑性

主要是审查应聘者工作经历和个人成绩方面,要特别注意描述是否有条理、是否具有逻辑性、工作时间是否有连贯性、是否有矛盾的地方,并找出相关问题。例如一份简历在描述自己的工作经历时,罗列了一些 500 强公司的高级职位,但其所应聘的却是一个普通职位,这就需引起注意,如能断定简历中存在虚假成分可以直接淘汰掉。或者可判定应聘者简历完全不符合逻辑的，也可直接淘汰掉。

（四）简历的整体印象

主要查看应聘者简历书写格式是否规范、整洁、美观，有无错别字，以及通过阅读简历给招聘者留下的印象。

（五）查看应聘者薪资期望值

大多数情况下，薪资是工作最重要的目的之一，如果双方的薪资期望差别很大，则很难促成最终的录用。在申请表中可以要求应聘者注明薪资的要求，以了解个人的期望值是否和组织的薪资水平相吻合。

除了人工甄选的方法之外，随着网络招聘的广泛应用，越来越多的组织诸如微软、宝洁等公司开始利用计算机的方式进行甄选。通过在相关的招聘网站上要求应聘者填写申请表，与此同时，计算机根据组织的要求自动对填写的内容进行甄选，对不符合组织要求的申请表进行剔除，从而大大减少了甄选的工作量，提高了甄选的效率，但计算机甄选无法评价一些主观的信息，因此质量上要比人工甄选低，可以作为人工甄选的辅助手段。

四、电话甄选

在将收到的简历和申请表进行甄选之后，在面试之前，可以通过电话对应聘者进行访谈，即电话甄选。经过电话甄选，可以放弃那些不符合条件的应聘者，缩小候选范围，从而加速了甄选的过程，也节省了大量的时间。

1. 电话甄选的目的

当应聘者的简历或申请表基本符合面试条件但也有些含糊不清的地方时，需要通过电话沟通，了解一些真实的信息。

如某组织需要招聘电话销售人员，电话甄选便是通过电话交流，来判断应聘者的语言表达能力、应变能力等情况。

通常情况下，电话甄选是和其他甄选方法结合使用的。电话甄选是甄选中的一个环节，不能替代面试和专业测试。电话中只能从应聘者回答问题的声音、语态及说话的内容来对应聘者进行判断，而应聘者的表情、肢体语言等并不能反映出来，结合其他的方法使用会提高人才甄选的效度。

2. 在进行电话甄选时沟通的内容

(1) 通话开始，即确认应聘者姓名，并向对方进行自我介绍，说明来电的目的；

同时询问现在打电话是否合适或方便。

(2) 告知应聘者简历来源与应聘岗位。有些应聘者申请了多家组织的岗位,或申请已经过了一段时间,因此不太记得曾经申请的岗位是什么,此时应该向应聘者提醒和确认。

(3) 向应聘者简单介绍组织或岗位情况。需要注意的是,应该客观介绍招聘组织的背景和职业发展计划。

(4) 了解应聘者目前所在地及目前工作状况。确认具体的工作起始时间,目前工作的主要内容、主要技能、应聘者应聘原因及离职原因。

(5) 了解应聘者对应聘岗位的认识和对薪酬福利的期望值。

(6) 请应聘者提出其所关心的问题。

通过电话沟通情况,最终判定应聘者是否符合基本要求。如果符合的话,可以进入下一步的甄选程序。

第二节　背景调查

背景调查的目的是获得应聘者更全面的信息以及不被应聘者提供的虚假或夸张的信息所迷惑。背景调查是一个非常重要但又常常被招聘人员所忽略的问题。进行背景调查有几个关键环节要把握住:一是何时进行调查;二是调查内容的设计;三是调查如何操作。由于人才在市场上处于供大于求的状况,应聘者面临极大压力,被迫在应聘时对自己进行包装,简历越做越精美,工作经历越来越丰富,其实水分很大。那些学历低、工作经验不足的应聘者为迎合用人组织的需要,弄虚作假,致使假文凭、假职称证书到处泛滥。背景调查是拒假于门外的有力武器,放弃背景调查意味着组织失去了基本的免疫力。

一、背景调查的意义和作用

背景调查是组织获取应聘者真实信息的重要手段,越来越多的组织开始注重对应聘者的背景进行调查,有些组织甚至不惜花重金聘请专门的中介机构来进行。据估计,在美国查询背景资料的组织占93%以上,其中有80%的组织使用电话来查询,其余的组织则借助其他方式进行。

背景调查的意义和作用在于以下方面。

1. 核实个人简历中的信息

需要核实的信息包括教育背景和工作经历，要验证应聘者所提供的信息是否属实，这主要是针对应聘者在简历中故意提供虚假或模糊信息，有些信息在面试的过程中很难辨识。如果对应聘者提供的虚假信息信以为真，则可能会导致用人失误，会给组织造成大量的直接和间接的损失。

2. 核查应聘者有无过失或严重违纪的行为

应聘者的简历中不会暴露自己犯错误、违纪或是曾经被除名的经历，但如果录用这样的员工，对组织来说无疑是巨大的隐患，因此，通过调查可以了解应聘者在以往工作中有无违纪等道德风险事件，以降低录用风险。

3. 发现关于应聘者的简历以外的信息

通过应聘者以前工作过的组织可以了解到应聘者的人际关系、合作精神等信息，也可能了解到简历上未注明的某些个性和技能、工作习惯、品格等方面的信息。

4. 预测将来绩效的依据

应聘者以前的工作业绩是未来岗位上业绩预测最有效的参考。一个有效的甄选过程，可以了解应聘者的具体表现，预测其在新岗位上的表现，也可以了解到应聘者的潜能，从而能够为其制定职业发展规划，或是为其提供适当的培训与提高的机会，有利于组织对人才结构进行有效的调整，并在组织与个人的发展方面实现共赢。

二、背景调查的类型

背景调查和参考资料查询有很多形式。一般来讲，几乎所有的组织都会查询应聘者目前的职位与薪资待遇，通常以电话方式向应聘者以前的任职组织查询。有些组织会向应聘者以前的主管查询应聘者的激励状态、技术能力以及团队合作能力等方面的情况，有些组织还会向专业咨询公司了解应聘者的债务信用资料，还有些组织会要求应聘者附上推荐信。用这些方式来查证应聘者以前的工作岗位、薪资待遇、任用时间以及学历背景是相当有效而直接的方法。背景调查可以分为以下几种类型。

（一）以调查的对象和内容进行分类

(1) 证明人核实。从应聘者前任工作的直接领导和同事那里获得相关信息，尤其是直接领导提供的材料有很大的参考价值。

(2) 证照核实。从学校、认证机构核实应聘者提供的学位、证书、执照之类的证明材料的真伪，必要的话，到公安机关对其是否有犯罪前科、信用记录等进行调查。

(3) 培训核实。确定是否对其进行相关培训,这样做可以了解到应聘者是否真的接受过相关的职业培训,从而判断其职业技能和能力,为提高工作效率奠定基础。

(二) 以背景调查的方式进行分类

(1) 组织自己进行调查。人力资源部的人员可以根据应聘者提供的以前的工作信息或推荐人的信息,直接致电对方组织人力资源管理部门和相关人员,请其提供一些信息,以核实有关资料的真实性。通常来说,对于初级和中级职位,组织自行调查就可以达到目的。

(2) 委托专业机构调查。选择中介机构时,一定要对各机构的服务、经验、收费、时间等进行比较。通常,对高级管理岗位和关键岗位,由于这些岗位对组织的运作影响很大,会请外部机构进行调查。如果应聘者是来自猎头公司推荐,则猎头公司应负责对应聘者的背景进行调查。

三、背景调查的内容

背景调查应根据工作岗位分析、申请表分析和个人简历分析的有关内容,来制作背景调查表。通常调查的内容如下:

(1) 教育和专业培训背景。组织应检查应聘者所提交的正式教育的期限和类型,有时可以向其导师核对背景信息。美国公司强调大学教育,并花费很大力气发展同高校的联系;日本公司强调同高校的长期关系,这些高校为学生而展开竞争,并为向与学校有联系的公司推荐学生做好准备。

(2) 职业资格和认证的信息。为了提升各个行业的运营标准和专业度,很多职业和岗位都有专门机构组织的职业资格考试和认证。如财务方面有注册会计师的考试,通过这项考试,则证明应聘者有过硬的专业能力。还有些考试,如人才中介师的考试,只有通过考试的人员才能取得执业证书从事相关的工作。正因为这些考试或认证有权威性,有一些急功近利的人会伪造虚假的职业证书或提供虚假信息以获取职位,因此,对于这些资格和认证应该进行确认,以免录用了滥竽充数的人。

(3) 工作职位、经验和成就。详细核实应聘者的工作起止时间、所在部门、职位、职责、上下级关系。尽管申请表或简历可以列出各种职位等级、参加各种活动及其奖励的一系列名称,但要把这些与特定的职业要求联系起来是很难的。有些应聘者在申请表或简历中表述的工作职责很丰富,在面试中也夸夸其谈,很难判断其真实的能力,因此可从其前任公司那里获取具体的业绩数据和相关信息,来判断其能力。

四、背景调查的实施

（一）选对背景调查的时机

对于背景调查的时机有两种不同的观点。一种观点认为应在完成申请表或个人简历分析后、面试等其他甄选开始之前进行。这样，可以避免不适合的应聘者进入后续的甄选过程。另一种观点认为背景调查最好安排在面试结束后与上岗前的间隙中进行，此时大部分不合格人选已经被淘汰，对淘汰人员自然没有实行调查的意义。剩下的佼佼者数量已经很少，进行背景调查的工作量相对少一些，并且根据几次面试的结果，对应聘者的资料已经熟悉，此时调查，在调查项目设计时更有针对性。根据调查结果，决定是否安排上岗，以免在上岗后再调查出问题，令公司和人力资源部进退两难。

一般而言，对于重要的且应聘人数较少的岗位，可以考虑采取第一种观点，因为这类重要岗位对应聘者的要求较高，因此需要通过较为复杂的甄选过程，其甄选的单位成本较高，先将不合适的人员淘汰掉，可以降低后期的招聘成本，是一种很好的初步甄选方法。而对于人数多、岗位要求相对不高的情况，可采用第二种观点，避免前期背景调查的成本过高，周期过长。具体而言，选择什么时机进行背景调查，是基于成本核算的基础之上的。

（二）背景调查的实施方和调查目标部门

背景调查大多数情况下由人力资源部门来进行，对于一些高级职位或很难获取信息的职位可以委托中介机构进行，但要注意，要选择一家具有良好声誉的中介机构，明确地提出需要调查的项目和时限要求。

根据调查内容把目标部门分为四类，分头进行调查。

1. 学校学籍管理部门

在应聘者毕业的院校查阅应聘者的教育情况，核实应聘者的教育经历是否属实、应聘者受教育的形式(如是全日制还是夜大学教育)、在学校的成绩和表现，这些信息用以核实学历的真实性，有效地防止假文凭、假证书兴风作浪。组织可以通过全国高等教育文凭查询网，对应聘者的学历进行检验。我国已经对近年来颁发的高等教育毕业文凭进行了电子注册，用人组织可以通过网络方便地检验出学历的真伪。对没有上网的文凭，可以通过与高校有关部门联系来证实。

2. 应聘者历任雇用公司

从应聘者以前就职的组织那里可以了解到应聘者的任期、职位、工作部门、工作业绩、表现和能力等信息，用以帮助确定应聘者工作经验的真实性。但需要注意的是，在做这部分调查的时候，应该从前任公司的人力资源管理部门和应聘者的前任上司那里了解情况，而不是一般同事和非直接的上级。同时，对于评价的客观性需要加以鉴别，有的上司为防止优秀员工被挖走，而故意低调评价手下干将，以打消竞争对手的挖人意图，有的直接领导对应聘者有些个人看法，因而故意给出较低的评价。因此，在收集这方面信息的时候应该确保公平性和客观性。

3. 应聘者的熟人

由有关人员写推荐信，从应聘材料中所提供的与应聘者熟悉的那些人那里获取信息。但研究表明，这种方法所得出的结果对应聘者未来工作业绩的预测效果不佳，原因是大多数推荐或证明材料为应聘者所提供的证明材料是积极的，因而很难利用它们对应聘者进行区分。写推荐信的人通常都是应聘者自己选定的，这就不排除他们选择自己熟悉或对自己评价较高的人来写推荐信。

4. 档案管理部门

一般而言，从原始档案里可以得到比较系统、原始的资料。目前，档案的保管部门是国有单位的人事部门和人才交流中心，按照规定，他们对档案的传递有一套严格的保密手续，因此，档案的真实性比较可靠，而员工手中自带的档案参考价值就大打折扣。但目前人才中心保管的档案存在资料更新不及时的普遍缺陷，员工在流动期间的资料往往得不到补充，完整性较差。相比较而言，国有单位人事部门对自己员工的资料补充较好，每年的考评结果都会入档。

5. 应聘者所接触的客户或合作机构

应聘者以前的客户和合作机构与应聘者在工作上有很多实质上的往来，尤其是重要的客户，在和应聘者的长期接触过程中，对应聘者的工作能力和业绩都有所了解，因此，他们是收集应聘者信息的一个很好的渠道。从另一个角度来说，外部人员的评价信息对个人信息的全面性有很好的补充。

五、进行背景调查应注意的问题

在进行背景调查的时候，要提前收集信息，准备好调查表，同时，应该注意以下一些问题。

1. 事先通知应聘者

在进行背景调查前，应先告知应聘者，并要求其提供相关的必要信息，如前公司的电话，前直接主管的职位和联系方式等。这项内容可以设计在应聘申请表中，要应聘者填写工作申请表时连同工作经历等信息一起填写。

2. 根据不同职位使用适合的背景调查方法

背景调查的精度取决于招聘岗位本身的职责水平，责任较大的岗位要求进行准确、详细的调查，如对于管理人员、重要的职能及关键岗位，甚至可以启用中介公司进行深入的调查。如果是一般职位的员工，只需要根据提供的联系方式，致电前任公司进行调查。此外，对于外籍和出国留学或者由海外归国工作的应聘者也应该进行调查。对回国的人员，可以通过国家教育部对其海外的学历进行认证；可以根据我国驻国外领事馆的证明信判断其在国外居留的时间和目的；还可以用 E-mail 的形式，和他们在国外的公司联系，或通过核查推荐信的形式对其工作经历予以核实和确认。需要注意的是，背景调查主要是对于应聘者工作情况相关方面的调查，而无关的特别是涉及个人隐私的问题，要坚决避免，同时，还要做好书面形式的记录，以作为是否录用该应聘者的依据。

3. 背景调查内容应以简明、实用为原则

内容简明是为了控制背景调查的工作量，降低调查成本，缩短调查时间，以免延误上岗时间而使用人部门人力吃紧，影响业务开展。同时，一些优秀人才往往几家组织互相争夺，长时间的调查会给竞争对手制造机会。实用指调查的项目必须与工作岗位需求高度相关，避免查非所用，用者未查。

4. 遇到不一致的信息，不要轻易下结论

在调查过程中，要注意分辨通过背景调查得到的关于应聘者的各种情况，这些情况既有客观情况，也有诸如关于应聘者的性格等主观性较强的内容。由于有些调查结果的主观程度较强，在决定是否录用时，要谨慎使用这些调查结果。背景调查最后应与应聘者其他甄选结果结合使用，因为背景调查并不是万能的，错误和失真有时难以避免，但如果将背景调查同其他甄别手段相结合，进行多维验证，就会大大提高选择的准确性。对背景调查的信息应综合分析再下定论，尽量使所下结论的依据更充分，不宜草率作论断。例如，某位领导对下属有成见，或是工作过程中有矛盾，在回应调查问题的时候，给出的评价信息可能会带有很多个人的偏见，因此，对信息要有辨别力，不可不信，但又不可盲目相信。

第三节　知识测验

一、知识与知识测验

知识是指人们在生活、工作、学习等各种实践活动中所获得的对客观事物的认识与经验的综合，一般包括理论知识与经验知识。理论知识是对前人经验与认识的总结和概括，是通过学习获得的；经验知识是人们亲身实践的认识体会，是在生活实践过程中形成的。

知识测验，是指通过纸笔测验的形式，对应聘者的知识广度、深度和知识结构进行测评的一种方法。考试录用人才的做法是由我国古代先人首创的，我国古代创立并发展的成熟的科举制度，就是一个选才面广、方法完备、制度严格、标准统一的严密体系，科举制以其竞争性、广泛性、公平性为历代王朝统治者选拔优秀人才发挥了重要的作用。此后考试录用方法被广为流传。通过考试录用人才虽然也有其自身缺陷，但总体来说，还是目前最为公正合理、行之有效的甄选人才的方法之一。

知识测验作为一种重要的甄选方法，可以有效地测试应聘者在基础知识、专业知识、管理知识、相关知识以及综合分析、文字表达等方面的能力。

知识测验最明显的特点，就是以书面试卷的形式对应聘者提问，要求应聘者书面作答，而不是采用口头表述的方法。

1. 知识测验的优缺点

知识测验的方法具有许多优点，主要体现在以下几个方面：

(1) 可以大规模进行，也可以同时对大批应聘者进行测试，这样成本相对较低，费时少、效率高；

(2) 试题编制可经过深思熟虑，反复推敲，多方咨询，具有较高的信度和效度，科学性强；

(3) 试卷评判比较客观，体现出公平、准确的特点，成为测评人才素质的一个重要依据；

(4) 应聘者的心理压力较小，较易发挥正常水平；

(5) 知识测验能涵盖较多的考点，可以对应聘者的知识、能力进行多方面的测试；

(6) 知识测验的试题和结果可以作为一种档案材料长期保存，以备以后参考查询。

同时，知识测验的方法也存在局限性，主要表现在：

(1) 知识测验无法考查应聘者的思想品德修养、工作态度、口头表达能力、灵活应变能力、组织管理能力、操作能力等；

(2) 可能出现“高分低能”现象，使组织得不到真正需要的有能力的人才；

(3) 应聘者可能由于猜题、欺骗、舞弊而获得高分；

(4) 对应聘者表达不清的问题不能进行直接询问，以了解其真实水平。

2. 知识测验的种类

知识测验一般分为选拔性知识测验和资格性知识测验两种。选拔性知识测验是"常模参照性"考试,其功能是区分、选拔,如高考等,目的是从应试者中选拔优秀者;资格性知识测验则是水平考试,是"目标参照性"考试,其功能是评定、鉴别,如会计师考试、自学考试等,目的是评估应试者的水平是否达到某一规定标准。

二、岗位知识测验

招聘中的知识测验是衡量应聘者对所应聘职位的职责所要求具备的知识的掌握程度,重点是岗位知识测验,因此,考试的内容必须与岗位要求有关系,一般包括三个方面。

1. 基础知识

基础知识是根据岗位需要所应具备的一定的文化程度,掌握岗位要求必备的自然科学和社会科学知识。主要了解应聘者对基本常识、相关知识的了解程度或知识面的宽度。例如,公务员考试,通常包括人际沟通协调技巧、办公自动化、法律知识、行政管理、宏观经济、公文写作、时间管理知识等;外交人员的招聘考试,可能涉及对当前国内、国际重大事件的看法,当地的文化、民俗等内容;公共关系人员的招聘考试,可能涉及心理学、公关礼仪、人文知识等。此外,招聘组织的基本情况也越来越多地出现在知识测验的内容中,用以了解应聘者对组织的了解和认同情况。

2. 专业知识

专业知识指的是具备履行行政岗位职责或从事专业技术工作所需要的相应专业学科的理论知识。专业知识必须是以软科学为主的知识。传统的能够精确定量又有严格因果关系的学科称为硬科学,如工程技术、数学、物理、化学;而软科学则是不能精确定量又没有严格因果关系的、不能用传统的数学方法和逻辑方法来处理的科学,如管理科学、心理科学、领导科学、社会科学等。领导的非程序化决策正是需要这些科学。例如,招聘营销经理,专业知识测验内容可包括市场营销、会计、广告、公关策划、消费心理学等。

3. 外语考试

外语考试的目的是要了解应聘者对某一门外语的掌握程度。随着我国对外交流的增多,近几年实施外语考试的组织逐渐增多,不仅是外企,即便是一些政府部门和国营、民营企业,为了拓展业务或是学习国外的先进技术、管理经验等,也经常派人出国参观、考察、实习。因此,组织对应聘者外语水平的要求也越来越高。外语考试的形式可以分成笔试和口试两类。人员招聘中的外语考试与学校里的外语考试相比,前者更注重实际应用,而后者较强调基础知识。所以,人员招聘中的外语考试范围相对较小、题型相对较少,但与应聘者将要从事的工作联系较为密切,甚至有可能考卷上要求翻译的段落语句或者要求回答的问题直接来自工作实践。

从形式上来讲，外语笔试大都类似于水平考试，考试项目一般包括选择、完形填空、阅读理解、翻译(英译中、中译英)、写作等。不同于一般水平考试的是，这类考试的考题中，内容的专业性较强，专业词汇较多。外语笔试中的中译英或写作十分重要，这类题目往往是用来测试应聘者的英文写作能力的，要求应聘者具备正确、熟练、快速的写作能力。

现在很多组织要求管理者真正成为“内行”的领导，必须具备“领导知识”。所谓“领导知识”，就是必须具备的知识素质，即“T”形知识结构，也就是一般所说的通才型知识结构。“T”形是用字母“T”来形容，上面一横是指知识的广博性，下面一竖是指管理者应有的以软科学为主的专业知识。

人的知识结构有专才和通才之分。所谓专才就是掌握一两门专业的知识和技能的专门人才；通才指的是掌握邻近学科知识、哲学、自然科学、社会科学的一般知识，特别是现代科学技术的一般知识。通才型知识结构的特点是既有精、深的专业知识，又有宽广的知识面，基础扎实。领导人的知识结构原则上必须是通才，而不能是专才，否则就不宜担任领导。

三、知识测验试题的编制

试题的编制是整个知识测验的核心环节，试题的质量关系到是否能准确地测评出应聘者对知识掌握的情况。

(一) 编写知识测验试题的要求

知识测验试题不仅用来考查应聘者的知识和能力，同时还是组织形象和业务水平的体现，因此，在编写试题时一定要认真、仔细，同时还要求编题人员掌握一定的编题技巧。针对不同岗位要求，编制的试题也不尽相同。总体来说，要符合下列基本要求：

(1) 试题的知识点架构合理。要尽可能涵盖到每个知识模块，考点多且分布合理，考查的内容能很好地反映岗位所需的知识、能力，考试的广度、难度、深度要符合实际工作的要求。

(2) 试题语言应当规范，没有歧义，容易理解，同时，避免使用过于独特的专业词汇和缩写字母，造成应聘者难以解答。

(3) 试题要保持独立，尽量避免试题之间的提示。出题用语客观、独立，使用中性陈述，不带有提示成分。同时避免考点的重复，或是上题的题目答案在后面其他类型的题目中出现的现象，这样等于给应聘者送分，失去了考查的意义。

(4) 试题要难度适宜,同时避免出一些生僻的题目。考试的目的是选拔胜任工作的人,因此,题目的内容能够反映工作的真实要求即可。另外,还要注意题目难易搭配比例适当,这样,有利于区分应聘者的能力。

(5) 试题应当新颖,不落俗套,要综合考查应聘者的记忆、表述、应用、构思水平,问题的正确答案要明确有定论,但不能生搬硬套。试题形式要灵活多样,不出生题、怪题。

(6) 主观题目和客观题目结合。用人组织可以根据自己的实际情况合理地安排主观题和客观题的比例,既能考查知识点,又让应聘者有所发挥,综合考查个人的知识掌握情况。

(7) 合理安排题量。首先确定好考试的时间,题量不能过多,不然,有些题目比较重要,应聘者却没有时间完成,造成考试的结果不能客观反映个人的真实水平。

(二) 知识测验的题型

知识测验的题型有很多种类,为方便起见,本书从试题答案是否唯一的角度划分为客观题和主观题进行介绍。

1. 客观题

客观题的答案是唯一的、封闭的。试题就某一个知识点要求应聘者作出精准的回答,试卷或是给出了每道题的固定答案,或是让应聘者补充完整唯一的内容,回答有偏差就不能得分。客观性的试题有明确的参照答案,不需要批阅人主观的判断,而且,批阅起来也很方便,可以大大提高批阅的效率。现在很多大型的考试采用计算机批阅客观题的形式,节省了很多批阅时间。

客观题的优点在于:首先,题目的分值小,适宜大量出题,考点可覆盖的面广;其次,评分依据唯一的答案,评判更科学、客观;第三,方便采用电脑阅卷等现代化的批阅工具,大大提高了效率。

客观题也有它的缺点:首先,编写试卷的难度大,如编写单项选择题,每个题目需要找出三到四个干扰项,是比较有难度的;其次,不易于对人的综合分析、运用能力和文字表达能力进行测试;第三,有一定的漏洞,考生便于猜答案,降低了考试的信度;第四,考试的耗费比较大,组织一次考试需要有大量的人力、物力和时间。

常见的客观试题有填空题、选择题、判断题、改错题等。下面就选择题和填空题作简要介绍。

(1) 选择题。选择题由两部分构成:题干和选项。题干是问题的陈述部分,选项包括了正确答案和干扰信息。选择题分为单选题和多选题,选项一般为4～5个。相对来说,多选题的难度相对大一些。选择题的答案固定,批阅和统计都比较容易,因此被广泛使用。

(2) 填空题。填空题由未完成的陈述句构成，要求考生填写其中空出的关键词。填空题旨在考查应聘者对知识的认知和记忆，而不是理解和应用。需要注意的是，填空题的空词部分应该是知识核心词汇，没有异议，而且空白之处不能太多，以便于考生的理解。同时，答案必须是唯一的，便于最后使用统一的评分标准。

2. 主观题

主观题的答案往往是开放性、非唯一的，给应聘者很大的自由度，能够看出应聘者的综合能力和思维深度。题目的判断由批阅人结合答案参考要点和自己的主观经验给分，因此会受到批阅人的个人认识、判断力的影响。

主观题的优点是：试题的内容综合度高；具有一定的发散性，鼓励应聘者自由发挥，有利于考查知识的运用能力、深层次的认识思维能力；同时，主观试题命题量少，题干比较简单。

主观题也有它的缺点：首先，测试的内容范围有局限性，分数占的比重大，考生一道题目的得失对结果的影响偏大；其次，主观题没有统一的答案，容易受到批阅人主观的影响；最后，批阅主要靠人工处理，效率比较低，不能用现代化的评分手段替代。

常见的主观题有简答题、论述题、作文题等，以下仅就简答题和论述题作一简单介绍。

(1) 简答题。简答题是主观型题目，针对某一明确的知识点进行发问，简答题的答案也比较明确。简答题能够考查应聘者对知识点的理解，题目编制容易，不受猜测影响，也比较容易批阅。

(2) 论述题。论述题是非常典型的主观题目，题目要求应聘者对某一个现象或者问题进行深入的分析，并能够有说服力地说明自己的观点。论述题不要求有统一的答案，允许一定的灵活性，鼓励应聘者自由发挥。这种考试方式能够测评出应聘者组织材料的能力、综合分析能力和文字表达能力，有时还能测出创造力。但是由于没有非常统一的答案，因此评分的时候会受到一些主观因素的影响。

四、知识测验的实施

知识测验一般包括以下几个步骤。

1. 成立知识测验考务小组

知识测验过程中有大量的工作要进行准备，通过知识测验考务小组可以有效推进整个过程的实施，具体包括计划的制订、试题的编制、考务的组织等。

2. 制订知识测验的实施计划

为了使知识考试能有序进行，需要制订周密详细的实施计划。计划的具体内容主要包括：

(1) 知识测验的目的和科目确定；

(2) 知识测验的组织与安排，包括知识测验的负责机构或负责人、测验估计的规模大小、测验实施的时间和地点的安排、监考人员和阅卷人员的安排等；

(3) 知识测验的效果预测等；

(4) 组织测验的预算。

3. 组织人员编制知识测验试题与试测

根据要招聘职位的要求，确定要考查的指标，以此为基础确定试题的类型、内容、难易程度、题量和标准答案(或参考答案)等内容。有些岗位招聘的数量大、周期长、重复性多，则可考虑建立题库系统，通过题库的建立，避免经常进行题目的编制，同时通过诸如一定周期的试题更新来不断充实题库，完善知识测验的体系，也可为未来员工的培训提供素材。在试题编制完成之后，可以选择一部分相关人员进行试测，在此基础上对试题进行审核与修订，以确保试题的信度和效度。

4. 知识测验的实施

知识测验的实施包括考前通知、考场管理和考卷保管等内容。考前通知是根据考试计划的时间、地点通知应聘者和安排培训监考人员；考场管理是考试现场的布置、考务的组织、监考等工作；考卷保管是考试结束后的考卷回收和存放管理。

5. 知识测验阅卷评分

对回收的试卷，安排阅卷人员进行阅卷评分，安排工作人员审核分数，最终形成知识测验成绩报告。

6. 知识测验结果运用

对于知识测验的最终成绩，一般有两种用法：一种是按照分数从高到低的原则选取一定数量的人员进入下一轮的甄选，这是一种选拔性的方式，起到了择优的功能；另外一种是达到一定分数的人员进入下一轮的甄选，这个分数一般都在事先确定，以体现公平性，这种方式在一定程度上避免了唯分数论导致的高分低能的风险。

目前，有些组织已经建立了知识测验的在线考试系统，事先将测验的试题导入考试系统，安排应聘者在线测验。这种方式一方面提高了知识考试中客观题的批阅效率，另一方面非常方便进行各类测验信息的统计比较，对知识测验效率和效果的提高起到了积极的辅助作用。

第四节　心理测验

一、心理测验概述

1879 年，德国心理学家冯特建立了世界上第一个心理实验室，开始对个体行为差异进行研究。1883 年，英国生物学家高尔顿在其《人类才能及其发展》一书中首次提出“测验”和“心理测量”两个术语。1890 年，美国的卡特尔教授发表了《心理测验与测量》一书，首次提出了“心理测验”这一术语。1903 年，法国心理学家比奈在《智力的实验研究》一书中提出了广义的智力定义。从 20 世纪 60 年代起，心理测验已成为越来越多的组织评价员工的工具。

心理测验主要是通过对人的一组可观测的样本行为进行有系统的测量，来推断人的心理特征的测评方法。美国著名心理测量学家阿纳斯塔西(A. Anastasia)认为，“心理测验实质上是行为样本的客观的标准化的测量”。

1. 心理测验的特点

人的心理很复杂，很难像测量重量、高度等客观的物理现象那样，能够被量化地测量出来；也不像人的行为那样，可以被直接观察和分析。归纳起来，心理测验有如下特点：

(1) 心理测验的间接性。人的心理特质就像一个暗箱，无法直接观察和测量，心理测验只能测量人的外显行为，即通过测量个体对测验题目的反应，从而推论其心理特质。在此，心理测验有如下假设：人的心理活动与行为具有因果关系。由“果”推“因”，这是科学研究的基本方法之一。

(2) 心理测验的相对性。在对人的行为作比较时，没有一个绝对的零点，即没有绝对的标准，有的只是一个连续尺度上的行为序列。测量就是看每个人处在这个序列上的什么位置，由此给予定量和定性的评价，这都是以所在团体的大多数人的行为为标准，或以某种人为确定的标准为标准，相比较而言的。

(3) 心理测验的客观性。心理测验的客观性就是测验的标准化问题。首先，测验的题目、指导语、主试的言语和态度及测验实施时的物理环境等，均经过标准化，尤其是题目的确定，是在预测的基础上，通过对题目难度和区分度的统计分析最终确定的；其次，评分计分的方法经过了标准化，对反应的量化是客观的；最后，分数的转换和解释经过了标准化，对结果的推论是客观的。测验的标准是通过对总体的代表性样本的测量结果确定的，测验的信度和效度也在一定程度上经过了实践的检验，依据这些资料所得出的推论，就比较可靠和客观。

2. 心理测验的优缺点

很多心理测验工具都是许多心理学家共同开发出来的，并经过大量的验证才付诸使用，在管理中应用很广泛。用于人员甄选的心理测验有以下优点：

(1) 快速高效。现在心理测验的量表是试卷形式或电脑答题形式。通常，一份问卷可以在十分钟到一个小时完成，结果报告也可以很快出来，可以在较短的时间内迅速了解一个人的心理素质、潜在能力等各种指标。

(2) 比较科学。成熟的测评量表都是经过多次验证的，有较高的信度和效度。而目前心理测验能比较科学地了解一个人的基本素质。

(3) 比较公平。员工招聘中往往会出现不公平竞争的倾向，但心理测验在一定程度上可以避免这种不公平性。因为通过心理测验，心理素质比较高的应聘者可以脱颖而出，而心理素质较低的应聘者即使落选也会感到服气。

(4) 具有可比较性。通常，测评结果可以量化，这种数字的量化分数可以很容易地作比较。而且用同一种心理测验的方法得出的结果有可比性，而其他的测验方法往往在不同的场合、不同的地点，有不同的结果，可比性较差。

虽然心理测验有上述优点，但也有一定的局限性：

(1) 不同的心理测验所依据的理论基础不尽相同，所测特质的定义、观点及概念系统也不同，因此，同样性质的测验测量的可能是不完全相同的心理特质。

(2) 心理测验是对人的心理特质的间接测量与取样推论，不可能完全准确。

(3) 作为指导测验编制的“测量理论”有一些比较脆弱的假设。

(4) 测验过程中一些无关因素的干扰很难完全排除，会影响测验结果的稳定性和准确性。

3. 心理测验对员工招聘的意义

(1) 提高组织人才甄选的效度。心理测验可以有效地避免主观性问题，可以相对全面、客观地反映应聘者的个性特征和心理素质，并且有一定的预测作用。

(2) 降低招聘成本，起到劣汰的作用。采用心理测验的方法可以提高对应聘者判断的准确性，并结合招聘要求把条件不适合的应聘者辨识出来，使其不再进入下一轮的甄选程序，为组织节省了成本。

(3) 提高招聘效率，实现批量测评。对于某个招聘岗位，经常会收到大量的应聘简历，虽然初步甄选能够过滤掉一些不合适的应聘者，但有时候剩余的应聘者依然有很多。由于心理测验已经可以借助计算机等现代化的工具来实施，因此，可以安排大量的应聘者同时参加测试，有效节省了甄选的时间，加速了人才甄选的过程。

4. 招聘中的心理测验应用类型

心理测验的分类很多,对于不同的用途可以进行不同的选择,在员工招聘的甄选过程中,一般可以从四个角度分析应聘者与岗位的匹配性。

(1) 能力测验:考查应聘者基本或特殊的能力素质,如逻辑推理能力等,反映的是应聘者“擅长做什么”。

(2) 人格测验:考查应聘者的人格特质与职业的相关性,反映的是应聘者“适合做什么”。

(3) 兴趣测验:考查应聘者对职业的兴趣程度,反映的是应聘者“喜欢做什么”。

(4) 价值观及动机测验:考查应聘者职业发展中所重视的价值观以及驱动力,反映的是应聘者“为什么要做”。

二、能力测验

1. 能力概述

能力是指顺利完成某种活动所必须具备的一种心理特征,它是人们顺利完成某种活动的必要的心理条件。人的能力是在活动中形成和发展起来的,并在活动中得以表现。如公司经理的管理能力、组织能力、预测能力、交往能力是在长期的经营管理实践中形成的。同时,从事某种活动又必须有一定的能力作为条件和保证,如从事公关职业就必须要求从业者有较强的口头表达能力,从事编辑工作要有较强的文字能力等。

能力通常分为一般能力和特殊能力。一般能力主要包括注意力、观察力、记忆能力、思维能力、想象能力等;特殊能力在职业活动中,体现为数学能力、音乐能力、机械操作能力、绘画能力、飞行能力等。

2. 一般能力测验

一般能力测验,也是我们通常所说的智力测验,是完成各种活动都必须具备的某种能力。按照施测方式的不同,一般可分为个别智力测验和团体智力测验。

个别智力测验是指一个主试在同一时间内只能对一个被试进行施测的测验。这类测验比较著名的有:

(1)《比奈—西蒙量表》,1905 年由 A. 比奈和 T. 西蒙合作编制,这是世界上最早的一个智力量表;

(2)《斯坦福—比奈智力量表》,由于该量表的权威性,使它成为测量智力的标准;

(3) 韦克斯勒智力量表,包括两个韦克斯勒—贝尔韦量表、韦氏儿童智力量表及其修订本、韦氏成人智力量表及其修订本、韦氏幼儿智力量表,韦氏量表是目前影响最大、应用最广泛的智力测验之一。

团体智力测验是指众多被试可以同时受测的测验。比较著名的有:

(1) 陆军甲种和乙种测验;

(2) 多维度能力倾向测验,这是一个韦氏式的用于成人的团体智力测验,目前在美国应用较为广泛。

对于某些智力测验来说,既可个别施测,也可团体施测,如《瑞文标准推理测验》等。科学测验的产生源于智力测验,同时智力测验也是最早运用于人员的测评和甄选中的。

3. 特殊能力测验

特殊能力是在某些专业和职业活动中表现出来的能力,体现了经过适当训练或被置于适当环境下完成某种任务的可能性,是一个人能够获得新知识、新技能的一种潜能。目前的特殊能力测验主要包括诸如多重能力倾向测验、特殊能力倾向测验等。多重能力倾向测验包括差异能力倾向测验、一般能力成套倾向测验、职业能力倾向测验等,特殊能力倾向测验包括文书能力测验、机械能力测验、操作能力测验等。

在招聘的甄选过程中,重点关注的是职业能力倾向。比较典型的有一般职业能力测验和公务员录用考试中的行政能力倾向测验。一般职业能力测验包括言语能力、数学能力、空间推理能力、知觉能力、抽象推理能力、逻辑推理能力、机械推理能力等方面,具体如表 6-2 所示;行政职业能力测试包括四个相对独立的分测验,即数量关系、语言理解和表达、判断推理和资料分析,测试内容以文字、图形和数表三种形式出现,采用的是客观性试题模式。

表 6-2　一般职业能力测验能力指标说明及其适合的职业

指标名称	指标说明	适合职业
言语能力	理解言语的意义及与它关联的概念,并有效地掌握它的能力;对言语相互关系及文章和句子意义的理解能力;表达信息和自己想法的能力	编辑、记者、秘书、翻译、教师等
数学能力	在正确、快速进行计算的同时,能进行推理,解决应用问题的能力	自然科学研究者、会计、出纳、统计员、建筑师等
空间推理能力	对立体图形以及平面与立体图形之间关系的理解能力	工程、机械、建筑、绘画艺术、摄影艺术、美容等
知觉能力	对实物或图解之细微部分的正确知觉的能力,根据视觉进行比较辨别的能力,对图形的形状和阴影的细微差异、长宽的细小差异进行辨别的能力	生物学家、建筑师、制图员、测量员、画家等

续 表

指标名称	指 标 说 明	适 合 职 业
抽象推理能力	对事物变换所反映出的内在规律的敏感性和对事物的抽象、概括的逻辑分析能力	高级管理人员、科研人员、建筑设计师、工艺美术师等
逻辑推理能力	对信息的分析、判断能力,敏感性,思维的严密性、连贯性与敏锐度,概括和归纳过去经验以解决新问题的能力	管理者、自然科学研究者、法律工作者等
机械推理能力	考查人们对一般自然常识、物理现象的认识水平,以及人们对基本的物理规律和机械规则的敏感性和掌握程度	理工、机械等专业人员

三、人格测验

(一)人格的含义

人格也称为个性,是指人在心理、行为方面所表现出的不同于其他人的特点,也就是个体在其生理素质基础上,在长期生活实践中形成的具有一定意识倾向性的稳定的心理特征的总和。一般而言,人格包括态度、兴趣、动机和性格测验等内容。我们通常说的性格一词不是一个心理学的概念,而是一个更为大众化的词汇,在日常的语言中,我们经常听人们说一个人的性格怎样,基本上指的是一个人的性情、脾气、禀性等。与人格有关的另一个概念是气质。气质通俗的含义是指人整体表现出来的心理特征。在心理学中,气质则是指与人的先天神经特点有关的心理特征,是指人的神经反应速度、强弱、平衡性、灵活性等高级神经活动的特征。

(二)人格测验的方法

1. 自陈量表法

自陈量表法多以自我报告的形式出现,所以又称问卷法,即对拟测量的个性特征编制若干测试题(陈述句),被试者逐项给出书面答案,依据其答案来衡量评价某项个性特征。

自陈量表法不仅可以测量外显行为(如态度倾向、职业兴趣、同情心等),也可以测量自我对环境的感受(如欲望的压抑、内心冲突、工作动机等)。自陈量表法是心理测验最常用的方法,它具有以下特点:

(1) 测试工具一般是调查表,题目编制的数量多,大都包含多个分测量表,以同时测量多维度的个性特征;

(2) 易受测试对象和测试形式的影响,通常采用一定的措施来控制这种影响;

(3) 传统采用纸笔的形式,随着现代计算机和网络技术的发展,逐步采用人机对话的在线形式;

(4) 可以测试个体亦可测试团体。

自陈量表法的优点在于:

(1) 可操作性强;

(2) 采用标准化测试的形式;

(3) 简单易行,解释比较容易,可进行自我诊断;

(4) 客观、全面,应用非常广泛。

不足之处在于:

(1) 稳定性差,由于个人的行为随时间而有所改变,所以人格测验所测量的行为比能力测验的稳定性差;

(2) 被测试者容易弄虚作假,测试中的有些问题意图明显,稍有头脑的求职者往往可以不费吹灰之力就能使别人相信自己非常适合于干某项工作;

(3) 问卷调查表中的有些问题容易被钻空子,对一些涉及社会价值和社会道德的问题时,应聘者往往偏向选择社会所期望的答案,或有把自己表现得更好的倾向;

(4) 不同文化背景会影响回答问题时的倾向,例如中国人受到中庸之道的影响,在选择中倾向于折中的答案。

2. 投射测验

投射测验也称投射技术(projective techniques)。"投射技术"一词最早由Frank提出,其基本假设是:个体不是被动地接受外界的刺激,而是主动地、有选择地给外界刺激赋予某种意义,然后,表现出适当的反应,人们可以从这些反应中推论他的人格。投射测验与其他人格测验相比,通常有以下一些特征:一是呈现给被试者的是一个模糊而相对无结构的刺激情景,这使被试者有机会表达其内心的需求和许多特殊的知觉,以及对该情景所做的各种解释,而许多潜意识的东西在问卷式的人格测验中常常不能显露出来;二是投射测验的目的对被试者来说是蒙蔽的,即被试者不知测验的目的,因此,被试者不易伪装;三是被试者可以用各种方式来自由回答问题,而不像问卷方法那样要求特定的回答方式;四是投射测验注重人格的整体分析,而一般的人格测验往往只能测量某些人格特征。

投射测验的主要方法有以下几种：

(1) 联想技术。为被试者呈现一些刺激，请被试者报告对这些刺激的反应，根据被试者的反应做出分析。常用的联想技术有各种墨渍投射测验、各种字词的联想测验等。

(2) 构成技术。指的是被试者需要根据一个或一组图形或文字材料讲述一个完整的故事。这种测验主要测量被试者组织信息的能力，从测验的结果分析被试者的深层心理。比较著名的有罗夏墨迹测验、主题统觉测验、麦克莱兰的成就测验；其他的还有测量人们信念、宗教信仰，价值观等的测验，这种技术主要侧重于对被试者产出的分析。

(3) 词句完成法。把一些没有完成的句子呈现给被试者，请被试者根据自己的想法把句子完成，例如，“我觉得我们的企业……”，被试者可以做出各种反应。这种方法比上述的两种都简单，但却很能说明问题。

(4) 排序技术。请被试者把一组目标、愿望、需要等按某种标准加以排序的方法。许多价值观、成就动机、态度的测量都用这种技术。

(5) 表现技术。这是一种侧重过程性分析的技术，不大注意被试者的产出。要求被试者参加一些活动，通过这些活动可表现出他们的需要、愿望、情绪或动机，他们处理事物、人际交往方式无不带有个人的独特特征。这些活动设计要求符合实际生活的场景，如做游戏，演一出戏、角色扮演、画一幅画等都可以。

(6) 个案分析技术。这是一种综合性技术，既有表现的成分又有投射的成分。个案设计应贴近实际，请被试者根据文中提供的线索做出自己的判断和评价，被试者在操作时要付出一定的努力，充分发挥想象力，所以这种方法能引起被试者的很大兴趣。

3. 仪器人格测评

仪器人格测评是指通过科学的仪器对被试者的人格进行测试，以了解被试者心理的一种科学测评方法。随着科学技术的不断发展，测量心理活动的仪器越来越多，诸如多功能心理测试仪、眼动仪等，这些仪器在测量人的兴趣、动机等方面提供了具有丰富价值的参考。

（三）比较知名的人格测验量表工具及其应用

人格测验量表非常多，各类组织在招聘中使用的比较多的有卡特尔 16PF、MBTI、DISC、九型人格、霍兰德职业兴趣量表等。下面简要介绍其中的几种。

1. 卡特尔人格因素测验(16PF)

卡特尔 16PF 是 16 种人格因素问卷的简称，它是美国伊利诺伊州立大学人格及能力测验研究所卡特尔教授编制的。它是基于人格特质理论编制的一种测验，共包括 187 道试题，测量 16 种人格特质，见表 6－3。

表 6－3　16PF 的各因素及高分者和低分者特征

因素	特质名称	低分者特征	高分者特征
A	乐群性	缄默、孤独、冷漠	外向、热情、乐群
B	聪慧性	思维迟钝、学识浅薄、抽象思考能力弱	富有才识、善于抽象思考、学习能力强、思维敏捷
C	稳定性	情绪易激动、易生烦恼、心神动摇不定、易受环境支配	情绪稳定而成熟、能面对现实
E	恃强性	谦逊、顺从、通融、恭顺	好强固执、独立积极
F	兴奋性	严肃、审慎、冷静、寡言	轻松兴奋、随遇而安
G	有恒性	苟且敷衍、缺乏奉公守法的精神	有恒负责、做事尽职
H	敢为性	畏怯退缩、缺乏自信心	冒险敢为、少有顾忌
I	敏感性	理智、注重现实	敏感、感情用事
L	怀疑性	依赖随和、易与人相处	怀疑、刚愎、固执己见
M	幻想性	现实、合乎成规、力求妥善合理	爱幻想、狂放不羁
N	世故性	坦白、直率、天真	精明能干、世故
O	忧虑性	安详、沉着、有自信心	忧虑抑郁、烦恼自扰
Q1	实验性	保守、尊重传统观念与行为标准	自由、批评激进、不拘泥于现实
Q2	独立性	依赖、随群附众	自立自强、当机立断
Q3	自律性	矛盾冲突、不顾大体	知己知彼、自律严谨
Q4	紧张性	心平气和、闲散宁静	紧张困扰、激动挣扎

16PF 不仅确定了 16 种人格特质，还推论出以下一些次元人格结构。

(1) 适应与焦虑型 X1。低分特征：生活适应顺利，通常感到心满意足，能做到所期望的及自认为重要的事情；也可能对困难的工作缺乏毅力，有遇事知难而退、不肯奋斗努力的倾向。高分特征：对生活上所要求的和自己意欲达成的事情常感到不满意，可能会使工作受到破坏和影响身体健康。

(2) 内向与外向型 X2。低分特征：内倾，趋于胆小，自足，在与别人接触中采取克制态度，有利于从事精细工作。高分特征：外倾，开朗，善于交际，不受拘束，有利于从事贸易工作。

(3) 感情用事与安详机警型 X3。低分特征：情感丰富而感到困扰不安，可能是缺乏信心、颓丧的类型，对生活中的细节较为含蓄敏感，性格温和，讲究生活艺术，采取行动前再三思考，顾虑太多。高分特征：富有事业心，果断，刚毅，有进取精神，精力充沛，行动迅速，但常忽视生活上的细节，只对明显的事物注意，有时会考虑不周，不计后果，贸然行事。

(4) 怯懦与果断型 X4。低分特征：怯懦，顺从，依赖别人，纯洁，个性被动，受人驱使而不能独立，为获取别人的欢心会事事迁就。高分特征：果断，独立，露锋芒，有气魄，有攻击性的倾向，通常会主动地寻找可以施展这种行为的环境或机会，以充分表现自己的独创能力，并从中获得利益。

此外，还可以用一些特殊的公式计算出如下几种综合性的个性因素。

(1) 心理健康者的人格因素。高分特征：心理健康。低分特征：内心冲突强烈。计算公式：C＋F＋(11－O)＋(11－Q4)。该因素分数的平均值为 22 分，低于 12 分者情绪很不稳定，只占人数分布的 10%。

(2) 从事专业有成就者的人格因素。高分特征：有较高的取得专业成就的可能。低分特征：不具有高成就者的人格特质。计算公式：2Q3＋2G＋2C＋E＋N＋Q2＋Q1。该因素分数的平均值为 55 分，67 分以上者一般会有所成就。

(3) 创造力强者的人格因素。高分特征：具有创造力强者的人格特征。低分特征：不具有创造力强者的人格特征。计算公式：(11－A)×2＋2B＋E＋(11－F)×2＋H＋2I＋M＋(11－N)＋Q1＋2Q2。该因素分数可由表 6-4 转换成标准分，一般来说标准分越高，创造力越强。

表 6-4 创造性因素标准分转化表

因素分数	15—62	63—67	68—72	73—77	78—82	83—87	88—92	93—97	98—102	103—150
标准分	1	2	3	4	5	6	7	8	9	10

(4) 新环境中有成长能力者的人格因素。高分特征：新环境中成长力强的可能性较大。低分特征：新环境中成长力不强的可能性较大。计算公式：B＋G＋Q3＋(11－F)。该因素分数的平均值为 22 分，17 分以下者一般不太适应新环境，27 分以上者有较强的成长能力。

卡特尔 16PF 在招聘的甄选应用中，对于不同的招聘对象可以关注不同的特质，如表 6-5 所示。

表 6-5　不同招聘对象所对应的特质

销 售 人 员	财 会 人 员	人力资源管理人员
较高乐群性	较低乐群性	较高稳定性
较高稳定性	较高有恒性	较高有恒性
较高兴奋性	一般敢为性	较高自律性
较高敢为性	较高敏感性	较低怀疑性
低忧虑性	低忧虑性	较低幻想性
较低紧张性	较高独立性	低忧虑性
		较低实验性

2. MB 工作风格测验(MBTI)

MBTI 以瑞士著名心理学家卡尔·荣格(Carl Jung)的心理类型理论为基础，Katharine Cook Briggs 与女儿 Isabel Briggs Myers 研究、发展了前者的理论并把卡尔·荣格的理论深入浅出地变成了一个工具。MBTI 方法认为应该有四种性格偏好尺度，四个维度如同四把标尺，每个人的性格都会落在标尺的某个点上，这个点靠近哪个端点，就意味着个体就有哪方面的偏好。如在第一维度上，个体的性格靠近外倾这一端，就偏外倾，而且越接近端点，偏好越强。每种性格偏好尺度都有对应的两个极，总共能构成十六种性格类型，它是一种典型的人格类型理论。

四种维度的解释如下：

(1) 内向与外向——注意力集中在内部还是外部；

(2) 感觉与直觉——收集信息、感知外界的方式；

(3) 思维与情感——做出决定和判断的方式；

(4) 判断与知觉——应对外界世界和生活的风格。

四个维度中八个极的组合方式有十六种，这就形成了十六种不同的人格类型，其整体的意义大于部分之和。例如：ENFJ，表示该人格类型是外倾、直觉、情感、判断四极的综合，但它所包含的意义不止是这四极的叠加，它更应被看作是一个整体，只有这样才能提供完整、丰富的人格信息。

MBTI 的应用非常广泛，每年的使用者多达 200 多万，其中不乏世界 500 强之内的大型企业。很多组织利用它进行招聘选拔、人岗匹配、组织诊断、改善团队沟通及人际关系；职业人士利用它进行职业定位、职业生涯规划。MBTI 与职业匹配性如表 6-6 所示。

表 6-6　MBTI 的人格类型及其适合的职业

序号	类型	基本倾向	适合职业(部分)
1	ESTP	外倾、感觉、思维、知觉	警察、消防队员、护理人员,审计员、股票经纪人,舞蹈演员、职业运动员,手艺人、厨师长、电气工程师,批发商等
2	ISTP	内倾、感觉、思维、知觉	飞机驾驶员、情报人员,电脑程序设计师、电器工程师,心电图专家、牙医,办公室管理人员、法律顾问,教练、木工等
3	ESFP	外倾、感觉、情感、知觉	体育教练,社会福利工作人员、药剂师、营养专家,摄像师、电影制片人、音乐家,公共关系专家、接待员、秘书等
4	ISFP	内倾、感觉、情感、知觉	时装设计师、木匠、设计人员,护士、验光师、药剂师,计算机操作人员、技师,教师、社会工作人员,记账员、经理人员等
5	ESTJ	外倾、感觉、思维、判断	保险代理、公务员、保安人员,计算机系统分析员、工程师,银行高级职员、项目经理、行政官员,牙医、内科医生、法官等
6	ISTJ	内倾、感觉、思维、判断	公司经理、会计,公务员,股票经纪人,学校校长、图书管理员、管理者,电工、工程师,普通外科医师、实验室技术人员等
7	ESFJ	外倾、感觉、情感、判断	运动生理学家、饮食学家、特殊教育工作者,销售代表、办公室经理、管理顾问、经纪人、翻译,秘书、接待员、打字员等
8	ISFJ	内倾、感觉、情感、判断	牙医、营养学家、药剂师,教育管理人员、咨询人员,秘书、人事管理人员、计算机操作者,内部装饰人员、艺术家、音乐家等
9	ENFJ	外倾、直觉、情感、判断	广告销售主管、作家、导演,职业顾问、翻译,大学人文教授、社会工作者,营养学家,招聘人员、小型企业经理、销售经理等
10	INFJ	内倾、直觉、情感、判断	职业咨询顾问、教育顾问,艺术家、小说家、设计师,社会工作人员,人事资源经理、职业分析家、翻译、市场人员、顾问等
11	ENFP	外倾、直觉、情感、知觉	记者、艺术家,公关关系专家、营销顾问,职业顾问、社会学家、心理学家,营养学家、发明家、人力资源经理、营销主管等
12	INFP	内倾、直觉、情感、知觉	艺术家、记者、编辑,心理学家、社会工作者、图书管理员,饮食学家、营养学家、理疗医生、人力资源开发人员、社会科学家等
13	ENTJ	外倾、直觉、思维、判断	行政管理人员、人事经理、销售经理、营销经理,股票经纪人、经济学家、管理顾问、教育顾问,律师、法官、心理学家等
14	INTJ	内倾、直觉、思维、判断	经济学家、科学家、技术人员、大学教师、数学家,经理、法官、新闻撰稿人,作家、艺术家、发明家、设计人员、艺术指导等

续 表

序号	类型	基本倾向	适合职业(部分)
15	ENTP	外倾、直觉、思维、知觉	政治家、行政管理人员、社会科学家,战略策划者、广告创意人、市场调查员、制片人、艺术总监,企业家、发明者、业务顾问等
16	INTP	内倾、直觉、思维、知觉	计算机软件设计人员、系统分析人员,律师、经济学家、心理学家,数学家、历史学家、哲学家,摄影师、艺术家、演员、舞蹈家等

3. 职业适应性测验

职业适应性测验,有时也称为动力测验,关注人对从事某项活动或职业的一种内在倾向。包括诸如职业兴趣测验、职业价值观测验、动机测验等方面。

霍兰德的职业性向理论认为,每个人的性格和天赋决定了其职业性向。职业性向(包括价值观、动机和需要等)是决定一个人选择何种职业的重要因素,倾向于某种类型的劳动者只有从事相匹配的职业,才能更好地发挥特长,胜任工作。该理论主要应用于招聘,人们在选择工作时,通过做职业性向测试来帮助了解自己适合做什么类型的工作。具体如表 6－7 所示。

表 6－7　霍兰德六种个性、环境和职业类型特点及匹配

类型	个性特点	职业特点	适合的职业
实际型	非社交的、物质的、遵守规则的、实际的、安定的、缺乏洞察力的、感情不丰富的、不善与人交往的	愿意从事“看得见、摸得着”的工作;喜欢使用工具,特别喜欢操作大型机器;做事手脚灵活、动作协调,但不善言辞、不善交际,在社交场合往往觉得很不自在,最不喜欢从事教育工作与接待他人的工作	工程技术工作与农业工作,其典型的职业包括技能性职业(如一般劳工、技工、修理工、农民等)和技术性职业(如摄影师、制图员等)
研究型	乐于解决抽象问题,喜欢运用词语、符号和观念进行工作;非常好奇,急于了解周围的未知世界;宁愿思考问题而不愿动手去处理问题	喜欢独立和富有创造性的工作,而不喜欢从事社会性和重复性的活动;通常不愿意受人督促,也不愿意去督促别人;知识较渊博,为自己的学识和才能感到自豪,而对自己的领导能力缺乏信心	科学研究和科学实验工作,其典型的职业包括科学研究人员、教师、工程师等
艺术型	想象力丰富,理想的、直觉的、冲动的、独创的,乐于创造新颖的、与众不同的东西,渴望表现自己的个性;比较敏感,易动感情,喜欢独立工作,不过多关心社会问题,缺乏事务性办事能力	通过非系统化的、自由的活动进行艺术表现,但精细的操作能力较差,对单调的或经营性的工作不感兴趣	各类与艺术相关的工作,典型的职业包括艺术方面的(如演员、艺术设计师、雕刻师、导演等)、音乐方面的(如乐队指挥、演奏者、作曲者等)、文学方面的(如作家、编辑等)

续 表

类型	个性特点	职业特点	适合的职业
社会型	热情慷慨、善于交际、关心他人，人际关系融洽；总是寻求与群众接触的机会，渴望发挥自己的社会作用	喜欢从事为人服务和教育他人的工作，喜欢参与解决人们共同关心的社会问题，平时，比较看重社会义务与社会道德；一般缺乏技术特长，不喜欢从事需要运用劳动工具的工作	各种直接为他人服务的工作，典型的职业包括社会科学、历史、体育等方面的教师，教育行政人员，社会群众团体工作者，咨询者等
企业型	支配的、乐观的、冒风险的、冲动的、精力旺盛的、好发表意见和见解的，但有时不易被人支配，喜欢管理和控制别人	喜欢权力、地位和物质财富；一般不擅长科学研究，对系统而复杂的思维工作很不耐烦；从事需要胆略、冒风险且承担责任的活动，主要指管理、决策方面的工作	组织与影响他人共同完成组织目标的工作，包括各级管理者、政治家、推销员、批发商、调度员、广播员等
常规型	自我抑制的、顺从的、防卫的、缺乏想象力的、持续稳定的、实际的、有秩序的、回避创造性活动等	喜欢按计划办事，乐于完成指令性的任务；总希望知道别人期望他干什么，自己从不谋求领导职务；不喜欢冒险，对复杂的人际关系问题不感兴趣；工作踏实，忠实可靠，遵守纪律	主要包括各类科室工作，典型的职业包括秘书、办公室人员、会计、图书馆员、税务员、保管员、法庭书记员、邮递员等

在进行心理测验的工具选择时，要了解这些不同工具的特点、测评维度及其含义、测评时间、效度等综合因素，在很多情况下，都会需要进行量表的组合运用，这需要依据招聘要考查的具体维度而定，如表 6－8 所示。

表 6－8 典型量表所对应的测评维度

类型	测评量表	测评维度
能力测验	多重职业能力测验	数学能力、言语能力、抽象推理能力、空间推理能力、知觉能力、逻辑推理能力、机械推理能力、一般学习能力
	管理职业能力测验	言语理解能力、数学分析能力、逻辑推理能力、抽象推理能力、观察能力
人格测验	16PF	乐群性、聪慧性、稳定性、恃强性、兴奋性、有恒性、敢为性、敏感性、怀疑性、幻想性、世故性、忧虑性、实验性、独立性、自律性、紧张性
	CPI	支配性、进取能力、社交能力、社交风度、自我接受、适意感、责任心、社会化、自制力、宽容性、好印象、同众性、独立成就、顺从成就、智力效能、灵活性、女性化、心理感受

续 表

类型	测评量表	测评维度
人格测验	大五人格	情绪稳定性、外倾性、经验开放性、宜人性、尽职性
	DISC	支配性、影响性、稳定性、服从性
	管理人员个性测验	正性情绪倾向、负性情绪倾向、乐群性、责任心、广纳性、自控性、自信心、A型人格、成就动机、权力动机、面子倾向
职业适应性测验	生活特性问卷	风险动机、权力动机、亲和动机、成就动机
	职业兴趣测验	企业倾向、社会倾向、艺术倾向、研究倾向、实际倾向、常规倾向
	需求测验	生理需要、安全需要、归属和爱的需要、自尊需要、自我实现需要
	职业价值观	理论型、经济型、审美型、社会型、政治型、宗教型
	职业锚	技术型、自主型、创造型、安全型、管理型

四、心理测验应注意的问题

任何一种甄选方法都不会是十全十美的，因为受各种内外因素的影响，心理测验作为一种测量工具也还不尽完善，无论在理论上还是在方法上都不同程度地存在着缺陷。因此，要想充分发挥这一甄选方法的优势，在使用时必须注意以下几个方面：

(1) 统一指导语。测验的指导语是对测验的目的、内容、作答方法与要求等测验细节的解释，一般应出现在测验的开头。测验的指导语对每一个应聘者应该完全相同，应聘者也应该按指导语的要求完成测验。

(2) 统一时限。一般的能力测验是难度和速度的结合，通常会有时间限制，应聘者应该在测验要求的时限内结束测验。

(3) 统一评分。测验应当使用统一的评分表，准确清楚地表明评分标准，应聘者在测验中的作答结果与评分标准严格对照，正确而又客观地评分。

(4) 确立常模。对于测验的得分，应有一个解释的参照标准，也就是为了合理地解释分数，必须建立常模。所谓常模，是指测验被试团体的一般行为水平或分数分布，通常以平均分和标准差作为主要参数。

五、减少心理测验局限性的措施

要相信心理测验能为我们提供有价值的资料，但不能完全迷信心理测验，在利用心理测验结果做辅助决策时还必须结合其他信息进行全面的分析。在对测验分数做解释,尤其是对个体做预测时必须十分小心。为了充分发挥心理测验的功能,必须科学、严肃地对待心理测验,正确使用心理测验,不能滥用。心理测验的结果也应该由专业人员予以解释,避免产生误解。减少心理测验局限性的措施主要包括以下方面。

1. 心理测验应当与其他的测评方法相结合

心理测验并不是灵丹妙药,人员素质的许多方面不是心理测验所能完全测定的,而且某一方面的特点并不能囊括其他方面的状况。值得注意的是,有时人的某些优势可以弥补另一方面的缺陷,比如吃苦精神可以弥补其智力或能力上的不足,这是心理测验所无法界定的。因此,心理测验必须与其他的甄选方法相结合,比如笔试法、面试法等,才能做出更加科学的决策。

2. 心理测验的有效性有赖于专门人员的操作

心理测验结果应该由受过专门训练的心理专家进行解释和评定,否则,评定的结果将影响决策的有效性。当然,这将增加测验的成本;另外,目前在我国心理学应用不够普及的情况下,心理测验的难度也被加大了。

3. 心理测验的适用人群应当有所区别

一般来说,测验工具往往是针对某些特定人群来设计的,不同的人群会有一定的差别。目前流行的测验方法大多来自国外,由于文化的差异,有时将严重影响测验结果的准确性。所以,在使用心理测验甄选这一方法时,必须根据实际情况挑选合适的量表,甚至对其进行必要的修改。

六、人机对话心理测验的应用

传统的量表式心理测验是以纸笔测试的方式进行的,通过对试题的纸面回答,最终批阅统计结果来实现对应聘者的分析。但是,纸笔测验的缺点非常明显,实施测验的效率低下,要花费大量的人力物力来进行测试的维护与实施,对结果的批阅和分析工作量大。

随着信息技术的不断发展,人机对话心理测验模式日益取代传统的纸笔测试模式,成为一种无纸化测验。人机对话心理测验是通过事先编制好的计算机程序自动实现心理测验环节的实施、计分、解释等一系列工作的测验模式。这种模式的内容一般有两种类型:一种是基于常见的心理测验分类的量表组合,诸如人格测验类量表、能力测验类量表等,可能由几个甚至几十个量表组成,并可以根据需要进行组合实施;另外一种是基于用途的,诸如管理人员招聘量表、销售人员招聘量表、行政人员招聘量表等,可针对不同的职位进行选择。

人机对话心理测验提高了心理测验的实施效率，节约了时间，减少了人工统计的误差，提高了测评的效度，减少了主观偏差，使得测验更加公正，这为降低心理测验的成本提供了有力的支持。目前，人机对话形式的心理测验被广泛使用，并在招聘等环节中发挥着积极的作用。

人机对话心理测验也存在一些不足。一方面，批量实施测验需要大量能够上网的计算机，设备支持不够可能会影响测评组织的高效率；另一方面，心理测验的结果和解释都由计算机根据测验分数自动提取，这些得分的解释事先已被设定，缺乏个性化，解释显得有些机械、呆板，不如人工解释灵活、全面，因此无法完全替代专业人员对结果的分析解读。

（一）人机对话心理测验的产品模式

1. 单机版人机对话心理测验软件

所谓单机版指的是一套心理测验软件基于一台电脑运用的，同一时间只能对一个人实施测评，其优点在于该类产品价格便宜，但无法实现批量测评，效率低下。

2. C/S 网络版人机对话心理测验软件

所谓 C/S 网络版指的是基于局域网环境运用的，可以实现批量测验的心理测验软件，安装在局域网服务器上，被测人员可以在能访问到该服务器的客户端电脑上通过已安装的客户端软件来进行心理测验。其特点在于可以实现同时多人的测验，大大提高了测评的效率，但实测必须在同一个网络环境内，并且同时支持的使用数有限，有些早期开发的软件仅能支持 20 个点同时展开，其扩展性受到很大限制。

3. B/S 网络版人机对话心理测验软件

所谓 B/S 网络版指的是基于互联网环境运用的，也是目前运用最为广泛的一种。心理测验软件安装在互联网环境的服务器上，因此，只要能上互联网，就能够使用该软件，这为心理测验的实施提供了极大的方便，其扩展性比 C/S 网络版更强，也代表着计算机技术的发展方向。目前网上的在线测评模式都是这种 B/S 网络版人机对话心理测验的模式。

目前，有些人机对话心理测评的产品开始整合进入人力资源管理系统，成为人力资源管理系统(e－HR)的组成部分，与人力资源信息化形成了联动效应。

（二）人机对话心理测验的实现模式

1. 自购模式

自购模式指的是招聘组织通过采购外部专业机构编制的人机对话心理测验软件，安装在自己的内部电脑或服务器上，在需要使用时直接提供，对产品拥有的是使用权。因为一般的测评软件生成的报告比较简单,尤其在招聘时缺乏针对性,因此,这种模式要求组织内部有熟悉心理学或相关专业的人员,以便对生成的心理测验报告进行有效的解读。

2. ASP模式

ASP模式是一种购买在线服务的模式,是通过向在线测评服务公司支付在线人机对话心理测验的使用费用,获取在线测评的用户名和密码,通过互联网实现在线心理测验,完成之后获取测验报告的过程。简单的ASP模式,提供的报告和自购模式相同,均是一些通用的报告模式,也需要专业人员进行进一步的解读。

3. 委托模式

委托模式是一种"ASP+咨询"的模式,受托测评机构在原有ASP模式的基础上,增加了专业人员的服务,可结合招聘单位的具体要求为其定制招聘时心理测验的方案,并根据方案选择人机对话心理测验的量表组合,提供在线测试,其报告则结合方案进行个性化的定制,具有较强的针对性,并提供报告解读服务。委托模式比较适合招聘组织中缺乏专业人员的状况,这将有利于提高对心理测验结果的有效利用。

目前,人机对话测验有了进一步的拓展,已经开始向计算机自适应测验和计算机情景模拟方向发展。这些新的技术本身也在不断完善之中,未来必将为人机对话心理测验提供新的有效功能。

附:心理测验量表

气质测查问卷

指导语:本问卷共60题,可大致确定人的气质类型。如果题目中的描述与自己的情况"很符合"记2分,"较符合"记1分,"一般"记0分,"较不符合"记-1分,"很不符合"记-2分。

1. 做事力求稳妥,一般不做无把握的事。
2. 遇到可气的事就怒不可遏,心里面藏不住话。
3. 宁可一个人做事,不愿与很多人一起。
4. 到一个新环境中能很快适应。
5. 厌恶那些强烈的刺激。
6. 和人争吵时,总是先发制人,喜欢挑战。
7. 喜欢安静的环境。
8. 善于和人交往。
9. 羡慕那种善于克制自己感情的人。

10. 生活有规律，很少违反作息制度。
11. 在多数情况下情绪是乐观的。
12. 碰到陌生人觉得很拘束。
13. 遇到令人气愤的事，能很好地自我克制。
14. 做事总是有旺盛的精力。
15. 举棋不定，优柔寡断。
16. 在人群中觉得很自在。
17. 情绪高昂时，觉得干什么都有趣；情绪低落时，又觉得什么都没意思。
18. 当注意力集中于某事时，别的事物很难使我分心。
19. 理解问题比一般人快。
20. 在危险情境下，有一种极度恐惧感。
21. 对学习、工作怀有很高的热情。
22. 能长时间地做枯燥、单调的工作。
23. 只有在感兴趣时，才会干劲十足。
24. 一点小事就能引起情绪波动。
25. 讨厌做那些琐碎细致的工作。
26. 与人交往不卑不亢。
27. 喜欢热闹。
28. 爱看感情细腻、描写人物内心活动的文艺作品。
29. 工作学习时间长了，常会感到厌倦。
30. 不喜欢长时间讨论思索，更愿意实际动手尝试。
31. 宁愿侃侃而谈，不愿窃窃私语。
32. 给别人闷闷不乐的印象。
33. 理解问题比别人慢半拍。
34. 疲倦时只需要短暂的休息就能够恢复精神，重新投入工作。
35. 心里有话不愿说出来。
36. 认准一个目标就希望尽快实现，不达目的誓不罢休。
37. 学习、工作同样一段时间，常比别人更感疲倦。
38. 做事有些莽撞，常常不顾后果。
39. 在别人讲授新知识、新技术时，总希望讲得慢一些。
40. 能够很快地忘记那些不愉快的事。
41. 完成一项工作总比别人花费更多的时间。
42. 喜欢大运动量的体育活动。
43. 不能很快地把注意力从一件事转移到另一件事情上去。

44. 总希望把任务尽快解决。

45. 更倾向于遵守陈规，而不是冒险。

46. 能够同时注意几件事物。

47. 当烦闷时，别人很难帮得上忙。

48. 爱看情节起伏跌宕、激动人心的小说。

49. 对工作抱认真严谨、始终一贯的态度。

50. 和周围人的关系总是不甚协调。

51. 喜欢做熟悉的工作。

52. 希望做变化大、花样多的工作。

53. 小时候会背的诗歌，仍然记得很清楚。

54. 别人觉得我"出语伤人、不会说话"，可我并不觉得是这样。

55. 在体育活动中，常因反应慢而落后。

56. 反应敏捷，头脑机智。

57. 喜欢有条有理的工作。

58. 兴奋的事常使我失眠。

59. 接受新概念慢一些，但一旦理解了，就很难忘记。

60. 假如工作枯燥乏味，马上就会情绪低落。

计分方法及解释说明：

1. 多血质：4,8,11,16,19,23,29,34,40,44,46,52,56,60；

2. 胆汁质：2,6,9,14,17,21,27,31,36,38,42,48,50,54,58；

3. 黏液质：1,7,10,13,18,22,26,30,33,39,43,45,49,55,57；

4. 抑郁质：3,5,12,15,20,24,28,32,35,37,41,47,51,53,59。

请将各项分数相加，得到4个气质分数。如果某项得分超过20分，则为典型的该气质类型。如果某项得分在20分以下、10分以上，其他各项得分较低，则为该气质的普通型；如果各项得分均在10分以下，但某项得分较其他高（相差5分以上），则略倾向于该气质。一般来说，正分值越高，表明该气质特征越明显；负分值越高，表明越不具备该气质类型的特点。

1. 如果某种气质得分明显高出其他三种，均高出4分以上，则可定为该种气质。如果该种气质得分超过20分，则为典型；如果得分在10～20分，则为一般型。

2. 两种气质类型得分接近，其差异低于3分，而且又明显高于其他两种，高出4分以上，则可定为这两种气质的混合型。

3. 三种气质得分均高于第四种，而且接近，则为三种气质的混合型，如"多血—胆汁—黏液质混合型"或"黏液—多血—抑郁质混合型"。

胆汁质类型特点：精力充沛、情绪发生快而强、言语动作急速而难以控制；热情、显得直爽或胆大、易怒、急躁等。

多血质类型特点：活泼好动、敏感、情绪发生快而多变、注意力和兴趣容易转移、思维言语动作敏捷、善于交际、亲切、有生气，但也往往表现出轻率、不真挚等。

黏液质类型特点：安静、沉稳、情绪发生慢而弱、言语动作和思维比较迟缓、注意力稳定、显得庄重、坚忍，但也往往表现出执拗、淡漠。

抑郁质类型特点：柔弱易倦、情绪发生慢而强、体验深沉、言行迟缓无力、胆小、忸怩，善于觉察到别人不易觉察到的细小事物，容易变得孤僻。

本章小结：

本章主要讲述简历的筛选和心理测试等初步甄选方法。应聘者的简历记载着应聘人员的信息，包括教育背景、工作经历、职业资格、个人条件等，人力资源部门应该根据设定的标准对获取的简历进行初步甄选，以达到缩小应聘者范围和提高选拔效率的目的。对于甄选出的简历，如果有必要可以进行电话访谈，以确认和了解应聘者的基本信息。心理测验是甄选中常用的方法，通常是对应聘者的个性和能力进行测评，测评的量表大多是心理学家经过大量的研究工作开发出来的，且很多量表已经经过了多年的实践的验证，应该说是信度比较高的工具。用在选拔中的心理测验工具有智商测试、16PF、MBTI、霍兰德职业兴趣测验等方法，这些方法可以组合起来使用。本章还讲述了背景调查，这是很多组织容易忽视的一个环节，但这个环节却很重要。背景调查主要是指向相应的机构对应聘者的受教育情况、工作表现、工作期限、工作业绩等方面作实证的确认，有效的背景调查可以辨识出虚假的信息，以确保甄选的有效性。

案例分析：

1. 该公司的事件对人力资源管理部门在招聘时有哪些启示？

案例中，很显然龙江公司人力资源部在招募人员的时候，对应聘者的实际背景判断不准确，有些信息没有了解到，导致录用了品行不好的人员。该公司的案例提示我们在选拔过程中一定要对应聘者做深入客观的了解；背景调查是选拔人员的时候很重要的一个环节，但是很多组织却忽略了这一步骤，导致最后用人的失误。

2. 在进行背景调查的时候，应该调查哪些内容？

在进行背景调查的时候，通常调查应聘者的教育背景、培训情况、职业资格、工作经历、能力、业绩和表现等方面的内容。

思考题：

1. 申请表通常包括哪些内容？
2. 如何对申请表进行初步甄选？
3. 背景调查有什么意义和作用？
4. 背景调查的内容有哪些？
5. 知识测验的特点是什么？
6. 心理测验有什么特点？
7. 心理测验对人才选拔有什么意义？
8. 常用的能力和个性测验有哪些？

第七章 招聘面试

引导案例

失败的招聘面试

刘孝通是某IT公司的部门经理，因为一次偶然的机会需要他全权负责公司项目主管的招聘。刘孝通进行了一系列的准备工作。第一步是撰写职位说明书，他参考了其他公司相关职位的条件，结合了自己和同事的想法，编制了招聘启事，具体包括以下内容：大专以上学历，相关专业两年以上工作经验，年龄在28～45岁；有相关证书者优先考虑；吃苦耐劳，能够适应经常性出差，为人乐观开朗，积极向上，有较强的处理人际关系的能力和团队管理能力等。同时，他又在本地有影响力的招聘网站上发布招聘启事，并收到了大量的求职简历。在经过一段时间的简历甄选之后，开始安排初步面试。

刘孝通觉得现在都在讲结构化面试，因此在进行面试之前就准备了针对能够经常出差、沟通能力、团队管理能力等方面的一些问题，以便在面试中提问。大致的问题有：

- 说一说你能胜任应聘岗位的理由。
- 这个岗位会经常出差，工作量较大，你能承受吗？
- 你如何理解团队合作？
- 你觉得团队管理能力重要吗？为什么？

……

在整个面试过程中，刘孝通态度和蔼，有时还和应聘者做一些讨论。面试后，他对其中几个人觉得不满意。

一位是北方人，此人工作经历非常符合应聘岗位的要求。但刚一见面，刘孝通就对他的印象不太好，那个人身形瘦弱，看起来不太舒服，因此将他淘汰了。

另一位自我感觉良好，说话滔滔不绝，不过过于自负，有些压不住的感觉，面谈了一会儿就打发走人。

还有一位背景良好，专业较为对口，回答问题也比较符合刘孝通的想法，语言表达能力也很强，因此和他足足聊了一个半小时。

经过了一段时间的面试之后，刘孝通最终确定了一位自己觉得非常合适的项目主管人选。但该项目主管上岗以后，却说得多，做得少，团队成员对他意见很大，所负责的项目也出现了重大的问题。

案例讨论题：

1. 刘孝通的面试过程有什么问题？面试题目的设计存在哪些不足？
2. 请为其设计一些能够有效测评应聘者冲突处理能力的面试题。

第一节　面试概述

一、面试的含义

面试是人员甄选中最为传统也最为常用的一种方法。它是精心设计的，通过在特定场景下考官和应聘者的双向互动，来考查和评估应聘者基本素质、发展潜力、实际技能以及与岗位匹配性的一种招聘甄选方法。有效的面试可以使应聘者充分展示其潜能，并为人员招聘提供重要的依据。

面试根据场景的不同可以分为广义的面试和狭义的面试。狭义的面试指的是考官和应聘者面对面直接以问答形式为主的面试。整个过程中考官处于主导地位，应聘者处于被动地位。广义的面试指的是通过基于情景模拟测验的评估形式，包括小组讨论、管理游戏、角色扮演等评价中心技术，整个过程中考官处于观察的角度，应聘者处于主动展示的角度，情景性高，模拟性强，考查的内容更加全面有效。本章主要介绍狭义的面试。

二、面试的特点

面试相对于初步甄选的方式而言，具有以下特点：

(1) 灵活性。面试可以在许多方面收集有用的信息，考官可以根据不同的要求，向应聘者提出各种各样的问题，有时在某一个方面可以连续提各种问题，以全面深入地了解应聘者。

(2) 双向性。在面试时,考官可向应聘者提问,应聘者也可以向考官提问。考官在了解应聘者的同时,应聘者也在了解招聘组织和岗位要求,这样有利于提高招聘匹配性。因此,面试的过程也是一个双向选择过程。

(3) 直观性。面试比笔试更加直观,面对面的接触和交流可以使考官直接了解应聘者的仪表、个性、爱好、特长、应聘动机、应聘期望等,从而做出综合判断。

(4) 全面性。可以多渠道地获得应聘者的有关信息。面试中,考官不但可以通过提问了解欲获取的信息,还能通过直接看、问、听等多种渠道掌握应聘者各方面的情况。

但面试也存在着不足之处:

(1) 时间长。面试的时间如果太短,很难了解应聘者的全面情况,因此每位应聘者的面试一般至少要持续半个小时,对大规模的招聘来讲花费时间太长。此外,长时间的面试容易使人疲劳,难以一贯地坚持用同一种标准衡量应聘者。

(2) 费用高。面试过程中发生的相关费用包括考官的工资、人力资源部的相关组织管理费用、为应聘者支付的差旅费与招待费、外聘专家的费用、面试中相关出题费用等。如果采取初试、复试等多轮面试的方式,费用将会更高。

(3) 量化难。面试不同于考试,主要是由主试根据应聘者对提问的相关问题的回答来对其工作知识与技能、工作经验、个性、职业道德等进行评价,虽然可以利用“面试评价表”对各主要考核要素进行打分,但只规定分数段,没有精确的量化评分标准,只能由主试根据主观感觉评价。因此,面试评价往往会受考官主观因素的影响。

三、面试的适用范围与内容

面试是一种最常用的人员甄选方法,适用于所有招聘的岗位。但面试不可能考查到应聘者所有的能力和素质,一般要与其他的甄选方式组合运用。

从面试适合的考查内容而言,主要有以下内容:

(1) 仪表风度。这是指应聘者的体型、外貌、气色、衣着举止、精神状态等。像企业经理人员、销售人员、客户服务人员、公关人员等职位,对仪表风度的要求较高。研究表明,仪表端庄、衣着整洁、举止文明的人,一般做事有规律、注意自我约束、责任心强。

(2) 专业知识。了解应聘者掌握专业知识的深度和广度,其专业知识更新是否符合所要录用职位的要求,作为对专业知识笔试的补充。面试对专业知识的考查更具灵活性和深度。所提问题也更接近空缺岗位对专业知识的需求。

(3) 工作实践经验。一般根据查阅应聘者的个人简历或求职登记表,做些相关的提问。查询应试者有关背景及过去工作的情况,以补充、证实其所具有的实践经验,通过工作经历与实践经验的了解,还可以考查应试者的责任感、主动性、思维能力、口头表达能力及遇事的理智状况等。

(4) 口头表达能力。考查面试中应聘者是否能够将自己的思想、观点、意见或建议顺畅地用语言表达出来,具体内容包括表达的逻辑性、准确性、感染力、音质、音色、音量、音调等。

(5) 综合分析能力。考查面试中应聘者是否能对主考官所提出的问题,通过分析抓住本质,并且说理透彻、分析全面、条理清晰。

(6) 反应能力与应变能力。主要看应聘者对主考官所提的问题理解是否准确,回答的迅速性、准确性等。对于突发问题的反应是否机智敏捷、回答恰当,对于意外事情的处理是否得当、妥当等。

(7) 人际交往能力。在面试中,通过询问应聘者经常参与哪些社团活动、喜欢同哪种类型的人打交道、在各种社交场合所扮演的角色,可以了解应聘者的人际交往倾向和与人相处的技巧。

(8) 自我控制能力与情绪稳定性。自我控制能力对于管理人员、销售人员、客户服务人员等显得尤为重要。一方面,在遇到上级或客户批评指责、工作有压力或是个人利益受到冲击时,能够克制、容忍、理智地对待,不致因情绪波动而影响工作;另一方面,工作要有耐心和韧劲。

(9) 工作态度。一是了解应聘者对过去学习、工作的态度;二是了解其对应聘职位的态度。在过去学习或工作中态度不认真,做什么、做好做坏都无所谓的人,在新的工作岗位也很难做到勤勤恳恳、认真负责。

(10) 上进心和进取心。上进心、进取心强烈的人,一般都有事业上的奋斗目标,并为之而积极努力。表现在努力把现有工作做好,且不安于现状,工作中常有创新。上进心不强的人,一般都是安于现状,无所事事,不求有功,但求无过,对什么事都不热心。

(11) 求职动机。了解应聘者为何希望来本单位工作,对哪类工作最感兴趣,在工作中追求什么,判断本单位所能提供的职位或工作条件等能否满足其工作要求和期望。

(12) 业余兴趣与爱好。通过了解应聘者休闲时爱从事哪些运动、喜欢阅读哪些书籍、喜欢什么样的电视节目、有什么样的嗜好等,可以了解一个人的兴趣与爱好,这对录用后的工作安排会有好处。

四、面试的分类

面试可以采取多种方式进行,从不同的角度可以将面试分为不同的类型。

（一）按面试的结构化程度划分

1. 结构化面试

所谓结构化面试，是指面试前先就面试所设计的内容、试题、评分标准、评分方法、分数使用等一系列问题进行系统的结构化的设计，考官按照同样的程序、对同一批应聘者提同样的问题，从而对应聘者进行评价的面试方法。与半结构化、非结构化的面试相比，结构化面试的效度是最高的。结构化面试的特点有以下几点：

(1) 程序结构化。对面试的全过程进行事先设计，确定招聘岗位的具体要求；对要考查应聘者的评价内容、面试题目进行设计，包括对各阶段考查的方式、应该提出的具体问题、时间安排等准备妥当；对面试的开始阶段、核心阶段、收尾阶段、结束阶段要达到什么结果、采用什么方式、如何分工、如何要求、要注意哪些事项等进行详细筹划。一般而言，面试的时间在 30 分钟到 1 小时不等。

(2) 考官结构化。根据评价的内容，事先确定相应的考官。一般而言，有关应聘者过去的工作经历、背景资料等应由人力资源部负责；对于考查其综合能力、专业素质的面试通常可由人力资源部和用人部门共同负责。具体人员分工和面试提问细节都应提前准备确定。

(3) 标准结构化。评价内容是基于工作分析或胜任力确定的，并有统一的《个人评分表》甚至《均衡得分表》，表中明确体现了评价内容及其清晰的定义、观察要点和思路、评分等级与分值、指标权重等。

结构化面试由于有了提前筹划，使得面试的各个步骤得以规范、精细化，能够使考官把握要考查的关键问题，快速收集应聘者与职位相关的综合信息，可以有效提高面试的效率。而且，由于提前统一了面试题目和评价标准，使得同一岗位的不同应聘者具有了可比性，从而也就大大提高了面试的公正性与客观性。与此同时，由于事先准备、统一判断，也降低了对招聘者的评价难度，为规模化与大批量的面试提供了条件。

当然，结构化面试在实际使用中，由于操作程序严格，限制了考官在面试过程中根据应聘者个人情况的差异，灵活地进行有区别的提问和个性化的评价，也限制了应聘者个人特色的展示机会，显得缺乏深度和个性化。

相对而言，结构化面试比较适用于大批量的面试和初步面试，不是很适宜单独用于中高级管理人员的招聘中。

2. 半结构化面试

对于面试的部分程序或内容作出规定或准备，并且考官可以根据应聘者的回答进一步挖掘信息(进行深入追问)，这种面试称作半结构化面试。与结构化面试相比，半结构化面试的题目可以根据应聘者的不同而随意变化，故其效度不如结构化面试高。但这种方法可以充分发挥考官的主观能动性，结合应聘者的特点深入挖掘其各方面的情况，具有一定的深度。

3. 非结构化面试

对考查程序、内容、具体问题和评价标准均未给出明确的规定和限制，主要依据主考官在面试现场实际发挥的面试方法叫非结构化面试。相比结构化、半结构化面试，非结构化面试的随意性非常强，不利于对问题和信息进行有效收集，面试的主观性强，面试效度也比较差。

（二）按面试的目的划分

1. 压力面试

压力面试是将被测试者置于一种人为的紧张气氛中，主考官“穷追不舍”地提出一些诸如挑衅、非议、质疑、刁难甚至是不礼貌的问题，以考查被测试者的应变能力、灵活性、判断能力、压力承受能力、情绪的稳定性等。通常在压力面试下，考官的问题密度大，不给被面试者以思考时间，有时甚至会逼得被测试者疲于应付。一般而言，除非岗位需要比较强的情绪稳定性和应变能力，大多数岗位都不适合采用压力面试方法。

2. 非压力面试

非压力面试是指面试考官在和谐的面试氛围中对被测试者进行的面试，大多数岗位需要在无压力的状态下进行面试，这有助于考查被测试者的真实能力和素质。

（三）按面试的人员组成划分

1. 单独面试

单独面试是指一个考官对一个应聘者的一对一面试。

2. 综合面试

综合面试是指人力资源部门和用人部门等多个考官同时对一个应聘者的多对一的面试。

3. 合议制面试

合议制面试一般将初试和复试统一在一次进行。面试人员有人力资源部门负责人、用人部门负责人、用人部门专业人员及组织决策人员。

4. 集体面试

集体面试包括两种情况：一种是一个面试人员同时对若干名应聘者进行面试；另一种是多个面试人员对若干名应聘者进行面试。

（四）按面试的次数分

1. 一次性面试

一次性面试指用人单位对应聘者的面试集中于一次进行。在一次性面试中，面试考官的阵容一般都比较“强大”，通常由用人单位的人事部门负责人、业务部门负责人及测评专家组成。在一次性面试的情况下，应聘者是否能通过面试，甚至能否被最终录用，都取决于这一次面试。

2. 分阶段面试

分阶段面试可分为两种类型，一种叫“依序面试”，另一种叫“逐步面试”。依序面试一般分为初试、复试与综合评定三步；逐步面试，一般是由用人单位的主管领导、处(科)长以及一般工作人员组成面试小组，按照小组成员的层次，由低到高排列，依次对应试者进行面试。面试的内容依层次各有侧重，低层一般以考查专业及业务知识为主，中层以考查能力为主，高层则实施全面考查与最终把关。分阶段面试实行逐层淘汰，越来越严。

（五）按面试的内容划分

1. 情景式面试

情景式面试指通过向应聘者提供一种情景，观察其在这个情景下的行为表现，来发现其内在的特质，预测其未来的工作行为。

2. 行为式面试

行为式面试指采用专门设计的面试题目来了解应聘者过去在特定的情况、特定的任务下所体现的行为，从而了解其处事的特点和具备的素质。

（六）按面试的组织方式划分

1. 现场面试

现场面试是通常的面试，通过现场的组织，由面试考官和应聘者面对面进行交流来实现面试功能。这种现场模式要面试考官和应聘者必须按时到达面试现场才能实施。

2. 远程视频面试

远程视频面试指的是通过现代计算机网络技术和多媒体视频技术，使面试考官对应聘者进行异地面试。在进行一些初次甄选(校园招聘)或者远距离(跨省市、跨国)的面试中，这种方式大大降低了现场组织的成本、考官和应聘者的交通成本等。

随着高科技的发展、计算机的运用、网络技术和虚拟现实技术的发展，现在的计算机辅助面试甚至已经可以被设计成像电子游戏一样。当应聘者坐在电脑面前的时候，其面对的是不断出现的能够活动的画面，这些画面模拟出各种各样的情景。实际上，计算机面试在这里被设计成一种情景面试或者压力面试。例如，一个应聘银行出纳职位的人，需要面对计算机屏幕上出现的粗鲁的顾客，这些顾客还会根据应聘者的反应做出新的刁难。计算机辅助面试一般用于初次甄选，目的是将明显不合格的申请者淘汰掉。使用计算机辅助面试有许多优点：第一，可以大大节省招聘者的时间。招聘者只需要对通过计算机甄选的应聘者进行面谈。第二，效度较高。计算机辅助面试（尤其是动画式面试）实际上很生动地告诉了应聘者他正在申请的工作到底需要做什么，而在一般的面试中应聘者可能由于各种顾虑而不愿意问清楚这些问题。有关调查表明，计算机面试甄选出来的应聘者在最初三个月的雇用期内流失或者被开除的情形都很少。

五、传统面试方法的误区

1. 事实发现者

面试考官仅仅将自己的提问局限于特定的具体事实信息上，例如"你大学里学什么课程""你原来的单位中有多少人"之类，他们的目的似乎仅仅在于落实一些事实。当然，确证一下这些事实性的信息是必要的，但这样的提问只会控制应聘者的反应，而无法获取应聘者的动机、价值观、能力、个性特征等更重要的信息。

2. 理论家

这类面试考官常常会询问应聘者做事的信念和价值观，比如提出"你认为应该……"之类的问题。这些问题的答案定位于应聘者认为一件事情应该怎样做，而不是定位于他实际上怎样做，也就是只得到人们做某事的事后合理化解释，而不是实际行为。而应聘者的实际行为往往是更为重要的。有的面试考官喜欢问应聘者一些关于他们深层的情感、态度和动机的问题，例如"请告诉我……""你觉得……"之类的问题。他们喜欢对应聘者的行为做出一些解释，而这种解释往往是主观的、不可靠的，因为感觉不等于实际干了什么和能干什么。

3. 推销员

有的面试考官喜欢通过诱导性提问获得应聘者的认同，就像推销员一样将自己的观点强加于应聘者。例如："你难道不认为这是处理这类问题的最好的方法吗？"如果面试考官用自己的一套固有的模式去衡量应聘者，反映的将只是面试考官的想法，而不是应聘者的做法或能力，因此很难得到真实的信息。

4. 算命先生

这类面试考官喜欢询问人们在假设状态下会做什么,例如"如果……,你会……"之类。事实上,假设状态都是无法得到验证的,聪明的应聘者会说一些他们认为面试考官希望听到的东西。

第二节　面试实施的流程

面试尽管是最常用的甄选方式,但同样也是操作难度较高的测评方式,在招聘组织评价应聘者的同时,也是应聘者进一步综合了解招聘组织的机会,整个面试准备工作做得如何、面试考官和面试流程如何等,都将直接影响应聘者对招聘组织的印象,甚至影响其获取职位的愿望强度。选择有效的面试方法,遵循规范的面试实施规范,可以大大提高面试的有效性。

一般而言,在进行了初步甄选后,面试的整个管理过程主要有三个阶段。

一、面试准备阶段

(一) 确定面试方式

面试方法的选择是基于不同的招聘需求确定的,从结构化程度、组织形式、目的、经济、效率等因素出发,确定具体的面试方式。

1. 普通职位招聘

普通职位招聘的特点是职位相对较低,对应聘者要求不高。这类招聘可以采用两轮面试,即初试和复试,是一种非压力面试,有些甚至是一对一的面试,即只有一名主考官。初试可由人力资源部负责,复试则由用人部门的直线经理负责。整个过程相对简单,时间较短。这种方式可以降低成本,提高效率。

2. 管理职位或关键职位招聘

管理职位或关键职位的特点在于职位在组织中的级别或重要程度较高,对组织起关键的作用,对组织发展影响大。这类职位的招聘需要更高的精确性,因此,要进行多轮面试,某些诸如市场总监等职位要选用压力面试,是一种团体面试的形式。整个过程相对复杂,时间较长,甚至还要结合其他甄选方式。

涉及多轮面试的,针对招聘职位的不同,应确定由不同职务的人主持面试,如

表 7－1 所示。

表 7－1　面试责权划分表

招聘职位	第一轮面试	第二轮面试
普通职员	人力资源部和用人主管	人力资源部经理和用人主管
初级主管	人力资源部经理和用人主管	人力资源部经理和副总经理
中层经理以上	人力资源部经理和用人主管	人力资源部经理和总经理

（二）组建面试考官团队

面试一般需要多名考官参与，其中一名为主考官。面试考官团队可以根据不同的面试方法来确定，完整的面试考官团队构成可由 5～7 人组成，包括组织高层领导、人力资源经理、直线经理、外部专家等，在确保基本考官团队的基础上可在不同面试阶段有不同组合。

面试考官的选择是面试成败的关键，考官的工作能力、个性特征及各方面的素质将直接影响面试的质量。面试过程中，面试考官对应聘者的评价是录用与否的重要参考指标。当这些人只是以个人的好恶或不公正的标准去评判应聘者时，给招聘与录用工作带来的损失是不可估量的。因此，由什么人做面试考官就显得尤为重要。

一项研究表明，合格的面试考官应具备以下十项基本特征：

(1) 良好的个人品格和修养，为人正直；

(2) 具备相关的专业知识，至少在面试考官团队中不应存在知识组合的缺口；

(3) 丰富的社会工作经验；

(4) 良好的自我认识能力；

(5) 善于把握人际关系，协调考官和应聘者；

(6) 熟练运用各种面试技巧；

(7) 能有效地面对各类应试者，控制面试的进程；

(8) 能公正、客观地评价应聘者，不带有主观性；

(9) 掌握相关的人员测评技术，了解基本的甄选方法和技巧；

(10) 了解组织状况及职位要求，能明确组织的需求。

（三）设计面试提纲与试题

面试的主要目的是根据应聘岗位的要求对应聘者进行评价，以确定哪些人选可以胜任。面试评价指标的确定通常基于工作分析或胜任力模型分析,考查招聘职位所需要的 KSAO,即知识、技能、能力和其他特点。面试提纲一般包括评价指标和面试试题,其中试题可分为通用试题和重点试题。

通用试题适用于所有应聘者,主要是为了从广泛的问题中了解应聘者的情况,从中获取评价信息。通用问话提纲涉及的问题很多,不可能在相对较短的时间内全部提出,这就要求面试考官根据应聘者的具体情况,选择提问。

重点试题是针对具体应聘者提出的。面试前,每位应聘者都必须填写《应聘人员登记表》,同时,每位面试者都有相关的应聘材料。因此,每位面试考官都必须汇总这些材料,从中发现问题,以便面试中进行提问,深入了解应聘者。重点试题有则多,无则少,视具体情况而定。

(四)拟订面试的评价表

面试的评价表由若干的评价指标所组成,设计时还应注意到评价等级的确定,一般可采用五级或七级。面试评价表有两种形式,一种是等级评价表,一种是附有行为描述的评价表,分别如表 7-2 和表 7-3 所示。

表 7-2 面试评价表——等级式

姓　　名		性　　别		编　　号	
年　　龄		应聘职位		所属部门	
评价指标	评　　价　　等　　级				
	5 优秀	4 良好	3 中等	2 较差	1 很差
仪表气质					
求职动机					
语言表达能力					
人际沟通能力					
应变能力					
进取心					
专业知识					
总体评价					
考官:			日期:		

表 7-3　面试评价表——行为描述式①

应聘者姓名　　　　　　　　　　　　应聘职位

评价指标	观察要点	权重	评价等级					评分
			优秀	良好	中等	较差	很差	
举止仪表	衣着打扮得体;言行举止随和,有一般的礼节;无多余的动作	5	5	4	3	2	1	
言语理解和表达能力	理解他人意思,口齿清楚,语言流畅,内容有条理、富有逻辑性;他人能理解并具有一定说服力,用词准确、恰当、有分寸	15	5	4	3	2	1	
综合分析能力	对事物既能从宏观总体考察,又能从微观方面考虑其各个组成部分;能注意整体和部分之间的关系和各个部分间的有机协调组合	15	5	4	3	2	1	
动机匹配度	兴趣与岗位情况匹配;成就动机(认知需要、自我提高、自我实现、服务他人的需要等)与岗位情况匹配,认同组织文化	10	5	4	3	2	1	
人际协调能力	人际合作主动;理解组织中的权属关系(包括权限、服从纪律等意识);能与他人进行有效沟通(传递信息);处理人际关系时原则性与灵活性相结合	15	5	4	3	2	1	
计划、组织、协调能力	依据部门目标预见未来的要求、机会和不利因素并做出计划;看清冲突各方向关系;根据现实需要和长远效果做适当选择,及时做决策、调配、安置	15	5	4	3	2	1	
应变能力	压力状况下思维反应敏捷,情绪稳定;考虑问题周到	10	5	4	3	2	1	
情绪稳定性	在较强刺激情境中表情和言语自然;在受到有意挑战甚至侮辱的场合,能保持冷静,为长远或更高目标,抑制当前欲望	5	5	4	3	2	1	
专业知识和技能	针对不同职务考查专业知识;考查一般性技能,包括计算机水平、英语水平	10	5	4	3	2	1	

① 王垒等:《实用人事测量》,经济科学出版社 1999 年版(有修改),第 254 页。

续 表

评价指标	观 察 要 点	权重	评 价 等 级					评分
			优秀	良好	中等	较差	很差	
个人考查要点	离开原来公司的原因,个人目标如何;本公司职位的吸引力何在;具体谈谈对销售、市场方面工作的想法,有何业绩,是否适应经常出差	记录						
总分								
考官评语		考官签字 年 月 日						

设计面试评价表时,要明确评分具有一个确定的计分幅度和评价标准,明确评价指标的权重,把每个测评要素根据应聘者的表现分成若干等级,或者用不同的分值表现出来,最终产生一个总分。

(五) 安排面试场所

面试前的最后一个工作是面试场所的选取和环境控制。需要注意以下几个方面:

(1) 确保面试场所的独立性。面试要有单独的场所,如会议室等,并在面试期间在门上标识"请勿打扰",以免受到干扰。面试场所一般不宜选在办公室,以免受到电话和工作方面的影响。

(2) 确保面试场所的合适性。面试场所的大小选取应根据面试的方式而确定,如个人面试可以选取较小的空间,而小组面试则要求有较大的空间。

(3) 确保面试场所的宽松性。面试场所的基本要求是安静、舒适,拥有良好的采光和封闭的环境,以此保证面试过程在宽松的环境中进行。

最后,面试座次的安排也要注意,图 7 - 1 是几种常见的一对一面试座次安排方式。

一般而言应遵循以下原则:

(1) 应聘者与考官座位不宜过远,避免沟通中听不清彼此的谈话,或导致考官看不清应聘者的表情和动作,如 C 的形式。

(2) 应聘者与考官座位不宜太近且目光直视,这样容易给应聘者造成压力,影响其真实情况的表现,如 D 的形式。

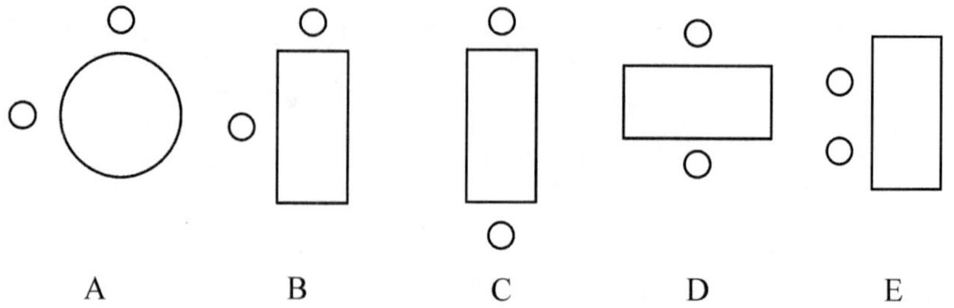

图 7-1　一对一面试座次安排

(3) 应聘者和考官座位不宜平行,这样容易造成沟通过程姿势别扭,影响观察和交流,如 E 的形式。

因此,保持合适距离的斜向座位形式既避免了目光直视,又有利于观察,是较好的座位形式,如 A、B 的形式。

(六) 准备面试资料与道具

具体面试的资料和道具准备包括以下内容:

(1) 应聘者的简历或申请表。用以了解应聘者的基本信息,并作为面试过程中审核其真实性的基础。

(2) 心理测验报告。如果做过心理测验,其报告可作为考官面试时的参考,可结合甄选内容,对关键特征进行追问以确认评价结果的有效性。

(3) 其他诸如笔试等的结果资料。

(4) 面试题本、面试记录表和评价表。有时,也可以将以上资料整合成一份考官手册,供考官在面试过程中使用。

(5) 面试结果汇总表。用以收集和汇总考官的评分结果。

(6) 其他面试所需道具。如录音设备、录像设备、考官台卡、计时器等。

(七) 培训面试考官

培训面试考官是为了改变传统面试中凭经验和直觉评价的问题,提高面试的准确性。面试培训一般包括理论知识和实践技巧两大部分。

理论方面的培训主要是使面试考官掌握与面试有关的人力资源资讯,诸如面试的概念、优劣、类型等。实践技巧的培训则主要是通过模拟的方式练习面试过程中经常用到的各种技巧,诸如改善提问技巧、了解面试的组织、提供支持、建立和谐的相互关系、倾听技巧、记录技巧、掌握采集相关资料的技巧、评分技巧等。就某一次特定的招聘面试而言,培训还要达到以下几个目的:

(1) 使面试考官熟悉招聘职位的性质和要求。通过回顾岗位说明书以及面试评价内容，侧重了解招聘职位的主要职责，对任职者的知识、能力、经验、个性特点、职业兴趣等要求和工作中的汇报关系、环境因素、晋升和发展机会等了然于心。

(2) 使面试考官熟悉应聘者的情况。通过阅读应聘者的简历或申请表、心理测验报告等材料，使面试考官了解应聘者的基本背景情况和心理特征，如姓名、年龄、性别、身体状况、教育和训练状况、工作经历、薪资以及离职原因等，此外还可以发现应聘者材料中缺少的信息，甚至是前后不一致的地方，以便在面试时提问和进行有效信息采集。

(3) 使面试考官熟悉整个面试的程序以及日程安排。

(4) 使面试考官熟悉自己所扮演的角色，主要是自己所提的问题及如何与他人配合。

(5) 使面试考官熟悉面试试题、统一评分标准，将考官的差异性降到最低程度。

(6) 其他注意事项的提示。

（八）制订面试的实施计划和进行面试通知

面试其他准备工作完成后，首先需要制订面试的实施计划，包括时间、地点、考官名单、应聘者名单等。在确定具体面试计划时，要先与考官确认面试时间，确保考官有时间参与；确认面试地点可用，避免临时调换等现象，从而给应聘者留下不良印象。其次，对于通过初步甄选进入面试阶段的应聘者，在确定好面试时间后需要进行面试通知，通知的方式包括电话通知、信件通知、E-mail 通知、短信通知等方式。在通知中要明确以下内容：一是告知具体的面试时间、地点、联系人、联系电话、交通方式；二是告知应聘者需要准备的具体事项等。

二、面试实施阶段

面试实施阶段是面试的核心阶段，指的是具体面试的实现过程。事实上，从应聘者进入招聘组织后、未进入面试室之前，就已经可以对其进行一些观察了，通过在候考过程中的一些行为表现也可以对应聘者进行了解。

从招聘组织方来讲，也要做好接待工作，事先协调好大楼保安、门卫和前台服务人员，方便应聘者顺利到达候考室；运用事先准备的签到表进行签到，并安排好候考，包括提供一些诸如公司介绍等阅读材料和茶水；在规定的时间将应聘者引入面试室，并由考官确认身份后正式开始面试。

正式面试包括五个阶段。

1. 关系建立阶段

首先，考官通过简洁的欢迎词和一些与工作无关的开场白，为应聘者创造轻松、友好的氛围,主要使应聘者放松心情,逐步进入到面试状态。这一阶段的问题可以涉及比较熟悉的事情,诸如交通、天气等主题,如:“路上过来多长时间?”“我们这里容易找到吗?”

其次,考官通过面试指导语的介绍,使应聘者了解面试的基本意图、规则、时间和流程安排,做到心中有数。

2. 导入阶段

考官可围绕简历或申请表提出一些应聘者比较熟悉的问题,以缓解其紧张情绪。这些问题包括个人的学习或工作经历介绍等,问题较为宽泛,自由度大。这一阶段的问题可包括:“请简单介绍一下你的学习经历”“请介绍一下你现在工作的具体职责”。

3. 正题阶段

考官根据面试题目以及相关要求与应聘者进行双向交流,获取应聘者与应聘岗位核心胜任力的匹配信息。通过一系列基于关键能力的行为性问题以及相应的追问,一方面使应聘者充分展示自我,另一方面可以获取应聘者的关键信息。考官在此过程中充分运用提问、倾听、引导、观察、记录的技巧,全面获取应聘者的知识、能力、个性特征等资料,以供最后评价之用。这一阶段的问题如:“当你的领导误解你,当场对你进行批评时,你怎么办?”追问:“能不能举个例子讲一下当时的情况是怎样的?”追问:“后来你是怎么处理的?”

4. 深入阶段

在完成常规问题提问之后,可以提出一些有深度的、敏感的或尖锐的问题,包括对初步甄选中的疑点、本次面试过程中的不足进行深入探究,以期获得应聘者更为全面的信息。这一阶段的问题如:“刚才讨论的实例中你提到人力资源规划,具体你会怎么做?”

5. 面试结束阶段

在考官问完问题之后、面试结束之前,给予应聘者一个补充和修正面试过程中回答内容和向考官提问的机会。然后在友好的气氛中结束面试,并说明告知面试反馈结果的周期,让应聘者等待通知,最后对应聘者表示感谢。这一阶段的问题如:“你有没有什么要补充的?”“你有没有什么问题还需要了解的?”

三、面试评价阶段

面试评价是指面试过程中根据应聘者的面试表现进行评价的过程。面试结束后,考官应回顾面试记录,根据面试记录中的信息在面试评价表中对应聘者进行评价。

一般评价方法有打分式评价、评语式评价和综合式评价。

打分式评价是对应聘者各个考查内容对比评分标准后打分，比较简单易行，但无法体现应聘者个体的差异性；打分式评价可有量词式标准，由强到弱表述为：很好、较好、一般、较差、很差。

评语式评价是对应聘者不同考查内容的完整特征的描述，但要求较高，评价时间较长；如主动性，由强到弱表述为：提前行动，能意识到别人没注意的问题，具有前瞻性，能在没有确定正反的情况下，主动采取必要步骤解决；能在问题出现时迅速采取行动，在了解相关政策后及时做出反应，以使出现的问题最少或阻碍最小；能按照要求自主地开展工作，不需要督促完成任务；完成工作不自觉，需要在别人督促下进行。

综合式评价则是打分式评价和评语式评价的综合，在打分的基础上同时对应聘者的一些典型特征进行描述，既可以横向比较，也可以纵向比较。

面试评价不宜在面试实施过程中进行，以避免对应聘者的观察不够全面，一般在面试结束后马上完成，以免时间间隔太久遗忘信息导致错误的评价。从操作过程而言，考官先各自打分，之后可以进行考官内部评议，最后将分数提交给工作人员进行汇总，通过面试计划拟订的权重核算出应聘者的面试得分。有时还可由主考官组织最后的评议，对相关应聘者的表现进行讨论和分析，得出最终的结合招聘岗位要求匹配性的结论。

如果面试是本次甄选的最后一个环节，可以结合录用标准做出相应的决策意见。

第三节　面试试题的设计

决定面试效果的一个重要因素是面试试题的质量，面试试题的设计是面试准备工作中的重要环节。遵循有效的设计原则、选择有效的试题类型会对试题的质量产生直接的影响。

一、面试试题设计的原则

1. 面试内容要直接体现面试的目的和目标

面试的目的是要考查应聘者的能力水平、工作经验、体质精力以及其他方面的情况，要依据面试评价目标设计试题，围绕面试重点内容来编制。

2. 试题的科学性与可测性统一

面试试题不仅应该是正确的、科学的，而且从达到面试目的而言应该是实用的、有效的。并不是任何表述科学、严密的问题（如笔试中的问题）都可以用在面试之中，用逻辑类考题来考查应聘者的思维能力效果往往并不好，因为这类题目在面试的压力情况下，常令应聘者张口结舌，无话可说，使面试无法进行下去；而让应聘者就某一现象自由地发表自己的看法，常能使应聘者有话可说，于自然表述中体现出思维水平。同时要注意的是，面试题目应语言精练、明确，不宜过长，一般每个问题的提问时间不可超过 40 秒，而且应是应聘者群体易于理解的，没有歧义的。

3. 题目要有共性和个性

面试题目可分为个性问题和共性问题两大类。个性问题，要针对应聘者的不同经历和岗位要求提出，而且问题必须非常明确具体，能紧紧抓住个人经历和岗位要求中有代表性的东西，提问不在多而在精。共性问题，主要指围绕岗位需要的专业知识所提出的问题。但要注意，不能对所有应聘者都使用同一套试题。

4. 试题的新颖性与启发性结合

为提高试题的效度，应该注意材料新、视角新、观念新、表述新、形式新，避免重复特别是简单重复，以便于有效评价应聘者某些素质的真实水准。但这种新颖、新异、新鲜要与富于启发性结合起来，从而促使应聘者的相似联想和对比联系进入活跃状态，摆脱拘束与紧张，切实挖掘其能力和潜在素质。

二、面试试题的类型

面试中的试题题型构成主要有开放性问题、封闭性问题、背景性问题、智能性问题、意愿性问题、情景性问题、行为性问题七种。每一种题型都要求能够体现出测试基本能力要素的功能。

1. 开放性问题

开放性问题指的是问题没有标准答案，具有开放性，使应聘者在回答中能提供较多信息的面试试题。这种问题不让应聘者提供简单的“是”或“否”的答案，而是要求应聘者根据自己的理解来回答。

开放性问题的优点包括：鼓励发言；信息充足；缓解压力；综合判断。另外，根据应聘者提供的大量信息，便于主考官做出公正评判。

开放性问题的不足之处包括：耗用时间；容易跑题；不便于准备。

问题样例：您为什么要应聘我们公司？您的业余时间通常是如何度过的？

2. 封闭性问题

封闭性问题是指要求应聘者用非常简短的语言，甚至是用“是”或“否”来回答的问题。尽管封闭性问题无法给面试考官提供较多的信息，但这种问题仍然是必要的。例如，它可以使面试考官很好地控制面试的场面和进程、可以帮助面试考官澄清或验证某些信息、可以用最简洁的方式得到最有效的信息、可以作为各种形式的问题之间的过渡等。在很多情况下，封闭性问题本身的回答似乎并不重要，而关键在于它后面的探索性问题、行为性问题等跟随而至的其他问题。例如，对“你喜欢你的前一份工作吗?”这个问题本身回答所得出的信息并不重要，无论回答“是”或“否”都无关紧要，关键在于对这个问题后面的探索性问题“为什么”的回答。

问题样例：你喜欢你的最后一份工作吗？你经常在众人面前做演讲吗？

3. 背景性问题

背景性问题，又称导入性问题，一般用于面试的开始阶段。作为导入题目，一是营造良好的沟通气氛，缓和应聘者的紧张情绪；二是帮助考官对应聘者有基本的认识和大致的了解，为双方之间的进一步交流和沟通收集有价值的话题。背景性问题主要指应聘者个人基本情况方面的信息，包括简历、个人经验等。

问题样例：请谈谈你对参加本次招聘面试有什么准备?

4. 智能性问题

智能性问题主要考查应聘者的综合分析能力、逻辑思维能力、言语表达能力等。智能性问题不是单纯的智力问题，而是一些值得思考和争论的各种现实问题或社会问题。通常这类题目关注的不是应聘者的观点是否正确，而是看其是否能够抓住问题的症结，能否以充足的论据、合理的分析和清晰的逻辑来阐述观点，说服他人。

问题样例：对“钱不是万能的，但没钱是万万不能的”这句话你是怎么理解的?

5. 意愿性问题

意愿性问题主要用于考查应聘者的价值取向、求职动机、与职位要求的匹配性以及生活态度等个性倾向性。对于此类问题，有时是直接询问应聘者的动机和个人志趣，有时是通过投射和迫选两项技术来实现。投射是通过询问其他看似无关的问题来对应聘者进行侧面考查，而迫选是通过两项或多项具有等值性的问题，迫使应聘者从中选择其一。这样做的好处是避免应聘者按照社会期望的价值取向来回答，对应聘者的评价更真实。

问题样例：我们这个职位在本地和北京公司都有设置，你愿意去哪个地方？为什么？

6. 情景性问题

情景性问题，也称假设性问题。这类问题通常描述一个针对相关能力的、与工作有关的假定情景，要求应聘者回答在这个给定的情景中他们会怎么做。此类问题由于可以设计编制不同的情境,根据需要解决问题的不同,可以测试应聘者的各种领导能力,如组织协调能力、决策能力、计划能力等。

问题样例:当你乘火车去参加一个重要的会议时,走出站台后突然发现公文包被遗忘在火车上,这时火车已经开走了。公文包里有你准备1小时后发言的一篇讲稿,你这时怎么办?

7. 探索性问题

探索性问题通常在面试考官希望进一步挖掘某些信息时使用,一般是在其他类型的问题后面继续追问。因为应聘者很难在一个问题的回答中就让面试考官得到其想要的全部信息,而且在应聘者的回答中还能继续引发出一些面试考官感兴趣的话题,所以就要求面试考官对应聘者做出追问,这些追问的问题往往就是探索性问题。探索性问题通常是围绕"谁""什么""什么时候""怎样""为什么"等展开的,从而获得有关这些内容的信息。

问题样例:请详细说说在以往的工作中,由你组织的比较成功和不太成功的活动各一次,并说说体会。

8. 行为性问题

行为性问题是通过让应聘者确认在某种情境、任务或背景中他们实际做了什么,从而取得应聘者过去行为中与一种或数种能力要素相关的信息。目的是通过关注应聘者的过去行为,来预测应聘者的未来表现。在国外测评技术中,由于行为性问题是结构化面试的主要问题类型,因此结构化面试有时也被称为行为性面试。

行为性面试的技术就是在对目标职位进行充分、深入分析的基础上,对职位所需的关键胜任特质进行清晰的界定,然后在应聘者过去的经历中探测与这些要求的关键胜任特质有关的行为样本,在胜任特质的层次上对应聘者做出评价。

行为性面试的几个要点是:通过过去的行为预测未来的行为;识别关键性的工作要求;探测行为样本。对行为样本进行描述要把握四个关键的要素,即情境(situation,描述应聘者经历过的特定工作情境或任务)、目标(target,描述应聘者在那种情境当中所要达到的目标)、行动(action,描述应聘者为达到特定的目标所做出的行动)和结果(result,描述行动的结果,包括积极的和消极的结果、生产性的和非生产性的结果)。这四个要素的英文缩写就是"STAR"。具备了这四个要素的事件就是一个完整的行为样本,它可以有效地考查应聘者对拟任岗位的胜任力。而包含了情感和观念的描述、理论性的和未来导向的描述以及不清晰的描述都是不正确的行为样本描述。

问题样例:"请讲述你在过去的工作中遇到的一件事情,当时要求你处理非常紧急的项目,而且时间的限制也是不合情理的。讲讲当时的整个情况。"

追问的问题:

1. 请谈谈当时的最大问题是什么?

2. 你在当时是什么样的角色？你的具体任务是什么？

3. 你采取了哪些措施？为什么会想到这些方法？

4. 最终的效果如何？

基于关键胜任能力的行为性面试使得面试考官能够根据事实做出有效评价。这种面试是结构化的、与工作相关的、侧重考查具体及可衡量的胜任能力的。基于关键胜任能力的面试并不意味着在面试时全部采用基于关键胜任能力的问题，即行为性问题，在面试中也应适当采用其他类型的问题，但是，行为性问题所占的比重大约为70%。

三、面试试题设计编制的程序

设计、编制面试试题，主要有以下几个环节。

1. 制订试题编制计划

制订试题编制计划，就是对整个试题编制做通盘的总体构思，把最基本的东西先确定下来，为后面的工作打好基础。事实证明，制订好试题编制计划，是使编题工作按部就班、顺利完成的保证。

试题编制计划应该明确以下问题：测评目的，明确为何测评及测评结果的用途；测评项目，明确对哪些素质项目进行测评以及测评结果的质量要求；测评对象，对应聘者的总体情况，如学历、专业、工作经历等构成有所了解，明确针对性；测评模式，明确是口试类的模式还是模拟操作类的模式，只有模式确定后，才能考虑拟题；测评题型，明确采用哪些试题题型；取材范围，明确选用哪些素材；对拟题工作的质量与数量要求；工作程序与工作进度。

2. 编制题卡

对于比较规范化的面试，为了适应考官临场选择、组合试题的需要，要编制面试题卡。

面试题卡一般包括下列几项内容：

(1) 试题。也即题面，包括“给定条件”和“作答要求”两部分。有时候，当“给定条件”不言而喻或应聘者能想出时，也可省略。

(2) 用途。也即该试题的测评意图、可测评的项目或预期效果等。

(3) 答案。面试题的答案，情况比较复杂。有的是有唯一正确答案的，如知识测验；有的是没有统一答案的，但有“可接受答案”“允许答案”；有的是既没有统一答案，也没有“可接受答案”“允许答案”，只需应聘者作出答案就行。题卡中，要针对这些情况分别载明答案的类型，如正确答案、参考答案、答案要点、允许答案、可接受答案、无统一且不需统一的答案，等等。

(4) 标准。根据答案的不同情况，提出做测评结论的指标及水平刻度，以便评定等级、分数或评语。

(5) 使用方法。对各种注意事项予以说明。

试题示例：

1. 题目：如果在工作中，你的领导非常器重你，经常把别人职权范围内的工作分配给你做，同事对你颇有微词，你将如何处理这类问题？

2. 出题思路：情景性问题。将应聘者置于两难境地，考察其人际关系的意识和技巧，主要是处理上下级和同级权属关系的意识和技巧，即人际沟通能力。

3. 评分参考标准：

优：感到为难，并能从有利于工作、有利于团结的角度去考虑问题，态度积极、委婉、稳妥地说服领导改变主意，同时对同事一些不合适甚至过分的做法有一定的包容性，并进行适当沟通。

中：感到为难，但又不好向领导提出来(怕辜负领导的信任)，私下里与对你有意见的同事进行沟通，希望能消除误会。

差：不感到为难，坚决执行上级交代的任务，并认为这是自己能力强、能干的必然结果。

3. 试测分析

试题编制好以后，要对其质量进行鉴别，即对该题的鉴别力、难度、形式等问题进行判断。最好的鉴别方法是先选择一些“应聘者”进行测评，通过使用来验证试题的质量。

4. 试题组合

结构化面试的基本试题，要事先根据测评项目、测评时间、测评模式等进行组合，并编制成面试题本。面试考场上，在基本试题的基础上，考官可以针对应聘者的作答提出关联性、展开性问题。

四、面试试题设计的几大误区

随意编制面试试题，会导致问题所采集的信息与所需要的信息不匹配或质量无法保证，使面试达不到应有的效果。试题编制中的误区包括：

(1) 无效问题。应聘者一般都希望得到应聘职位的工作，会有按照考官期望回答问题的倾向。无效问题无法有效提供真实信息和区分应聘者的能力。

如：这个岗位有很高的难度，你有信心做好吗？

(2) 歧视问题。有些问题涉及个人隐私，存在歧视的倾向，不利于对信息的有效采集。

如：你有男朋友吗？你们某某地方的人是不是都有某些坏习惯？

(3) 暗示问题。如果有些职位要求具备某种能力,如团队合作能力,而你的问题可能会存在明显的暗示作用。

如：你喜欢一个人工作还是和其他同事合作完成工作?

(4) 重复问题。

有些问题从表面上看题目是不同的,但本质上采集的内容是一致的,这就浪费了宝贵的面试时间。

五、常见的面试试题示例

面试可以从多方面对应聘者进行考查,同时不同岗位对能力的要求也有所不同,因此对于同样的考查内容,需要有不同的试题来展开提问。表 7-4 为面试试题的一个示例。

表 7-4　面试问题与评价要点

考查指标	面试试题	评价要点	适合对象
求职动机	为什么希望来我们公司	过去与现在工作的态度、工作的期望、个人的发展要求和对求职职位的了解等	所有对象
	你最希望从事的工作是什么		所有对象
	工作中你最不能容忍的事情是什么		所有对象
语言表达能力	不单独设置问题,综合面试过程判断	语言是否流畅、准确、有感染力,语音语调节奏是否合适	所有对象
人际沟通能力	请介绍一下你最困难的一次销售经历,你是如何与客户沟通的	是否乐于、善于与人交往,能否有效协调人际关系,能否有效说服他人、解决人际冲突	销售人员
	当你提出一个新的方案,并确定是正确的,但遭到别人反对时,你会怎样做		技术人员、管理人员
	请举例说明如何成功处理一个大客户的投诉		客户服务人员
计划组织能力	如果你成功获得应聘的管理职位,你准备如何开展工作	做事是否有准备、有条理,能否有效进行时间管理,有否组织活动的能力	管理人员
	举例说明你最为成功的一个项目是如何实现的		管理人员等
	你在完成上司交给的任务时,时间上是如何安排的		所有人员

续 表

考查指标	面 试 试 题	评价要点	适合对象
综合分析能力	你认为高校的教育体系和企业的应用体系之间的差异如何解决	对问题能否抓住本质和要点，分析问题是否有条理、有逻辑	所有人员
	你认为一个人成功的关键因素是什么		所有人员
决策能力	你是如何看待决策方案中的“最优”和“更优”的关系的	决策是否果断、依据是否合理、是否能有效比较不同方案	管理人员等
	举例说明你在做重要决策时考虑哪些因素		管理人员等
应变能力	在实际工作中如果你的观点同事很赞同但上司不满意，你会怎么办	头脑的机敏程度，对问题的理解是否准确迅速、回答是否迅速恰当	所有人员
	你做出的重要决定，但结果却事与愿违，你该如何处理		所有人员
情绪控制能力	当你向客户推销产品时，遭到多次拒绝，你会怎样调整心态	能否正确评估自己，在遇到挫折时能否控制自己的消极情绪和冲动，能否采取宽容、忍让的态度，理智地对待他人与工作	销售人员
	如果你的一些技术方案被其他同事剽窃，并获得领导嘉奖，你会如何处理		技术人员
	如果你的一位年龄比你大的下属不服从你的工作派遣，你如何处理		管理人员
专业知识与技能	学校教育所学的专业是什么，有些什么样的核心课程	专业知识的深度和广度，专业与能力是否符合岗位要求，相关经历是否有助于高绩效的实现	所有人员
	参加过一些什么样的专业训练，有什么收获，如何有效运用		所有人员
	学校或单位中的人士如何评价你的专长或能力		所有人员

第四节　面试实施技巧

面试有效与否，除了需要规范的管理流程，还需要考官掌握面试技巧。有效利用各种面试技巧，将大大提高面试的有效性和可靠性。具体的面试技巧可以从“提问”“倾听”“观察”“引导”“记录”“评分”六大方面入手。

一、面试中的提问技巧

提问是面试实施过程中的核心技术，提问的目的是获取应聘者与应聘岗位匹配性的信息。结构化的面试试题事前已经设计好，形成了题本，可直接运用于面试过程中，但要有效地获取信息还需要考官的有效提问。主要的提问技巧一般有以下几种形式：

(1) 提问应该是有组织、有计划的。考官在面试考场上，要充分考虑好提问的整体结构，做到既全面又重点深入，既灵活多样又有条不紊。做到这些，一方面需要事先设计和协商分工，另一方面需要考官之间在现场互相“关照”“意会”。

(2) 提问应遵照由易到难的原则。考官提问要循循善诱、由浅入深、由表及里、由简到繁、逐步深入，使面谈在融洽的气氛中进行，以避免应聘者因紧张而不能展示全面素质。

(3) 话题数量要适度。在短短的几十分钟内，必须提问的话题本身就很多，有深有浅、有宽有窄，所以，要控制话题数量，保证最要紧的话题的回答时间，话题与话题之间要相互联系、层层递进。

(4) 注意关联提问。考官要多问“为什么”“究竟怎么样”，特别要抓住应聘者回答含糊、有意回避的地方，深究穷追，当然，也应注意不在枝节问题上纠缠，该止则止，更不要故意刁难应聘者。

(5) 牢牢记住提问意图。每提一个问题，都要有针对性，有明确的测评意图。

(6) 提问时要诚恳、友善、不卖弄、不欺侮人，切忌提侵犯应聘者隐私的问题。

二、面试中的倾听技巧

面试中倾听的目的是有效地收集提问后应聘者反馈的信息，通过倾听来识别有效信息，为评价奠定基础。优秀的面试考官不仅是一个优秀的谈话者，同时还是一个优秀的倾听者，因为不论考官口才如何，若不懂得倾听，就很难采集到全面的、客观的、有效的信息。“听”，并非简单地用耳朵就行了，必须同时用心去体会理解，并积极地做出反应。因此，面试考官在面试的过程中除了关于有效地运用各种问题之外，还必须做一个好听众。为了做到积极有效地倾听，必须注意以下几点。

1. 积极地倾听

考官在面试过程中所犯的一个最大错误就是讲得太多。事实上，在面试中，考官讲话的时间应该不超过30%。倾听时要仔细、认真，表情自然，不能不自然地俯视、斜视,或者盯着对方不动;以免给应聘者造成过大的心理压力,使其不能正常发挥。慎用一些带有倾向性的形体语言,如点头或者摇头,以免给应试者造成误导。

2. 客观地倾听

避免夸大、低估、添加、省略、抢先、滞后、分析和机械重复错误倾向等。作为一名面试考官,最忌讳的就是在面试的时候带有个人偏见,例如,不喜欢应聘者的发型,或者觉得应聘者的观点和自己的理解不同等。这些个人偏见都会影响对所得信息进行加工,因此要抱着友善和体谅人的心情进行倾听,体现出对应聘者的关怀和启迪。

3. 反馈式倾听

如果考官一时没有听懂对方的话或有疑问,不妨提出一些富有启发性或针对性的问题,这样不但使考官的思路更明确,对问题的了解更全面,而且让应聘者在心理上觉得考官听得很专心,对他的话很重视。

4. 思考着倾听

在应聘者讲话的时候,面试考官有足够的时间进行思考。比如可以将应聘者现在所说的话和前面所说的话相互联系起来等。此外,注意从应聘者的语调、音高、言辞等方面区分应聘者内在的素质水平,如讲话常用"嗯""啊"等间歇语的人往往自我感觉良好,要求他人对其地位的重视。

5. 归纳性倾听

具备足够的敏感性,善于从应聘者的话语中挖掘出没有直接表达出的意思,善于听出与工作相关的信息。特别是有的应聘者语言表达能力不是很强,回答问题总是不能切中要害,这就更需要从其回答中提取出与问题有关的内容。

6. 总结性倾听

由于应聘者常常不能一次性地提供一个问题的全部答案,或者经常从一个问题跳到另一个问题,因此考官要想得到一个问题的完整信息,就必须善于对应聘者的回答进行总结和确认。通常,考官可以用重复或总结的方式对应聘者的回答进行确认。例如:"刚才你讲到你的主要工作职责有三项:一是对公司的一些上传下达的文件进行管理;二是帮助总经理撰写一些文件,那么还有一项是什么?"

三、面试中的观察技巧

面试中观察的目的是在语言信息的基础上,结合对非语言信息的采集,来挖掘应聘者的内在反应,是语言信息的重要补充。研究表明,在面对面的沟通中,约有65%的信息都是靠非语言信息来传达的。面试过程中需要考官在很短的时间内迅速地、尽可能多地从应聘者身上获得所需的信息,并进行判断。因而,这种观察除具有一般性观察的特点外,还有其特殊性。

1. 较强的目的性

观察的目的就是为了更多地了解应聘者,进而为做出是否合格、能否任用的判断提供依据。

2. 可采用现代化的记录手段

比如录像、录音等手段,可以大大地帮助考官在面试过程中全面准确地观察应聘者,并为以后的分析工作提供有利条件。

3. 尽量有系统性

观察必须具有系统性,只有这样,才能排除由于偶然性获得的不能反映应聘者本质的材料,达到对应聘者的本质的真实认识。

倾听的内容主要是语言信息,观察的内容主要是非语言信息。非语言信息不仅能够起到补充作用,某种程度上甚至能更真实地表现应聘者的内心。这里的非语言信息主要是指面部表情、身体动作和手势以及说话中的停顿、语速、声调、声高和清晰程度等。从双方接触起,所有这些因素都会一同向面试考官发布信息。我们需要重视的不是手势、姿态本身有多么重大的意义,而是需要结合到具体环境中,这些手势和姿态表达了什么意义。非语言交际研究专家保罗·艾克曼曾经在他的面部情感计分方法(Facial Affect Scoring Technique, FAST)中提出可观察到六种用以评估面部非语言表述的不变模式:厌恶主要表现在鼻子、脸颊和嘴上;恐惧主要显示在眼里;悲伤主要表现在眉上、嘴上和眼里;气愤主要表现在额上、眉上;惊讶表现在脸部的任何区域。在面试的时候,面试考官不能单纯地根据非语言信息的变化得出结论,但是应聘者在面试过程中一些突然的非语言信息的变化将会提供值得思考的信息。例如,应聘者在面试的前 20 分钟内都是非常放松的,后背靠着椅子坐着,但当考官问到他为什么要离开现在的工作岗位时,他的背部忽然离开了椅背,身体挺直,移坐在椅子的前部。尽管他所讲的离职原因听起来是可以接受的,而且他在讲的时候也没有任何迟疑,但是他的身体语言的变化不得不让我们感到这其中一定有什么问题。因此,对于他所讲的话的真实性就会打一个折扣,在评价中就不能作为有效信息直接采信,而需要其他的信息印证。常见的非语言信息所表达的意义如表 7-5 所示。

表 7-5 常见的非语言信息所表达的意义

非语言信息	典型含义
目光接触	友好、真诚、自信、果断
无目光接触	冷淡、紧张、害怕、说谎、缺乏安全感

续 表

非语言信息	典型含义
摇头	不赞同、不相信、震惊
打哈欠	厌倦
搔头	迷惑不解、不相信
微笑	满意、理解、鼓励
咬嘴唇	紧张、害怕、焦虑
踮脚	紧张、不耐烦、自负
双臂交叉在胸前	生气、不同意、防卫、进攻
抬一下眉毛	怀疑、吃惊
眯眼睛	不同意、反感、生气
鼻孔张大	生气、受挫
手抖	紧张、焦虑、恐惧
身体前倾	感兴趣、注意
懒散地坐在椅子上	厌倦、放松
坐在椅子边缘上	焦虑、紧张、有理解力
摇椅子	厌倦、自以为是、紧张
驼背坐着	缺乏安全感、消极
坐得笔直	自信、果断

四、面试中的引导技巧

面试中引导的目的是为有效采集不同类型应聘者的信息提供的一些针对性的方法。大多数应聘者都会努力在面试考官面前留下良好的印象，他们会尽量清晰而完整地回答考官提出的所有问题，彬彬有礼、举止大方，向面试考官提出的问题也比较适宜。但并非所有的应聘者都表现得那么理想。在面试中，需要对不同类型的应聘者进行引导，以使其在面试中能充分展示自己，从而获取有效的应聘者信息。

1. 过分羞怯或紧张的应聘者

在面试刚开始的时候,就可以感觉到这个应聘者过于羞怯或紧张。这样的应聘者仿佛不太擅长言辞,对问题的回答总是很短,声音也不够自信。对待这些应聘者,考官可以尝试采取以下的方法:一是注意提问的方式。可首先问一些比较简单的问题,或是一些封闭性的问题。二是善于使用重复、总结等方式加强与应聘者的沟通。可重复应聘者讲话的某些要点引导其继续讲话,并且在一定的时间后要对谈话的内容进行总结,以获得更加充分的信息。三是使用带鼓励性的语言和非语言信息。如"慢慢来,别急"等。在音调方面则注意使用比较温和轻柔的声音。也可以使用一些带有鼓励性的身体语言,包括点头、微笑、直接的目光接触、身体前倾等。

2. 过分健谈的应聘者

有些应聘者似乎能无休无止地讲下去,他们不仅回答了考官提出的问题,而且还会主动说一些考官未要求回答且毫无价值的内容。这种健谈的应聘者可以让考官得到大量的信息,但同时也会浪费一些时间,因此有的时候,不得不阻止他们。对这类应聘者可以尝试用以下的方法:一是直接打断他们的话,将谈话引导到考官所关心的问题上来;二是在提问的时候要求他们做出简短的回答,以暗示他们不要讲得太多;三是当他们讲得偏离主题的时候,考官可以表现出没有兴趣听的表情或动作。

3. 生气或失望的应聘者

有时候作为考官你可能要面对那些生气或失望的应聘者。他们可能会由于各种原因而导致这种情绪产生,例如,可能他已经寄来简历有一个多月的时间了,但直到现在才让他来面试,或者负责接待他们的人态度不好等。但无论什么原因,考官应对能够解释清楚的原因进行解释,并对应聘者的意见表示感谢,表示会通知有关人员解决。最重要的是,应该告诉应聘者,既然已经来面试了,就说明对组织所提供的职位感兴趣,那么就开始讨论一下这方面的问题。接下去可以聊一些有利于缓和气氛的话题,然后就可以进入正常面试了。

4. 支配性过强的应聘者

有的应聘者在面试的过程中可能会反客为主,通常表现为不正面回答考官提出的问题,而是咄咄逼人地问考官问题。这些应聘者或者是过于自负,对工作比较挑剔,因此总是试图了解更多的组织情况,以便判断这份工作能否满足自己的意愿;或者由于想要掩饰自己某些方面的能力不足,顾左右而言他。考官应该尽快扭转这种局面,一般来说可以比较有礼貌而坚决地告诉应聘者:"对不起,你想了解的这些问题我们在后面会有机会讨论,现在我所关心的是……"

5. 情绪化或非常敏感的应聘者

有些应聘者当被问到某些问题或者讲到某些话的时候,会突然情绪激动起来,例如哭泣。遇到这种情况的时候,考官应表示理解和关心,给应聘者倒杯水,递张纸巾,尽量使其平静下来。必要的时候,也可以让其单独待一会儿,等其情绪恢复了再继续进行面试。往往在这种情况下,应聘者会与考官真正分享内心的感受。值得注意的是,如果一个职位需要的是有稳定的情绪和良好的自控能力的人,那么这样的应聘者要慎重考虑。

五、面试中的记录技巧

面试中记录的目的是为了有效记忆应聘者的表现,并为之后的评价提供直接的依据,也是进行应聘者之间比较的信息基础。考官可以在面试期间先记下关键词和想法,随后马上扩展笔记,能确保记住那些重要的事实。记录应遵循以下原则。

1. 避免主观性语言

避免使用主观性哪怕是赞赏性的语言是获得有效的面试后文献的重要前提。换句话说,考官记下的所有评论都应当是客观的。例如,说某位应聘者有魅力就是一种主观的描述;相反,记下"应聘者的外表与其在组织所担任的职位的形象相符"就很客观。

2. 避免记录无事实根据的意见

考官要注意不要记录没有充分与工作相关的事实依据的意见。孤零零的、没有具体根据的意见意味着考官虽然得出了某种结论,却没有找出支持这些结论的依据。

3. 做具体描述

在面试量很大的情况下可以采用此项技巧。见了那么多人之后,考官很难重新审阅每个人的申请表或简历,并将他们彼此区分开来。要解决这一问题,可考虑偶尔使用一下描述性语言,帮助考官回忆起那场具体的面试。

4. 为面试录音录像

有些考官觉得做记录涉及的问题太多,要花费不少时间,而将整个面试过程录下来要容易一些,这也有利于在对应聘者评价有争议时进行复核。

此外,要注意考官与应聘者之间不要靠得太近,以免记录时会使双方感到不便,防止应聘者看到或影响应聘者的注意力,可以考虑将记录纸前端稍立起与桌面成一定角度。

六、面试中的评分技巧

面试中评分的目的是对面试采集的应聘者信息的梳理和认定，最终给出正确的评估意见。由于评分带有一定的主观性，因此，统一评分标准，提高评分技巧，对于客观评价应聘者尤为重要。这个过程要注意以下方面。

1. 不要过快做出判断

有时考官会根据简历的材料对应聘者进行初步判断，并通过面试进一步了解应聘者，为了节约评分时间，有时甚至会在面试过程中就对应聘者完成评分。这样的操作过程由于信息采集不完整，影响评分的有效性。因此，遵循面试规则，按照面试流程进行评分，可以避免过快做出判断，使评分更加准确。

2. 不要受面试次序的干扰

接见应聘者的次序，也会影响面谈考官的评定结果。有一项研究发现：一位“中等”水平的应聘者在好几位“不理想”的应聘者之后进行面试，结果考官对他的评价大大高出他实际的水平。这就是受到面试次序影响的结果。

3. 不要被应聘者表情所迷惑

有好几项研究指出，应聘者若有较多的眼神凝注、点头、微笑，或其他类似的形体动作表现，则得分较高，而且通常这些因素占总评分的80%以上。如其中一项研究中，将52位人事专家平均分成两组，然后以播放录像带的方式，由他们来分别评估荧屏中出现的同一应聘者。该应聘者所陈述的工作经历大同小异。不过，第一组人事专家所看到的应聘者，其脸部表情较古板、声音较低沉，而且没有什么笑容；第二组人事专家所看到的应聘者，其脸部表情较丰富，声音较富变化，而且脸上常带着微笑。研究结果指出，在第二组26位人事专家当中有23位愿意邀请这位应聘者再来做第二次面谈，而第一组的考官则很少愿意与这位应聘者再做第二次面谈。另外的研究表明，应聘者回答问题的语气、观点等方面有意讨好考官的话，也会提高考官的评价。

4. 评价标准把握要宽严适当

在面试实践中，因测评标准把握不当而形成的误差，在对所有应聘者的评分方面主要有三种表现：一是考官有“老好人”倾向，标准把握过宽，对所有应聘者的评定结论普遍偏高，出现宽大化倾向；二是标准把握过严，对所有应聘者的评定结论普遍偏低，出现严格化倾向；三是标准宽严不定，对所有应聘者的评定结论集中在中等，区分不出优劣，出现中间化倾向。在对单个应聘者的评定方面，由于把握标准失当造成的误差，主要是使用不当，如把“能力强”的评定为“一般”，把“一般”的评定为“强”，等等。

为了得出较为准确的评定结论，面试考官要注意以下各原则和方法。

(1) 严格遵循“面试评分表”的要求。只有按照表中的规定来掌握，不任意增减、删除或变更要求，才能实现评价的一致性，确保评分的有效性。

(2) 认真分析应聘者提供的信息。有些应聘者能言善辩；有些应聘者善察言观色，能博取考官欢心；有些应聘者则由于缺乏经验、自卑等原因，表现得很谦卑，不会给考官留下一个较好的第一印象。因此，面试考官只有在认真分析的基础上，才能去粗取精、去伪存真、由表及里地进行判断，得出正确的结论。

(3) 依据要充分。考官掌握的应聘者信息越充足，评定结论的可信性就越大。只根据片言只语就下结论，是应该被禁止的。例如，根据应聘者只说过一句“我当过销售部的经理”，就得出“该应聘者有领导才能”的结论，就很危险、很不科学。因为有种种原因使他当上“经理”，并非当过经理就一定有领导才能。因此，对面试过程进行有效记录，依据记录比照评分标准进行评分，可以防止考官的主观偏差。

(4) 独立自主评定。面试中，只有在不得已的情况下才能让一名考官主持。因为一人主持面试并做结论，使得因考官个人原因出现误差的可能性大大增加，而且难以及时纠正。所以，为了把因考官个人原因引起的误差降低到最小限度，对应聘者各个方面的情况做出更客观的判定，由数名面试考官组成“评价小组”是非常必要的。在小组中，各个考官应先独立自主地做出评定结论，然后进行集体讨论。

(5) 比较综合。单个考官的评定，往往会存在偏差、局限。为了减少误差，力求客观准确，就要对各个考官独立自主做出的结论进行讨论比较，纠正不合理的，得出较为一致的准确结论。如去掉最高分、最低分的做法，就是一种剔除异常数字的综合处理方法。当然，比较的准则应该是“测评标准”，而不是某个权威者的评定结果。

本章小结：

本章集中阐述了人员招聘面试的概念、特点，实践中存在的问题；确定面试内容的原则程序，用什么方法确定面试内容，常见的面试内容有哪些；讨论面试试题设计的原则要求、设计的步骤、面试试题的类型，为面试考官编制面试试题时提供指导和范例；分析面试的组织管理应该注意哪些问题、运用哪些技巧面试、面试提问中应注意的事项、面试过程中如何倾听与观察，为考官进行有效的面试提供指导。

案例分析：

1. 刘孝通的面试过程有什么问题？面试题目的设计存在哪些不足？

刘孝通在面试过程中尽管试图采用结构化的方法进行面试，但没有遵循结构化面试的规则，缺乏明确的评价标准，实施过程中也未遵循规范的流程，而是基于主观的感觉进行评判，有效性较差。从试题设计而言，有些具有明显的暗示成分，诸如“你觉得团队管理很重要吗”这类问题，容易导致应聘者迎合对其评估内容的需求做出有倾向性的回答，造成采集的信息不准确，影响最后的判断和评价。

2. 请设计有效采集冲突处理能力的面试题。

如果要有效采集冲突处理能力的信息，可设计行为性问题，并遵循STAR（情景、目标、行动、结果）原则，提出以下问题：请谈谈你在以前的项目管理过程中解决成员间产生矛盾和冲突的情况。追问：当时什么情况下出现了问题？为什么会出现冲突？你采取了什么措施？最后结果如何？

思考题：

1. 目前常用的面试可以划分为哪些类别？
2. 面试的基本过程包括哪些阶段？
3. 确定面试内容的原则是什么？
4. 面试试题设计的要求有哪些？
5. 面试试题设计的步骤是怎样的？
6. 结构化面试的操作程序是怎样的？
7. 面试提问中应注意运用哪些技巧？
8. 面试过程中如何倾听？如何观察？

第八章 评价中心

引导案例

海天公司区域经理的评估

海天保健品公司是一家集现代生物和医药制品研制、生产、营销于一体的高科技企业，在国内保健品行业具有很高的知名度。随着业务的发展，公司希望在未来的时间里抓住机遇，加快实现超常规发展，在产品系列化、产业多元化、经营规模化、市场国际化的基础上，使公司的品牌真正成为国内、国际知名的一流品牌。一流的品牌必须要有一流的人才来支持。根据公司制订的下一年度的发展计划，需要在某地区新建销售网点，要招募 8 名区域经理。通过一系列前期的招募工作，进行了简历甄选，最后有 20 名应聘者脱颖而出。为了保证对这 20 名应聘者的有效甄别，海天公司人力资源部经理郑晓琳决定采用评价中心技术对其进行评估。

郑晓琳通过朋友获得了另外一家公司的地区经理的岗位胜任能力模型，并以此作为海天公司区域经理的评价内容。具体包括：① 知识素质，包括市场营销、法律、财务等方面的知识；② 心理素质，包括情商、工作风格、个性特征等；③ 职业素养，包括诚信度、成就动机、激情等；④ 核心能力，包括决策能力、市场分析能力、系统思考能力、创新能力等。

一方面，公司组建了由总经理、人力资源部经理和 3 名资历较深的经理组成的考官小组；另一方面，确定通过以下方法来评估应聘者的胜任能力，具体包括无领导小组讨论、文件筐、管理游戏、结构化面试四种方法。

但是在整个评估实施过程中，出现了很多问题，诸如由于应聘者众多，耗费了考官大量的时间，时常出现考官无法到齐的情况；此外，考官对应聘者的评价不一致，对应聘者的综合评价争议较多。最终好不容易选拔出了 8 名区域经理，并安排到了相应的岗位上。

半年过去了，在评估 8 名区域经理的绩效时发现落差很大，有 3 人根本无法胜任该职位，需要重新招聘。

案例讨论题：

1. 郑晓琳在区域经理招聘的甄选中选择了评价中心技术对吗？为什么？
2. 招聘半年后出现了不符合预期的结果，原因是什么？

第一节　评价中心概述

评价中心是近几十年来西方组织在进行人员招聘中广泛运用的一种甄选技术，它不是一个机构或场所。它起源于德国心理学家1929年建立的一套用于挑选军官的多项评价程序，之后经过不断的完善，并开始应用于商业领域，其中美国电话电报公司(AT&T)的管理特性研究堪称评价中心的里程碑。该技术为组织带来了巨大的经济效益，施乐公司(Xerox)曾采用评价中心测评500名销售经理，共花费34万美元，而实际增加的经济收益为490万美元。

一、评价中心的含义

第28届评价中心国际会议对评价中心(Assessment Center，简称AC)给出的定义是：评价中心是由对多次行为的标准化评估构成的，由许多受过训练的观察者运用技术手段，对被考核人主要从专门设计的模拟情景中表露出的行为做出判断。这些判断被提交到评委参加的会议上或经过统计方法加以分析整合。在评分讨论过程中，每位评委要全面地解释被考核人行为的原因，提交评分结果，讨论的结果是按照设计好的以测定被考核人的维度/竞争能力或其他变量给被考核人绩效总评，应当运用统计的方法以符合专业认可的标准。

评价中心是一种程序而不是一种具体的方法，是以情景模拟技术为主体的多维度的综合性甄选技术，是一项对各类管理人员特别是中高层管理人员能力进行综合评估的技术，是现代人才测评方法综合发展的最高体现。评价中心的理论是基于人的行为和工作绩效是在一定的环境中产生和形成的，因而对人的行为、能力和绩效等素质特征的观察与评价，必须基于一定的环境这一基础的。

评价中心有广义和狭义之分，广义的评价中心包括心理测验、面试、情境模拟等综合测评技术；狭义的评价中心主要是指以情景模拟技术为核心的一系列测评技术，诸如讨论技术、公文技术、游戏技术等。

评价中心有着广泛的运用,诸如人员招聘、培训开发、职业规划等。在招聘应用中,评价中心是针对特定的岗位设计的,在工作分析的基础上构建素质模型,通过一系列与工作高相关的情景模拟任务的设计,要求应聘者完成,并由多位考官对应聘者在完成过程中的行为表现共同评价,评价中心一般运用于组织的中高层管理人员或一些关键职位人员的甄选上。

评价中心是多方法、多技术的综合体,常见的方法有无领导小组讨论、文件筐测验、管理游戏、角色扮演、模拟面谈、案例分析、搜寻事实、演讲、辩论等形式,它们的使用频率如表 8-1 所示。

表 8-1　各种方法在评价中心的使用频率①

复杂程度	评价中心方法名称	实际运用频率
更复杂 ↑	管理游戏	25%
	文件筐测验	81%
	角色扮演	没有调查
	有领导小组讨论	44%
	无领导小组讨论	59%
	演讲	46%
	案例分析	73%
	搜寻事实	38%
更简单	模拟面谈	47%

二、评价中心的特色

(一) 特点

评价中心技术的特点可以概括为以下五点。

1. 技术运用综合性

评价中心综合运用多种测评技术手段,把应聘者置于一系列模拟工作情境中,在一定的规则下展开活动,从而考查其与应聘职位胜任能力要求相关的各项能力与潜质。任何一种技术都存在不足,综合技术运用可以弥补各自的缺陷,大大提高了对应聘者评价的有效性。

2. 评价来源多样性

评价中心对应聘者行为的评价是通过一组考官共同实施的,考官来源于组织

① 童天:《评价中心技术的运用》,中国劳动,2005(8):62—63。

高层管理人员、直线经理、人力资源专业人员、外部测评专家以及行业专家等，一般在5人以上。

3. 测评情境仿真性

评价中心的核心技术是情境模拟技术，其测验基于目标岗位的个性化要求，所采用的测评情境与应聘者未来的工作情境高度相似，具有极强的针对性。

4. 测评过程动态性

评价中心对应聘者的测验是在设定的情境中动态进行的，并且有些是在应聘者之间互动展开的，这给予了应聘者充分的自主性。动态性在一定程度上降低了应聘者的掩饰倾向，使得某些特征能更清晰地被观察和比较。

5. 测评内容全面性

评价中心技术的运用，丰富了对应聘者的评价维度。由于运用了多种测评技术，每种技术可以测评多个维度，每个维度又有多种技术进行评估，因此为全面评估提供了条件。该技术不仅能很好地测评应聘者的实际工作能力，还能够测评应聘者的其他多种能力和性格特质。

（二）优点

1. 高可靠性

由于运用多种技术、经过多次测评，并采用定性和定量相结合的评价方法，减少了评价过程的误差，降低了测评结果失真的可能性，使评价结果能够通过交叉效度验证，大大提高了结果的可靠性，具有很高的信度。

2. 高预测性

由于评价中心测评具有高仿真性，是针对招聘岗位的实际要求设计的，因此这种仿真环境的行为表现对未来真实工作的绩效有着很好的预测，如表8-2所示。

表8-2 各种评价方法与工作绩效间的相关系数①

评价方法	工作绩效的相关系数(r)
评价中心	0.65
行为性面试	0.48～0.61
工作实习测验	0.54
能力测验	0.53

① Smith, M (1988) Calculating the Sterling value of selection, Guidance and Assessment Review, 4.

续 表

评 价 方 法	工作绩效的相关系数(r)
现代个性测验	0.39
自撰材料	0.38
推荐信	0.23
传统的非结构化面试	0.05～0.19

3. 高公正性

评价中心为应聘者提供了一个平等竞争的舞台,考官是一组具有不同背景和经历的各类专家和管理人员,可以在其评价应聘者能力时做到有效互补,避免单个考官因个人因素而造成评价结果的偏差,提高评价的公正性。

（三）缺点

1. 组织过程复杂

评价中心运用了多种技术实施测评,完整的评价中心包括知识测验、心理测验、面试和情景模拟测试;过程中有单独测试和群体测试。同时,测试的维度广泛。因此,整个过程是一个完整的项目管理过程,只有进行有效的组织才能降低测评的误差,提高甄选的有效性。

2. 实施周期长

评价中心涉及的测评方法众多,在招聘中,一般评价中心在实施测评之前要有大量的时间进行准备,通常需要一个月左右;测评实施时间因应聘人数、所测维度的多寡而不同,需要1～3天不等,有时甚至要一周;测评实施结束后,考官要花大量的时间进行评定,最终给出应聘者所有项目的个人评价和招聘综合报告,这也需要3天到1周的时间。因此,整个测试的周期较长。

3. 测评费用高

评价中心的核心技术是情景模拟技术,每项情景模拟技术需要针对岗位进行个性化定制,题目开发难度高,工作量大。同时,有些测评需要专门的场地、设备和道具支持,此外有时还要测评专家完成对应聘者详细的评价报告,因此花费的开发和实施成本较高。在美国,完整的评价中心评估一名被测者的费用从50美元到2 000美元不等,有的甚至高达8 000美元。目前国内一般的单人费用在几千元,也有些高达数万元。

4. 评价主观性强

评价中心主要通过考官的行为观察来进行评价,而考官由于来自不同的群体,其知识结构、能力特点、价值观等均有所不同，因此各自都有倾向性，如果缺乏有效的培训，容易对行为的判断没有统一的标准，从而产生评价的主观性，因此对考官的要求较高。

三、评价中心的适用范围

评价中心的实施复杂、费用高等特点，决定了评价中心比较适用于选拔中高层的管理人员和关键职位人员，而不太适合在招聘普通员工中全面运用，但有些方法可以结合招聘岗位的特点作为面试等甄选手段的辅助验证手段，如简易的无领导小组讨论等。而在组织内部的竞聘上岗中，评价中心也日益发挥出其积极的作用。

一般而言，评价中心所考查的内容有以下几种：

(1) 管理技能。包括计划能力、组织能力、协调能力、决策能力、预测能力、授权能力、团队管理能力等。

(2) 人际交往技能。包括口头表达能力、人际沟通能力、人际敏感性、团队合作能力、冲突解决能力等。

(3) 领导能力。包括领导风格、影响力、个人权威等。

(4) 认知能力。包括综合分析能力、思维灵活性、逻辑推理能力等。

(5) 工作与职业动机。包括成就动机、职业兴趣、职业价值观等。

(6) 个性特征。包括自信心、情绪稳定性、责任心、独立性等。

四、评价中心的实施流程

评价中心的实施为确保其有效性，需要按照规范化的程序进行，每一种甄选方法实施过程中均有各自的特点，但主要的阶段基本相类似，一般包括五个阶段。

(一) 确定评价指标

利用工作分析或胜任力特征的分析方法，对所要招聘的岗位进行详细分析，确定关键素质，建立关键指标。从评价指标确定的趋势而言，更多地从原来岗位的最低素质要求向可以区分绩效表现优秀者与一般者的个体潜在深层次特征发展。这些素质与绩效表现密切相关，成为评价中心评估的核心内容。为了提高对这些关键指标评估的准确性，一般而言核心指标数量不宜太多，否则考官无法对关键指标进行深度挖掘。目前，不同的评价中心测评指标数目差异较大，一般 5～27 个不等。有研究表明，在比较 3 个、6 个和 9 个评价指标对观察和评分的影响后发现，使用3个指标时,对行为进行分类和评分的准确性最高;使用6个时,行为观察的准确性最高。因此,从效果和效率的角度考虑,一般6～8个指标较为合适。同时,针对这些评估指标要有完善的评价标准,确定每项指标所要考查的行为表现,这是统一考官评价非常重要的信息点。

(二)设计方案

1. 确定方法

在确定评估指标后,需要通过方案设计实现评价中心的具体方法选择。为了提高有效性,需要遵循同一内容至少要有两个及以上的方法进行评价的原则,比如"影响力",可通过无领导小组讨论、面试、演讲三种不同的方法进行评估。但也不是越多越好,而是越优越好,以保证测评过程的高效,如对于"沟通能力"的测评,尽管心理测验也可以进行测试,但效果没有无领导小组讨论、面试等方法有效,因此就不一定要采用此种方法。在方法选择上应以情景模拟的方法为主,设计中各种方法的矩阵如表8-3所示。

表8-3　评价中心设计中的评价矩阵①

方　法	影响力	协调能力	授　权	决　策	分析判断
无领导小组讨论	★	★		★	★
文件筐测验			★	★	★
演　讲	★				★
角色扮演	★	★			★
半结构化面试		★	★	★	★

2. 设计试题并进行试测

根据确定的评价方法,开发实施用的试题。试题的情景要与招聘岗位工作情景相似,题目措辞得当、难度适中,避免出现天花板效应和地板效应。试题开发好后要在相似的人群中进行一定数量的试测,并进行必要的调整,以确保试题本身的信度和效度。

3. 制订测评计划

测评计划具体包括确定测评目标、设计测评流程和制订测评时间进度表,从而保证测评过程的合理性和有序性。

---

① 刘远我:《人才测评——方法与应用》,电子工业出版社2007年版,第268页。

（三）组建考官团队，进行考官培训

一般考官团队包括招聘组织的高层领导、直线经理及人力资源部门管理者，还有一部分是具有丰富测评知识和一定管理实践经验的专家，其中一名人员为主考官，其他为考官。考官的技术水平一定程度上决定了测评结果的好坏，由于考官的来源不同，有些是专业人士，有些是组织中的管理人员，因此每个人对行为的判断均有差异，必须统一就测评指标、测评方法、测评试题、观察技巧、记录技巧、评分技巧等方面对考官进行培训，以提高最终评价的一致性。

（四）管理测评过程

测评实施过程必须按照一套标准化的流程进行，一般要经历准备阶段、实施阶段和结束阶段这三个步骤。在准备阶段，由考务人员安排场地、分发资料、考官宣读指导语；在实施阶段，应聘者参与测试、考官观察并记录其行为；在结束阶段，考官宣布测试结束，考务人员引导应聘者离场，回收相关资料。

（五）进行结果评价

1. 评价沟通

测评结束后，考官将观察记录进行归类、评估，对应聘者的各项测评指标进行评分，然后对相关应聘者的表现进行讨论，达成一个一致性的意见。统一评价结果作为该应聘者的最终评分，一般对 1 名应聘者的评价不得少于 3 名考官参与。

2. 撰写报告

在考官达成一致性的评价结果后，需要进行评价，评价包括评分和评语两个部分。评分是在定性评价的基础上进行定量评价；评语是对应聘者的行为特点进行相应的描述，包括应聘者的行为描述和考官评价。这些内容需要将不同类型的测评方法的表现分析进行整合，最终按严格的格式撰写测评报告。测评报告中应既有文字描述，也有数字表述，罗列优点和不足，甚至提出发展建议和录用意见。其中对于重点对象可以详细描述，也为以后人才库的建立积累资料。采用多个方法考查同一指标的，评价结果根据其权重进行整合。

目前，招聘过程中运用评价中心施测时，为了提高效率和降低成本，一般有两种操作方式：一种是直接打分；一种是评分与评语相结合，即对每个应聘者均进行打分，同时对一些表现出色或适合的人员进行评语评价，为后续决策提供依据，并有利于人才库的建立。

五、评价中心的典型模式

评价中心的典型模式如表 8－4 所示。

表 8-4　评价中心的典型模式

时　间	活　　动　　内　　容
星期日	6 名考官在某宾馆集合,组织安排一个星期的活动。评价中心的所有活动都将在这个宾馆进行。12 名应聘者于当天晚上到达宾馆。
星期一上午	第一单元:先由考官向被评价的应聘者介绍情况,并由应聘者做自我介绍。然后将应聘者分成 4 个小组,参加管理实习游戏。实习游戏的内容一般是提供给每个小组一笔有限的资金用于采购原材料,制造成产品并销售出去。原材料是玩具的零件,这些零件可以装配成不同种类的产品,每种产品都有规定的市场价格。 应聘者的任务是首先决定如何来投资以得到最高利润,然后组织采购、制造和销售。考官观察应聘者的领导风格、组织能力、财务敏感性、思维速度以及在紧张情况下的效率。 考官也会给应聘者安排一些突发的事件,例如,让应聘者突然接到一个通知,内容为原材料与产品的价格都改变了。这就需要应聘者果断地做出决策,重新安排资金和组织工作。当大家刚刚安排完新的工作时,忽然价格又一次发生了变化。应聘者在这些突发的事件中做出的决策行为和处理办法,使得考官能够从中对他们的适应能力做出评价。 在游戏结束的时候,考官要求每一位应聘者写出一份报告,对自己和其他应聘者的执行效果做出评价。
	第二单元:将应聘者分成 6 个小组。当其中的一个小组接受纸笔的心理测验的时候,考官对其他的成员进行个别谈话。每个应聘者的详细背景资料已经事先提供给考官。通过这些资料可以审查应聘者过去的工作经历、求职动机以及自我发展意识等。这种谈话的评价过程是考查应聘者过去行为的一个措施。
星期一下午	第一单元:心理测验与面试。
	第二单元:无领导小组讨论。 在两个没有组长的 6 人小组中,应聘者进行提升决策的讨论。在这里,应聘者扮演的是主管人的角色,他们将会从上级那里接到一个简短的通知,要求在 6 人小组中挑选出一个人给予提升。每个应聘者接到一份作为"选拔对象"的档案资料。当应聘者读完手中的这份资料之后,他们将有一个小时的时间展开讨论,来决定推荐谁提升。考官可以观察应聘者在讨论中所表现出来的主动性、自信心、灵活性、说服本领、表达技巧、人际交往能力等。 选择性练习:在无组长的 6 人小组中,由应聘者来讨论作为一个管理人员所应该具备的几个最关键的职能,并按其重要性进行排序,这样也迫使这些应聘者考虑自己的被评价的品质。然后每个小组推选出一个代表在全体考官与应聘者的面前介绍他们这样排列的依据。
星期一晚上	每个应聘者接到一份怎样才能更好地选用员工的材料以及一份求职者的履历表。他们要阅读这些材料,因为这些材料将在第二天的一个练习中使用。他们也会接到一个特殊的电话,如发怒的顾客来电。

续　表

时　间	活　　动　　内　　容
星期二 上午	文件筐练习：要求应聘者模拟一种工作的情景。例如，在某一天上午，假设他处于总经理的职位，在他的文件筐中装满了他所要处理的各种各样的文件。他要回答被查询的事件，既可以要求索取他所要进一步了解的信息，也可以适当地授权给下级。他要像真正处于那个职位的人那样组织和开展工作。
星期二 下午	第一单元：应聘者按照前一天准备好的材料接待求职者的来访，在接待每一个来访者时都有一名考官在场。申请工作的人由受过这方面专门训练的大学生扮演。访谈持续一个小时，等申请人离开以后，考官会询问应聘者对申请人了解到了哪些信息。
	第二单元：这个单元的练习是对犯规的处理。在四人的小组里，应聘者将在一个小时的时间内做出决定如何分配时间来处理好这样的三个案例。通过本练习，考官可以评价应聘者对人事问题的鉴别和判断，以及在处理下级人员的事件时的敏感性，同时，还能深入了解应聘者在集体中的行为表现。
	选择性的练习：无领导小组讨论。要求应聘者扮演市政会的成员，面临的是如何对城市的各个部门分配一笔 100 万美元赠款的问题。每个市政会成员分别代表的是市政部门、公安部门、环卫部门、水利部门等，他们要尽可能地为自己所代表的部门争取更多的赠款。有效的讨论时间限定在一个小时之内。
星期二 晚上	将一个公司的详细资料和数据提供给全体的应聘者。要求每一个应聘者站在顾问的立场上审阅财务和市场销售情况，并准备一份关于发展一种产品的书面建议呈交给董事会。
	与此同时，考官要准备第二天的活动，并详细阅读应聘者的文件筐测验的结果。
星期三 上午	第一单元：将应聘者分成四个小组，每个小组由一名考官和三名应聘者组成。每名应聘者轮流用口头介绍其前一天晚上准备好的公司材料的分析并提出书面建议。
	第二单元：三名应聘者集中在一起用一个小时的时间统一意见，并写出一份综合性的建议书。
	第三单元：进行文件筐练习谈话以后，由一名考官和一名应聘者一起讨论应聘者所采取的各种行动。这样可以进一步了解每名应聘者对典型问题和机会的掌握与领会程度。
星期三 下午	最后一次小组会议，应聘者互相评价并提出他们想了解的问题，然后应聘到此结束。

续 表

时　间	活　　动　　内　　容
星期三下午 至 星期五	考官对应聘者的表现进行讨论,并准备对应聘者的评价做出汇报。
	在整个练习过程中,每一个考官都争取尽可能多的机会密切观察每一名应聘者。因此,在考官对应聘者进行评价的过程中,例如,在对应聘者A进行评价的时候,由与应聘者A进行个别谈话的考官总结他的背景以及考官自己对该应聘者在谈话中的行为的评价,然后,另外一名对A的文件筐练习进行评价的考官会向大家说明A在文件筐练习中的表现,以此类推,每名考官都介绍自己所观察到的对应聘者A的印象,并且尽可能使这些评价保持客观。
	当所有观察过应聘者A的考官都对其发表意见之后,他们才开始从应聘者A在管理方面的潜在能力的角度出发,判断他的能力对拟任职位的适宜性以及对今后的培训及发展方向的建议,然后将大家统一的意见写成总结性的报告。

第二节　无领导小组讨论

一、无领导小组讨论的定义

无领导小组讨论(Leaderless Group Discussion,简称LGD)是评价中心技术中使用频率较高的一种方法,是指将多名应聘者集中起来组成一个小组,要求他们就某一问题或主题在不指定角色的情况下展开自由讨论,并在一定的时间内得出一致性结论的一种测评方式。这是一种松散群体讨论方法,它通过快速诱发应聘者的特定行为,并对其行为进行定性描述、定量分析以及群体中的比较来评估其素质特征的过程。

无领导小组讨论的人数一般为6～8人,讨论时间一般为60分钟,在整个讨论过程中不指定哪一位应聘者是领导或主持人,而是让所有应聘者自行安排、自行组织、自行讨论,围绕考官给出的讨论材料,如文件、资料、会议记录等,对指定的题目形成一致的意见,并最终进行口头或书面汇报。考官在整个讨论过程中不进行任何的管理,只是观察并记录讨论中应聘者的表现,并给其各个测评指标打分,最终对应聘者的能力和素质做出判断。

二、无领导小组讨论的特点与适用范围

（一）优点

1. 互动性

无领导小组讨论中的应聘者在整个讨论过程中彼此沟通，通过协作来完成任务，与此同时展现自己的能力。这种互动在较短的时间通过多种形式展开，可以观察到许多真实的行为特征，使评价更加全面合理。

2. 比较性

无领导小组讨论构成了一个交互的讨论环境，讨论方向往往能反映出职位所需的关键能力，尤其是与他人交往的能力、风格和团队工作特点。由于整个讨论过程置于同一情景下，对应聘者而言具有平等性，通过应聘者各自的表现，考官就可以比较出应聘者关键能力的优劣差异。

3. 真实性

无领导小组讨论中应聘者处于被评价状态，有较强的表现自我的愿望，通常在讨论开始阶段还感觉是一种测评，但随着讨论的深入，应聘者在人际情境的压力下，就越来越真情流露，显示出真实的能力，纯粹的表演成分难以在讨论中起到积极作用，这样能在一定程度上克服掩饰行为，让应聘者真实地展现自我，因而保持了较高的准确性。

4. 高效性

无领导小组讨论的实施时间一般为 1 个小时左右，可以同时对 6～8 名应聘者进行考查，相比较其他的一些面试、部分动态情景模拟测评等单独评价方法而言，时间上比较节省，一定程度上减轻了工作量，操作效率较高。

（二）不足

1. 受分组影响大

无领导小组讨论中应聘者在不同小组中的表现容易受同组其他应聘者的表现影响，而导致评价结果出现偏差，主要差异表现在讨论氛围、组员能力、参测经验等方面。讨论氛围热烈的小组容易展现应聘者的行为特征，评分也容易高，反之缺乏充分讨论评分则容易低；同组应聘者的能力强会影响相对较弱者的得分，而这类应聘者在整体实力较弱的组则可能得高分，从而使考官混淆了绝对标准与相对标准；参测经验指应聘者如果曾有参加过无领导小组讨论或接受过专门测评的训练，其某些方面（如团队合作）的表现与没有经验者有明显差异，具有练习效应，使有参测

经验应聘者容易掩饰,获得较高评分。但进行合理分组需要对应聘者的基本情况有所了解,否则难以实现。

2. 受试题影响大

无领导小组讨论通过对试题情境的分析和讨论,来考查应聘者的各种能力和素质。应聘者在同组中容易因为不同的试题情境而导致不同的表现,这与应聘者对情境的熟悉度和敏感性有较大的关系。熟悉的话,容易投入,个人特征容易展现,有利于准确评价;而如果任务过于快速达成一致,缺乏讨论,也容易产生有偏差的评价结果。

(三) 适用范围

无领导小组讨论最突出的特点就是具有生动的人际互动性,应聘者需要在与他人的沟通和互动中表现自己,其考查的维度包括以下几方面。

(1) 人际相关的能力,如组织协调能力、领导能力、团队合作能力、谈判说服能力、影响力和人际沟通能力等。

(2) 思维与问题解决能力,如理解能力、分析能力、创新能力和决策能力等。

(3) 个性特质与行为风格,如自信心、进取心、责任感、灵活性和情绪稳定性等。

因此,无领导小组讨论比较适用于对那些经常与人打交道的岗位人员的选拔,比如中高层管理人员、人力资源从业人员和销售人员等,而诸如财务人员、研发人员和技术人员则不太运用该方法。

同时,由于无领导小组讨论一次可以有多人参加,每个人的平均时间一般要明显低于面试的时间,因此可以作为面试的一种补充形式,在面试前用于淘汰一些明显不适合的人员,提高面试的效率。目前,在校园招聘的一些与人际处理和管理有关的职位甄选时,可以运用简易模式的无领导小组讨论进行辅助,即在指标方面可以略少于完整的无领导小组讨论,并以打分为主,而不需要撰写完整详细的报告。

三、无领导小组讨论的题目类型

无领导小组讨论试题直接影响着评价过程信息采集的充分与否。由于无领导小组讨论测评是一种被动的测评方法,过程中考官都不参与,因此,讨论试题是否有效,直接影响着最终评价的有效性。一般而言,要求试题是应聘者所熟悉的、难度适中的、结论没有标准答案和明显倾向的、非专业的。

根据目前的统计,无领导小组讨论的题目有五种类型。

1. 开放型问题

开放型问题是其答案的范围可以很宽泛,内容包含的可讨论点多,没有确定的正确答案,相对而言容易编制,问题的内容一般也是为大家所关心的热门话题,能够激起应聘者的讨论兴趣。例如:要招募一名人力资源部经理需要什么样的素质?但是,这类问题最大的风险是讨论中不易产生分歧,难以展开充分的讨论,在很短的时间内便达成一致,失去了测评的价值。

2. 两难型问题

两难型问题是让应聘者在两种互有利弊的答案中选择其中的一种,并说明理由。这类问题的答案都不具有明显的选择性优势,选项具有对等性。例如:大学生的人文素质重要还是科学素质重要?但是,两难性问题最大的不足是讨论开始不久有可能全体就趋向一种观点,或出现明显的人数多寡的两大阵营,讨论会很快达成一致,如果没有争论,也就不能有效评价了。

3. 选择型问题

选择型问题是让应聘者根据问题所描述的情景,在提供的多种备选答案中选择其中有效的几种或对备选答案的重要性进行排序。选择性问题不仅能够产生分歧点,而且能够形成多种观点,应聘者自由发挥的余地也就更大,也就能形成更多的考查点。选择型问题十分符合无领导小组讨论"从分歧到达成一致"的规则过程,由于选项多而引发观点多,因此更容易考查应聘者的管理特征和人际特征。这也是目前无领导小组讨论常采用此类考题的原因之一。

4. 资源争夺型问题

资源争夺型问题实际上是指定角色的无领导小组讨论,是让应聘者各自扮演一定的角色,给角色设置一个矛盾的处境,就有限的资源进行合理的分配,既要争取局部利益,又要考虑整体利益。例如,让应聘者作为各部门经理就有限的资金进行特定的分配。这类题目由于讨论的分歧产生明显,也是目前无领导小组讨论中采用较多的题型。

5. 团队作品型问题

团队作品型问题就是给应聘者一些材料,让他们利用所给的这些材料,完成一个或一套考官指定的任务,诸如设计一个营销策划方案、合作完成一套布局设计等。主要考查应聘者的主动性、合作能力以及在一个实际操作任务中所扮演的角色。

四、无领导小组讨论的实施流程

(一) 准备阶段

无领导小组讨论的实施准备阶段至关重要,前期准备工作充分与否直接影响到测评过程是否顺利以及后期评估是否准确。前期准备包括施测环境布置、应聘者分组、讨论材料准备、考官分工与培训等。

1. 施测环境布置

无领导小组讨论环境要求宽敞、明亮、安静。此外,应聘者座位的人际距离一方面应该适宜完成所有任务,也便于交流,过大不易互动,过小显得局促不自然;另一方面,应尽量采用圆形会议桌,圆形会议桌不分主次,能给应聘者带来平等感,有利于"无领导"的讨论,也有利于争辩的形成。目前用于无领导小组讨论的现场布局有多种方式,这里介绍两种常用方式。

(1) 全景式布局方式。全景式布局方式是目前最为先进的专业测评中心所采用的布置方式。其特点在于应聘者的讨论室和考官的观察室相对独立,处于两个房间,考官通过多媒体监控设备对应聘者的言行进行观察,而应聘者处于没有任何外部直接干扰的自由讨论状态。此外,这类测评现场能将测评的声音和画面采录下来,在评估出现分歧的时候进行回放,有利于提高测评的准确性。这种方式的布局如图 8-1 所示。

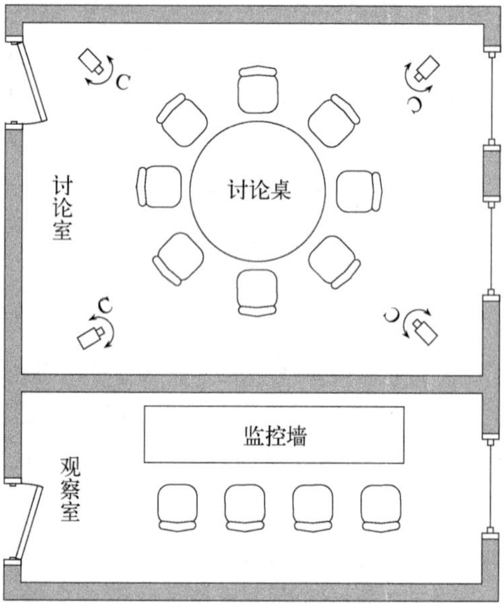

图 8-1 全景式布局方式

(2) 现场式布局方式。现场式布局方式是在组织现场实施无领导小组讨论测试时最常用的方式,采用这种方式时,考官和应聘者相对而坐。这种方式的优点在于比较方便;缺点是应聘者完全处在考官的视野范围之内,容易产生心理压力或寻求考官反馈的意识,影响表现的真实性。这种方式的布局如图 8-2 所示。

2. 应聘者分组

无领导小组讨论提供应聘者参与的平等性,所以要考虑分组在年龄、经历、职位等方面的对等性,还要注意男女比例的合理分布,并尽可能遵循应聘者彼此陌生的原则。小组人数一般 6~8 人为宜。人数太少,组员之间争论较少,容易达成一

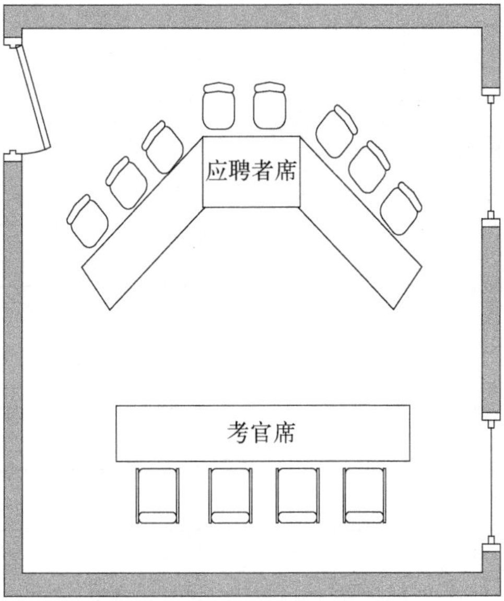

图 8－2　现场式布局方式

致;而人数太多,则有可能因为组员之间分歧过大,要么很难在规定时间内达成一致意见,无法完成任务,要么匆匆了事,讨论不能充分展开。

3. 讨论材料准备

在无领导小组讨论之前需要准备的材料包括考务资料、应聘者资料和考官资料。考务资料包括签到表、座位号码、时钟等;应聘者资料包括指导语、讨论案例、草稿纸、笔等;考官资料包括指导语、讨论案例、评价标准、评价记录表、评分表等。

常见的无领导小组评分表见表 8－5。

表 8－5　无领导小组讨论评分表(部分)

第　　组　　　　　　　　　　　　　　　　　　　　　　　　考官:

测评要素	影响力	分析能力	团队合作	成熟度
观察要点	控制全局,形成讨论方向,提高讨论效果,有效发言次数多,语言说服力、感召力强,善于消除紧张气氛,能有效运用沟通技巧说服别人,促成讨论形成一致结论	善于系统、全面地看问题,提出新的见解和方案,论据充分,推理严密,逻辑性强,能旁征博引,支持别人合理的观点,对反对意见能说出理由	尊重别人,不以自我为中心,友好待人,照顾别人的需要,密切合作,倾听别人意见。吸取他人观点的合理成分,调解争议,共同完成组织的目标	言行举止老练,有风度,行为灵活,人际敏感,情绪稳定,礼貌待人,同时敢于坚持正确的意见,善于承受压力,有责任心

续 表

测评要素	影响力	分析能力	团队合作	成熟度
评分	5分：符合上述定义的绝大部分 3分：符合上述定义的一部分 1分：不符合上述定义的绝大部分		4分：符合上述定义的大部分 2分：符合上述定义的小部分	
1				
2				
3				
4				
5				
6				
7				
8				

4. 考官的分工和培训

为使无领导小组讨论能顺利进行，对考官的职责要进行分工，并对考官进行培训。

从分工而言，考官通常可分为主考官和考官，一般5～7人，还包括1～2名考务人员。主考官负责宣读指导语、控制讨论时间、组织讨论结束后的评价等；主考官和考官负责观察应聘者的行为表现、记录观察结果、讨论结束后评分、评价讨论等；考务人员负责应聘者讨论材料的准备、应聘者席位的引入、审核应聘者信息、应聘者签到及签到表提交主考官、成绩汇总统计等。

考官培训主要是为了统一考官的评价标准。考官通常来自各个方面，有的是专业考官，而有的可能是来自招聘组织内部。评分前对初次参加的考官应进行系统培训，使其深入理解无领导小组讨论的目的、考查内容及典型行为、案例及要点、观察方式、记录方法、评分规则等，必要时还可以进行模拟评分练习。培训的目的是为了提高考官评分的准确性。

（二）实施阶段

无领导小组讨论通常为60分钟左右，分为四个阶段。四个阶段连贯进行，中间不停顿。

1. 讨论准备阶段

该阶段主考官宣布指导语，应聘者了解讨论规则，熟悉讨论案例，明确小组任务，进行独立思考，并可列出发言提纲，一般为 5 分钟。

2. 个人观点阐述阶段

该阶段应聘者每人必须正式阐述个人观点，发言顺序不作规定，时间一般为 3 分钟。

3. 自由讨论阶段

该阶段应聘者就个人观点阐述的情况展开相互讨论，进一步阐明自己的观点，也可对别人的观点进行分析和提出不同的意见，最终通过讨论得出小组的一致意见，讨论时间一般为 30 分钟。

4. 总结阶段

该阶段由小组推荐一名应聘者向考官汇报小组讨论结果，时间一般为 3 分钟。

从宣布完指导语后，到小组总结汇报结束期间考官不再参与整个过程，所有发言的顺序、流程的组织完全由小组成员自行负责，考官也不回答讨论期间的任何问题。考官主要在这一阶段通过仔细观察详细记录应聘者的各项表现，包括语言、形体动作等，信息记录过程不要有评价性内容，侧重在具体语言和行为本身。

（三）评价阶段

考官根据实施阶段应聘者的行为表现进行评价。整个评价过程要求客观、公正、以事实为根据。评价过程先由考官独立评分，然后进行讨论，为了能全面地对应聘者进行评价，一般不采用考官评分取平均值的方法，而是通过对应聘者行为的回顾分析决定最终评分和评价。

无领导小组讨论评价中的一般行为依据有：发言次数的多少；发言质量的高低，即能否抓住问题的关键，梳理判断标准，提出合理化的建议；是否善于吸取他人的观点来完善自己的方案；是否坚持自己的观点；是否善于倾听，尊重他人；是否有亲和力，能说服他人；是否有意识进行讨论过程的引导，使讨论摆脱混乱局面等。

无领导小组讨论的结果评价是依据测评指标进行的，测评指标一般会有一些操作性的定义。结果评定可采用 10 分制、5 分制等形式，可以与整套评价中心的测评一致。为了便于考官把握评价标准，可事先确定相关指标的基本评定等级，对应相关分值。表 8－6 是一个团队合作能力指标的示例。

表 8-6 团队合作测评指标表

指标名称		团队合作能力
操作定义		指和别人一起工作，成为团队一分子，合作达成共同目标的能力
评定等级		
等级	分数	行为描述
优秀	5	能充分认识到人与人之间的个性差异，获得团队成员认同，主动协调冲突与分歧，洞察问题实质，并有效解决问题，在团队利益与个人利益不一致时主动舍弃小我，推进形成良好的团队氛围
良好	4	有较强的合作意识，主动参与团队讨论，能使大家意识到和谐团队气氛的重要性，能正视冲突，主动与他人建立互动关系，能接受和执行团队的决定
中等	3	有基本的合作意识，平等待人，能与他人形成互动，遵守团队规则，参与团队任务的完成
较差	2	不关注团队气氛，讨论过程的参与度不够，主动性不强，或者虽有积极的参与，但过于以自我为中心，不太顾及他人感受
很差	1	不关注团队讨论，对团队任务完成缺乏意愿，甚至表现出负面情绪，破坏团队气氛，阻碍团队任务的完成

无领导小组讨论的评分方式一般有两种：一是逐个应聘者打分，即对每名应聘者的各项指标进行打分，这种方法有利于对一个应聘者的各类指标直接进行全面的梳理；二是逐个指标打分，即就某一个指标对所有应聘者进行打分，这种方法有利于对一组应聘者进行横向的比较。由于无领导小组讨论的特点在于比较性，因此，第二种方法对于进行招聘中的劣汰效果较好，效率较高。

五、无领导小组讨论的示例

指导语

首先欢迎大家参加本次小组讨论。本次讨论中，您的身份是专家团队的成员之一，以平等的地位进行讨论，过程中不要确定组长或负责人，讨论时请用标牌上的号码称呼其他成员，比如“1号”、“2号”等。本次讨论从提供的背景资料展开，最终完成背景资料要求的任务。讨论过程分为四个阶段，整个讨论过程评委均不参与，也不回答任何问题，所有的时间控制由你们自己把握。整个测试时间为60分钟，如果你们有什么问题现在可以提出，如果没有，小组讨论现在开始。

案例背景

和海公司是一家化妆品生产销售公司，公司的总部设在上海，销售网点遍及北京、上海、广州等地，原营销总监离职，为有效招聘新的营销总监，综合各方意见提出了20条能力指标，你们现在是一个专家团队，请协商讨论出和海公司营销总监职位的6项核心能力，并按重要性排列，以供公司总经理和人力资源部决策时参考。

序　号	素　质　名　称	序　号	素　质　名　称
1	领悟力	11	信息采集能力
2	判断力	12	关注细节能力
3	应变能力	13	授权能力
4	社交能力	14	业务操作能力
5	学习能力	15	成就导向
6	创新能力	16	计划能力
7	决策能力	17	影响力
8	团队管理能力	18	战略思维
9	组织能力	19	执行能力
10	知人善任能力	20	人际沟通能力

第三节　文件筐测验

一、文件筐测验的含义

文件筐测验(In-basket test)，又称公文筐测验，是评价中心最常用的一种测评技术，也是最有效的一种测评方法，81%的评价中心都采用文件筐测验，使用频率高居各种情景模拟测验之首。它是通过应聘者担任特定的角色(一般是应聘的职位)对该岗位实际工作中所涉及的资料和各类文件进行分析与处理，做出决策的工作活动的一种测验。

文件筐测验要求应聘者在规定时间内(一般为 2～3 小时),针对组织中的实际业务、管理环境,结合一系列(一般 15～25 份)需要处理的信函、备忘录、报表、投诉信件、电话记录、命令、请示、汇报、通知通告以及其他形式的文件材料进行处理,内容涉及人事、财务、市场、客户关系、法律法规,并在仅有日历、指导语、背景介绍(组织结构图、部门情况简介)、纸笔且在没有别人协助的情况下,回复函电、拟写指示、做出决策、安排会议等,并简单表述做出处理意见的理由。

考官根据应聘者处理文件的顺序、质量、时间、理由等,来对其计划、授权、预测、决策和沟通等能力进行评价。

二、文件筐测验的特点和适用范围

(一)文件筐测验的优点

1. 测评效度高

文件筐测验模拟的是真实的工作情景,测验材料有些类似于应聘职位的常见文件,有些就是实际工作的样本,文件筐中有的文件材料采用手写体、有的函件采用真实组织的信笺书写,这使其具有较好的模拟效果,比传统的认知测验和人格测验更能吸引被测对象全身心地投入测试,能够较为全面地反映应聘者的真实管理能力,表面效度高。此外,一些专家和开发者通过研究认为:文件筐测验的内容效度是可以接受的,而且文件筐测验分数和各种效标之间存在显著的相关,为效标关联效度的有效性提供了证据。

2. 实施流程便捷

文件筐测验对实施者和场地要求低,只需要具备一间单独的教室或者会议室即可;此外,文件筐测验可采用团体纸笔测试,可以同时进行较大批量的施测,彼此互不影响,只需要实施者说明指导语,不需要考官现场管理。

3. 考查内容广泛

文件筐测验是一种纸笔测验形式,考查应聘者的依据是文件处理的方式及理由,这些是静态的思维结果。除了必须通过实际操作的动态过程才能体现的要素外,任何背景知识、业务知识、操作经验技能、管理风格以及能力特质都可以涵盖在文件之中,对应聘者的考查较为全面。

4. 鉴别能力强

文件筐测验能够有效地鉴别出不同群体的管理潜力。研究者对由普通大学生、商学院毕业生、政府管理者、商业执行官、军队官员和学校校长组成的六个群体进行了文件筐测验，发现不同群体的经验和责任感等分数存在很大的差异，管理层级越高，则分数越高，这表明文件筐测验可以有效地测量出不同工作群体管理潜力的差异情况。

（二）文件筐测验的缺点

1. 评分难

文件筐测验评价标准缺乏客观性，评价一致性较低。文件的处理是开放式的，除了个人素质的原因外，团队、氛围、管理观念等不同的组织，也会造成处理文件方式的不同。而不同的考官也会因为背景、经验、管理风格、素质的不同，对处理结果有不同的理解。因此，评分不容易把握。

2. 通用性弱

文件筐测验编制过程中比较偏重于组织的特点，结合招聘职位的相关业务和需求，与实际工作结合程度高，这在一定程度上影响了文件筐测验题目的通用性。

3. 互动性差

文件筐测验是一种纸笔测验模式，是静态测评模式，因此，缺乏互动性，不能考查应聘者的实际人际交往能力。要全面考查应聘者，需要与其他测评方法综合使用，这也符合评价中心的施测规则。

（三）文件筐测验的适用范围

由于文件筐测验可以将管理情境中可能遇到的各种典型问题抽取出来，以书面的形式让应聘者来处理，所以它可以考查应聘者多方面的管理能力。概括起来，文件筐测验可以考查的内容有：

(1) 与人有关的能力。包括组织能力、协调能力、人际沟通能力、团队管理能力、授权能力等。

(2) 与事有关的能力。包括信息采集能力、分析判断能力、预测能力、统筹计划能力、执行能力、决策能力、时间管理能力等。

文件筐测验具有成本高、时间长的特点，较为适合组织用来招聘中高层管理人员和关键职位人员。传统的个人能力笔试测验常常与实际工作内容相距甚远，而文件筐测验的所有题目都来自管理实战，通过考查应聘者在处理具体业务中的表现评估其关键能力，其有效性非常高。

三、文件筐测验的实施流程

（一）准备阶段

文件筐测验的准备阶段除了评价中心通用的准备工作之外，同样具有自身的要求。

1. 材料准备

由于是纸笔测试的模式，因此主要做测验材料和测验场所的准备。具体而言需要准备好测验要用的各种测验材料、答题册、橡皮、铅笔等，保证每位应聘者拥有以上测验材料和工具。给每位应聘者的测验材料事前要编上序号，答卷纸也要有相应序号，实施前要注意清点核对。答卷纸主要由三部分内容构成：一是被测对象姓名（或编号）、文件序号、重要和紧迫程度（高、中、低）等；二是处理意见（或处理措施）、签名及处理时间；三是处理的理由。文件序号只是文件的标识顺序，不代表出题的顺序，应允许被测对象根据轻重缓急调整顺序，但给所有应聘者的文件顺序必须相同，以示公正。

2. 考官培训

由于文件筐测验的技术性较强，因此进行测试之前要对考官进行一定的培训。培训内容一般有以下几项：第一，对考官进行文件筐测验的总体讲解，使他们对文件筐测验形成一个完整的理性认识；第二，让考官对模拟测验结果进行评分，在这一过程中熟悉文件筐测验的评价内容，完善评价标准；第三，针对具体的文件筐测验答卷和处理过程进行讨论，有效把握评价维度和标准，并且专家之间相互学习，使考官的评分趋于一致，以提高评价的客观性和有效性。

（二）实施阶段

工作人员完成对应聘者身份确认以后下发测验指导语、答卷纸和装试题的密封文件袋。指导语分为两部分：第一部分是总指导语，是对测验阶段、目的说明和对文件处理情景的描述，主要包括应聘者扮演的角色、情景中组织的构架等；第二部分是对整个测验中各个题目反应方式、答题要求以及时间的说明。总指导语由主考官宣读，而第二部分的内容则由应聘者在答题过程中自行阅读。

文件筐测验可以进行集体施测，考虑到测验的效果，测试场所选择在办公环境的效果会比较好。考试环境应安静整洁，无干扰，采光良好，桌面应有较大的空间。

测验流程一般是：

(1) 考官宣读指导语；

(2) 考生阅读角色和背景介绍；

(3) 进行文件筐测验；

(4) 完成测试并回收结果。

（三）评价阶段

评价宜在应聘者完成测验后立即进行，当事先安排有质询应聘者的程序时，更应该如此。当测试结束之后,就要开始对测试结果进行评分,并写出书面评语,以体现定量评价与定性评价结合的原则。首先,所有考官运用维度评定评分法对同一份文件筐进行评价,然后进行讨论,统一评价标准,完善参考答案,最后分头批阅,并由一位有丰富经验的考官进行复核,发现不同考官评价尺度不一致时,要及时沟通调整。

文件筐测验评价中的一般依据有:是否每份材料都看过,并做出合理答复;能否分清轻重缓急,按序处理公文;批阅公文是否符合给定角色;决策理由是否充分;任务授权是否合理;问题解决是否有效;思考问题是否系统;是否能发现更深层次的问题,找出问题的内在联系,并进行全面解决等。具体的评分表如表 8－7 所示。

表 8－7　文件筐测验评分表(部分)

应聘者:　　　　　　　　　　　　编号:　　　　　　　　　　考官:

评分指标		参考评分要点	等级	得分
组织协调能力	有效组织	有效分析任务,进行计划,安排下属采取行动,并对过程进行有效管理		
	合理协调	有分工协作的意识,能考虑和其他部门共同协作,考虑各方利益,化解各方冲突		
	能力得分			
问题解决能力	洞察问题	有效发现问题产生原因,能梳理问题的关联关系,进行归纳综合,把握问题的本质		
	解决问题	提出解决问题的依据,分析利弊,确定有效措施,并付诸行动		
	能力得分			
总分				
评分	评分等级: 优秀　5分　　良好　4分　　中等　3分　　较差　2分　　很差　1			

四、简易文件筐测验的示例

指　导　语

大家好!今天要进行的是文件筐测验。请大家拿到文件袋后,先写好自己姓名再打开文件袋做题。测试结束后,请大家把文件都装回文件袋中。背景资料请仔细阅读。

和海公司是一家化妆品生产销售的公司,公司的总部设在上海,销售网点遍及北京、上海、广州等地。您现在的身份是和海公司的副总经理刘程，由于总经理去美国考察，预计一周后回来，因此，您在他回来之前全权代理他的职务。

公司的组织结构设置：总经理1名，副总经理3名，下设总经办、生产部、研发部、营销部、采购部、客服部、财务部和人力资源部等。

现在是2008年8月8日上午9点，您来到办公室，您的秘书已经将您需要处理的文件放在了您的办公桌上，请您在一个小时里处理好这些文件，并做出批示和写上理由。十一点你还要参加一个重要的会议，在这两小时内，秘书会为你推掉所有的事务，没有人会来打扰你，而且这段时间里由于电话线路正在维修，您没有办法和外界联系，请您把对所有文件的处理意见书面化，最后交由秘书替你传达。记住：您被大家称为“刘副总”。

文件1

刘副总：

营销部经理洪天在上月向总经理提交了辞职报告，由于总经理当时正准备出国，未将此事通知我，这两天洪经理表示要办理一些工作的移交手续，但目前也没有人来接手。据我了解，洪经理的辞职可能是因为感到部门副经理等一批老员工对他工作不支持所致，您看此事如何处理？

人力资源部：张涛

2008年8月3日

处理意见：

处理依据或理由：

文件2

刘副总：

工商银行的赵行长来电话约您商量有关5 000万元贷款到期后再延长转期3个月的问题。他约您于明天下午1:00在阳光酒店会谈，能否赴约请您通知赵行长。

总经办：柳娟

2008年8月8日

处理意见：

处理依据或理由：

文件3

刘副总：

从本季度财务报表来看，这个月底应收款500万元，应付款250万元，应归还银行贷款200万元，现银行账面余额为250万元，从报表情况来看，本季度销售情况虽然比较好，但销货款回收不理想。应收款项只能收回10%，因此本月的工资和奖金没有办法支付。而8月25日是工资和奖金发放的日期，如果到时职工领不到工资和奖金，将会产生不良的后果。如何解决这一问题，请您尽快做出决定。

财务部：张杰

2008年8月4日

处理意见：

处理依据或理由：

文件4

刘副总：

关于"如何建立我们公司的组织文化"的活动现在告一段落，我们计划在8月14日下午3:00—5:00举行中层以上管理人员的专题讨论，主题是"什么是我们的组织文化"，到时将请您出席。会上也请您谈一些对这个问题的看法，届时我们准备把您的讲话打印成文。希望您将看法写成文字材料，以便我们打印下发。

（要求：必须在处理文件时由本人完成文字材料的撰写）

人力资源部：张涛

2008年8月4日

处理意见：

处理依据或理由：

文件5

刘副总：

研发部目前和美国TAS公司合作研究的新产品已基本完成，将于8月9日下午1:30—3:00在国际饭店举行产品发布会，届时美国TAS公司副总裁比尔先生会出席，往常总经理都会亲自出席发布会，由于总经理现在在美国考察，特请您到时参加。

研发部：李冰洋

2008年8月4日

处理意见：

处理依据或理由：

第四节　其他评价中心技术

评价中心除了运用比较广泛的无领导小组讨论和文件筐处理测验以外，还有一些其他的测评技术，如角色扮演、管理游戏、案例分析、模拟面谈、演讲、搜寻事实等。

一、角色扮演

（一）角色扮演的定义

角色扮演是一种主要用以测评人际关系处理能力的情境模拟测评方法。在这种活动中，考官设置了一系列尖锐的人际矛盾与人际冲突场景，要求应聘者扮演某一管理角色并进入角色情境去处理各种问题和矛盾。考官对应聘者在不同角色情境中表现出来的行为进行观察和记录。有时考官事先委托别人装扮成顾客、客户等来到应聘者现场制造一些麻烦。

（二）角色扮演的特点与适用范围

1. 优点

(1) 仿真性高。角色扮演是基于岗位的特点来设计实施的，因此能充分体现岗位要求，与岗位的日常活动相仿，所涉及的均是日常管理中经常出现的一些典型情境。

(2) 灵活性强。过程中，考官或辅助人员可以根据应聘者的具体情况实时调整内容，设置障碍，引发应聘者的即时反应，全面考查应聘者。

(3) 测试时间短。整个测评时间约为15～30分钟，应聘者的准备时间也大约为15～30分钟，当前一个应聘者在测试时，后一个应聘者可以进行准备。

2. 缺点

(1) 效度不高，容易与实际管理方法产生偏差，如果应聘者不能进入角色完成任务，也不一定能说明其在岗位上一定无法完成任务，而角色扮演好的应聘者未必实务工作也好。

(2) 对扮演交谈对象者要求高。由于要把控整个交流过程，要求扮演交谈对象者不仅有能力针对不同应聘者具有引发应聘者做出测评反应的能力,还要求能有灵活迅速的反应以调整不同应聘者的反应,同时又要具有较强的表演能力,能与实际岗位所对应的相关人员的特质类似。

(3) 结构化程度不高。整个过程由于应聘者的不同,即使是同一个考官或辅助人员与其互动,也很难保证交谈的内容和形式完全结构化,对评价的标准把握要求高。

3. 角色扮演的适用范围

角色扮演主要考查被测对象的性格、气质、兴趣爱好等心理素质,以及应聘者的语言表达与沟通能力、谈判与说服能力、冲突解决能力、应变能力、判断能力、创造能力、决策能力等,比较适用于对管理人员、销售人员和服务人员等需要较强人际敏感性和沟通要求岗位的人员选拔。

(三) 角色扮演的实施流程

1. 准备阶段

(1) 考官的工作:宣读指导语、介绍角色扮演的情境信息、回答应聘者对测试的问题。

(2) 应聘者的准备:熟悉扮演的角色、了解背景信息、明确所需完成的任务。一般准备时间为 15~30 分钟,可根据情境信息和任务的复杂程度确定。

2. 施测阶段

应聘者按照规定的角色开始完成任务。为此要给予应聘者足够的活动空间,如果是面谈则需要有一个平等沟通的环境。整个过程中应聘者起主导作用,是各种活动或交流的发起者和控制者,其他人员为辅助者和配合者,并适时设置"人为障碍"反馈应聘者。考官则完整地观察应聘者的语言和行为。整个过程为 15~30 分钟。

3. 评价阶段

判断应聘者的表现情况可以从五个方面来考察:应聘者的紧张程度;应聘者对背景资料的领悟能力;应聘者扮演过程的焦虑水平;应聘者的角色技能;应聘者表现的真实程度等。

具体的评估可从粗略的总体行为的适应性和细微的行为特征两个角度入手。总体行为的适应性主要是考查应聘者是否能迅速判断形势并进入角色情境,按照角色规范的要求采取相应的对策行为;细微的行为特征则表现在目光接触、语调、音量、微笑、话语的长短、表扬和赞许、请求与顺从、反应时间、提问、反应潜伏期等。

（四）角色扮演的示例

指导语

你现在是 AA 公司的新任销售总监张友善。你现在有一项任务要完成，目标是通过和你管辖的销售部最优秀的销售经理孙西沟通，说服其接受你的建议，离开原来的负责区域，开发新的市场，尽管这会影响他的个人收益。

请你仔细阅读任务情境，并准备 15 分钟，之后开始进行面谈。

考查内容：说服能力、语言表达能力、问题解决能力、领导艺术（应聘者资料无此内容）

任务情境

由于你出色的组织、协调能力，在公司的内部竞聘中被总经理提升为新一任的销售总监。而与你一同竞争这个岗位的孙西经理未能如愿以偿。

孙经理一直以来都是公司业绩最好的销售经理，他所领导的销售团队不断打破公司的销售记录，使得公司的产品在华南和华中地区非常畅销，这是孙经理为公司做出的不可磨灭的贡献。每年孙经理的销售佣金与奖金收入超过 30 万元，是公司绝对的第一高薪。

二、管理游戏

（一）管理游戏的定义

管理游戏是一种以完成指定任务为基础的情境模拟测评方法。要求将应聘者组成一个小组，共同完成一项事先设计好的具体的管理事务或企业经营活动。在这类活动中，分别给应聘者赋予不同的角色（职务），分配一定的任务，让他们通过合作完成任务，考官则通过应聘者在完成任务过程中所表现出来的行为来测评应聘者的素质。

（二）管理游戏的特点与适用范围

管理游戏的特点是由多名应聘者同时参加、具有很强的真实感、互动性强、灵活性强。

1. 管理游戏的优点

（1）易行性。它能突破实际工作情境时间与空间的限制，许多行为实际工作情形中也许要几个月甚至几年才会发生一次，而这里几小时内就可以发生。

(2) 趣味性。由于它模拟内容真实感强，富有竞争性，又能使应聘者马上获得客观的反馈信息，故能引起应聘者们的浓厚兴趣，容易投入其中，展现自我。

(3) 体验性。管理游戏能帮助应聘者对错综复杂的组织内部各单位之间的相互关系有一个更加深刻的了解，也可使应聘者体验到自己是否符合这类职位的要求和环境特征。

2. 管理游戏的缺点

(1) 管理游戏可能会压抑某些应聘者的开创性；在游戏中，应聘者可能会专心于战胜对方从而忽略对所应掌握的一些管理技术的学习等。

(2) 由于方法本身很复杂，对应聘者的观察和评价比较困难，也比较费时。

3. 管理游戏的适用范围

管理游戏的主题一般有四种类型：适合知识型企业决策开发的商业模拟主题；获取市场竞争份额的模拟竞争演练；系统运用决策工具的经营模拟主题；基础财务运作管理的主题。涉及的管理范围较为广泛，诸如市场营销管理、财务管理、人力资源管理、生产管理等。

管理游戏将应聘者置于客观现实的情境中，其特点是便于考查应聘者的团队合作、领导能力、决策能力、应变能力、社会关系特征、语言表达能力等素质，一般适用于管理人员或销售、财务等关键职位。

(三) 管理游戏的示例

小溪任务

给一组应聘者滑轮、铁管、木板和绳索，要求他们把一根粗大的圆木和一块较大的岩石移到小溪的另一边。这个任务只有通过应聘者的努力协作才能完成。主考官可以在客观的环境下，有效地观察应聘者的领导特征、能力特征、智慧特征和社会关系特征等。作为应聘者，在做管理游戏时，既不要太紧张，也不要太随意。冷静思考，沉着应对，全身心投入，恰到好处地展示自己多方面的才能。

三、案例分析

(一) 案例分析的定义

案例分析是考官提供给应聘者一些组织中相关岗位在管理中遇到的各种现实问题，要求他们通过准备一系列的建议，形成一份书面报告提交相关的部门或进行口头汇报的一种测评方法。案例分析在评价中心项目的实施中使用频率为73%，一般而言如能和其他测评方法结合使用,能有更好的效果。

这种方法的缺点是很难确定一种客观的记分方式。

(二)案例分析的特点与适用范围

案例分析与文件筐测验有些类似,但两者有本质的区别：一是文件形式不同,尽管都是基于考官所提供的文件资料进行分析,但文件筐测验提供的文件较分散,是一些原始文件,相对而言篇幅较短,而案例分析的文件一般都经过加工,相对而言较为完整;二是任务不同,文件筐测验要求对文件提出简单的处理意见以及相应的理由,针对性较强,而案例分析则要求撰写一份完整而系统的分析报告。

1. 案例分析的优点

(1) 操作简单易行。案例分析的测试组织流程简单,如果是提交分析报告的话,是一种典型的笔试模式,考官不必在场,结束后回收报告即可;如果是口头汇报,占用考官的时间也比较短,一般根据案例的复杂程度不等在30分钟左右。

(2) 考查维度广泛。案例分析可以从多角度对应聘者进行测试,诸如知识、能力、个性与内驱力等。

(3) 组合运用方便。案例分析便于和其他的测评方法组合运用,或成为其他方法的组成部分,诸如文件筐测验、无领导小组讨论、面试或演讲等。

2. 案例分析的缺点

(1) 评价标准难以确立;

(2) 主观影响大。

3. 适用范围

案例分析的主题一般有两种：一种是与工作情境无关的主题,侧重考查应聘者的综合素质,但相对而言对岗位信息不能有效告知应聘者;另一种是与工作情境高度相关的主题,侧重考查与岗位要求有直接关系的素质,针对性强,并能有效告知应聘者应聘岗位的背景与相关信息。

案例分析既可以考查一般性技能,也可以考查特殊技能,主要考查的能力包括综合分析能力、逻辑思维能力、独创性、决策能力以及与岗位相关的专业知识和技能等。此外,如果是通过书面报告形式的也可以对其书面内容及形式进行评价。

(三)案例分析的示例

近期,甘肃等地陆续报告多起婴幼儿泌尿系统结石病例,现已初步查明,导致这些婴幼儿患病的主要原因是患儿服用的三鹿牌婴幼儿奶粉中含有三聚氰胺,三鹿牌部分批次婴幼儿奶粉中含有三聚氰胺,是为增加原料奶或奶粉的蛋白含量而人为加入的。

这是一起重大食品安全事故,危害性大,影响恶劣,后果十分严重。因此,全国紧急开展了奶粉市场治理整顿,由质检总局负责会同有关部门对市场上所有婴幼儿奶粉进行全面检验检查,全国共对109家企业进行了排查,共检验了这些企业的491批次产品。专项检查显示,有22家企业69批次产品检出了含量不同的三聚氰胺,除了众所周知的三鹿牌,大家熟悉的圣元、蒙牛、伊利、雅士利、施恩等均榜上有名。

往事如烟,继冠生园月饼、苏丹红、齐二药、阜阳奶粉、激素蔬菜等事件被曝光处理后,同样的问题又发生在三鹿身上,只不过作为品牌价值达149.07亿元的三鹿,其震撼烈度更为显著。中国的奶制品企业,将面临一场几近毁灭性的打击,中国的整个农产品系统,将为此付出惨痛代价,无论是在国际还是国内市场,中国农产品都将面临巨大的信誉损失和经济损失。

问题:你认为这类事情发生的主要原因是什么?如何从政府管理的角度有效规避该类风险的再次发生?

四、演讲

(一)演讲的定义

演讲是应聘者按照给定的主题或材料自行组织观点,并向考官阐述自己的分析和理由的测试方法。一般情况下,在应聘者陈述完毕后还要回答考官提出的相关问题。

(二)演讲的适用范围

演讲操作简便,易于使用,有一定的针对性,但无法有效考查应聘者的人际沟通等能力。演讲一般有竞聘演讲、观点阐述演讲、辩论式演讲等形式。竞聘演讲一般是竞聘上岗时的施政演讲;观点阐述演讲是针对相关主题的个人观点阐述的演讲,一般是与岗位相关的问题或一些社会热点问题等;辩论式演讲是就某个两难问题,将应聘者分为两个对立小组进行辩论来阐述和维护自己观点的演讲。

演讲主要用于考查应聘者的分析推理能力、反应理解能力、语言表达能力、言谈举止和风度气质等。

(三)演讲的操作流程

演讲的操作流程较为简单,有三个阶段:

(1) 准备阶段。一般由应聘者抽取需要演讲的主题或材料,让其准备 5～10 分钟。

(2) 实施阶段。应聘者进行演讲,时间一般在 5～10 分钟,来阐述自己的观点和理由。

(3) 答辩阶段。有时还会在演讲结束之后由考官对应聘者进行提问,应聘者需要就相关问题进行答辩。

(四) 演讲的示例

指导语:你好,现在请你就以下给定的主题进行演讲,时间 5 分钟,在演讲开始前,你有 5 分钟的准备时间。

你认为在现在市场经济的大潮下,雷锋精神还需要吗?

当个人职业生涯规划与企业组织战略发生冲突时你会怎么办?

五、模拟面谈

(一) 模拟面谈的定义

模拟面谈是角色扮演中最常用的方法之一,是考官给应聘者设计的一个需要通过沟通方式来解决问题的情境,应聘者在面谈过程中通过与考官或其助手所扮演的谈话人进行一对一的沟通来解决特定的任务。这个谈话人可以扮演应聘者的上司、同事、下属、客户等与工作相关的角色,甚至可以是采访记者,通过向应聘者提出问题、反驳应聘者的观点、拒绝应聘者的要求,来引发应聘者的相关行为反应,考官则观察其模拟面谈过程的语言和行为并作记录,最终做出评价。

(二) 模拟面谈的适用范围

模拟面谈主要考查应聘者的说服能力、语言表达能力、冲突处理能力、人际敏感性、思维灵活性与敏捷性、仪表仪态和风度气质等。

六、搜寻事实

(一) 搜寻事实的定义

搜寻事实首先给予应聘者一个关于其所要解决的问题的少量信息,然后应聘者可以用创造性的、具有洞察力的方式向一个能够提供信息的人咨询额外的一些情况。如果应聘者提出的问题比较模糊，其所得到的答案也比较宽泛；如果应聘者提出的问题比较具体且切中要害，那么就会得到有利于解决问题的有价值的信息。在不断的提问和回答之后，要求应聘者给出解决问题的具体措施和建议。

（二）搜寻事实的适用范围

这种测评方式对信息源的要求较高，需要考官或信息提供者能有充足的信息，以便及时提供对应的信息给应聘者；同时有些测评要求应聘者必须熟悉该类工作及相关的信息才能有效进行提问和最终提出解决方案。

通过搜寻事实的测评方法可以考查应聘者获取信息的能力、分析问题能力、逻辑推理能力、决策能力、抗压能力、反应判断能力及社会知觉能力等。

本章小结：

本章主要介绍了人才甄选的重要方法之一——评价中心技术，分析了其特点和流程，并展开介绍了评价中心技术所包含的诸如无领导小组讨论、文件筐测验、管理游戏、角色扮演等情景模拟的方法，分析了这些方法的优劣及其适用的一些评价指标，并介绍了一些评价时的关键点，为关键岗位人才甄选提供了技术上的支持。

案例分析：

1. 郑晓琳在区域经理招聘的甄选中选择的评价中心技术对吗？为什么？

从公司的招聘职位来看，区域经理是企业比较重要的管理岗位，这类管理人员的甄选效果对未来企业发展有着重要的影响。评价中心技术采用了多种评价方法，具有高可靠性、高预测性和高公正性，具有很高的信效度，在人才甄选中确保了从多维的角度全面考查应聘者，对管理能力等综合素质的测评十分有效。因此，选用评价中心技术甄选区域经理是合适的。

2. 招聘半年后出现了不符合预期的结果，原因是什么？

本案例中之所以半年后的结果不理想，是由于整个操作过程没有遵循规范的评价中心的操作流程，导致了误差的出现，具体表现在：

（1）评价指标确定不科学，未能构建基于本企业岗位需求的评价指标，容易造成一开始的评价指标就不是本企业区域经理产生高绩效的核心素质要求；

（2）评价中心实施过程的组织管理混乱，导致信息采集有效性不够；

（3）考官组成缺乏合理性，管理人员比重过大，专业人员比重小，同时未能对现有考官进行必要的培训，致使考官对应聘者的评价缺乏统一的尺度，也缺少有效的方法。

思考题：

1. 评价中心的主要方法有哪些？
2. 评价中心技术与传统面试相比其特点是什么？
3. 评价中心技术的实施流程是怎样的？
4. 无领导小组讨论实施中要注意哪些问题？
5. 文件筐测验的适用范围是什么？
6. 请比较无领导小组讨论与文件筐测验的异同点。
7. 角色扮演的特点是什么？
8. 什么是管理游戏？

第九章 录用管理

引导案例

失败的录用决策

普顿斯化学有限公司是一家跨国公司，以研制、生产、销售药品、农药等为主，露秋公司是普顿斯化学有限公司在中国的子公司，主要生产、销售医疗药品。随着生产业务的扩大，为了对生产部门的人力资源进行更为有效的管理、开发，他们希望在生产部建立一个处理人力资源事务的职位，其工作职责主要是进行生产部与人力资源部的协调。广告发布后，人力资源部收到了近百份简历，部门经理王量对应聘者做了初步的甄选，留下了 5 人交由生产部经理李初再次进行甄选。李初对这 5 个人进行选择后，留下了两人，决定由生产部经理与人力资源部的经理共同协商决定人选。这两个人的简历及具体情况如下：

赵安，男，32 岁，组织管理硕士学位，有 8 年一般人事管理及生产经验，在此之前的两份工作均有良好的表现。

面谈结果：可录用。

钱力，男，32 岁，组织管理学士学位，有 7 年的人事管理和生产经验，以前曾在两个单位工作过，第一位主管评价很好，没有第二位主管的评价资料。

面谈结果：可录用。

看过上述资料并进行面谈后，生产部经理李初来到人力资源部经理室，与王量商谈录用人选。王量说："两位应聘者，看来似乎都不错，你认为哪一位更适合呢？"

李初说："两位应聘者的资格审查都合格了，唯一存在的问题是，钱力的第二位主管给的资料太少，但是虽然如此，我也看不出他有什么不好的背景，你的意见呢？"

王量说："很好，李经理，显然你我对钱力的面谈表现都有很好的印象，人嘛，有点圆滑，但我想我可以与他共事，相信在以后的工作中不会出现大的问题。"

李初说："既然他将与你共事，当然由你做出决定更好，明天就可以通知他来工作。"

于是，钱力被公司录用了。进入公司 6 个月后，他的工作不如预期做得好，对于指定的工作,他经常不能按时完成,有时甚至表现出不胜任其工作的行为,所以引起了管理层的抱怨。显然,钱力对此职位不适合,必须加以处理。

案例讨论题:

1. 为什么会错选钱力?
2. 如是你是人力资源部经理,该如何有效防止该类事情的再次发生?

第一节 员工录用概述

当对应聘者进行了各种甄选后,进行员工录用并安排到相应的岗位上,体现了招聘的目的和成果。员工录用是指对经过招聘甄选阶段的应聘者,做出最终录用决定,通知他们报到及办理就职手续,并通过试用期考核完成正式录用的过程。

一、员工录用的原则

一般来说,员工的职位均是按照招聘的要求和应聘者的应聘意愿来安排的。为实现用人之所长、学以致用,有效利用人力成本的目的,员工录用必须遵循以下原则。

1. 录用流程体现公平竞争原则

公平竞争原则是指对所有应聘者进行录用时应当机会均等,一视同仁,整个录用流程规范合理,不得人为地制造各种不平等的限制,不拘一格地选拔录用各方面的优秀人才,以保证录用的人员是组织最满意的人才。

2. 录用决策体现择优录用原则

这是人员录用的核心。择优就是广揽人才、选贤任能,在甄选结果的基础上为各个岗位选择最合适的工作人员。因此,录用过程应是深入了解、全面考核、认真比较、谨慎决策的过程。做到"择优"必须对照招聘标准,严格按照科学的选拔录用流程来操作。

3. 员工安置体现人岗匹配的原则

在员工安置过程中,要充分把握人岗匹配的原则,将人和岗进行有机结合。按照组织的人力资源招聘计划和岗位的特性招收员工,根据职位的需要做到知人善任、扬长避短,为组织招聘到最合适的人才并将其安置到最合适的位置上,同时还要根据每个人的能力特点、个性差异来安排相应的职位，做到“人尽其才”“用其所长”“职适其人”，以利于人员能力的发挥与今后个人职业生涯的发展，从而大大提高人力资源的利用率。

4. 劳动关系体现符合法律的原则

在进行组织和员工劳动关系确定的过程中，需要符合法律的规范，遵循《中华人民共和国劳动法》和《中华人民共和国劳动合同法》的具体要求，及时签订合法的劳动合同，这既是对组织利益的保障，也是对员工利益的保障。

二、有效员工录用的意义

对任何规模的组织来说，有效的员工录用有如下意义。

1. 科学的员工录用管理可以规避录用风险

员工招聘过程中的甄选手段由于受到工具本身、时间与成本的限制，不可避免地存在不确定性。科学有效的员工录用管理，通过科学的决策和规范的试用期考核，可为组织减少招聘到能力不合格人员和不愿为组织工作人员的可能性，降低员工的辞退率与辞职率，为组织节约离职成本。

2. 合法的劳动合同签订可以确保组织和个人的利益

随着《中华人民共和国劳动合同法》的颁布实施，对员工招聘提出了新的要求。《中华人民共和国劳动合同法》对组织和员工的劳动关系进行了进一步的细化和明确，员工录用中的劳动合同成为保障双方权益的法律依据。对组织而言，一方面推进了本组织人力资源管理水平的不断提高，另一方面也为确保招聘岗位要求达成提供了依据。对员工而言，更明晰了自己的权利和义务，有效约束和激励自己的工作行为。这种双赢为组织的健康发展奠定了基础。

3. 有效的新员工培训可以加快员工适应岗位的速度

新员工培训加快了员工对组织的认识和对工作的认识，提高了员工在新职位上的工作效率，保证组织用在员工上的投入得到回报，也保证员工在组织中得到发展。如果在人员录用过程中能做到员工对工作满意，愿意为组织工作，而组织对员工拥有的技能、知识、经验满意，则组织必然会收到高额、快速的回报。由于员工对组织满意，对工作满意，员工必然会在组织中得到发展，其结果是组织与个人共同得到发展。

三、影响录用的因素

1. 劳动力市场

在设计和管理录用过程中，必须考虑劳动力市场的条件。劳动力市场条件对于录用过程的影响在建立招聘资源时显现得最清楚。充分的劳动力供给，意味着招聘资源很充足，因此录用决策会有比较好的基础；而稀缺的劳动力供给，意味着建立起来的招聘资源不可能很大。在录用过程中，人力资源专家经常使用基准率来衡量求职人员的质量。基准率是应聘者(如果被录用的话)中能够比较满意地完成工作的人的比例。它取决于劳动力市场的供给状况、劳动力市场上劳动力的质量以及组织所设计的吸引高素质劳动力的招聘过程。如果基准率为100%，说明不需要进行太多的甄选工作，录用决策也很简单，这是因为每一个求职者都有能力完成分配的工作。如果基准率比较低，则需要比较细致的甄选过程，录用决策也会比较困难。

2. 组织的发展状况

组织的发展状况对录用过程有比较大的影响，具体地说，它对录用人员的资格与类型以及录用人员的来源有着直接影响。例如，生产新产品或者正在开发新市场的组织，需要录用市场开发能力或技术开发能力较强的人，在做出录用决策时，常常关注在新市场的开发和新产品的设计上有能力的人；而对于产品和市场都已经比较成熟的组织，在做出录用决策时，常常关注精通操作工艺和擅长经营的人，以控制产品的质量和产品的成本。又如，对于要通过实施市场扩张战略来提高市场占有率的组织，常会通过外部招聘录用一些市场营销人员。

3. 录用决策者个人因素

在许多组织中，录用一般是由人力资源部门具体负责决定的，他们往往为部门经理提供经过甄选的应聘者名单及录用建议，由部门经理进行录用决策。而没有人力资源部门的小组织则把录用工作委派给部门主管经理。

随着组织中的职位越来越复杂以及组织规模的不断扩大，随着经理和主管受到的培训越来越多，在组织中，部门经理对录用决策的影响也越来越大，部门经理和主管最终决定着录用标准。

4. 科学测评方法的使用

随着各种测评方法的广泛使用，录用决策者可以从各个角度来评估应聘者是否符合职位要求，科学的测评方法可以采集到应聘者的综合素质，这些都直接影响着录用决策的速度和质量。

5. 职位类别

不同的职位对从业者的要求不同，也就直接影响着录用过程的繁简度，并最终影响录用决策。例如，要招聘一名清洁工人，公司的一般行政经理或主管就可以决定，面试的次数可能不超过两次；而招聘一名大客户经理，则要经过多次面试，而且需要由公司的高层主管来决定录用与否。

四、员工录用程序

员工录用是招聘的目的和成果。在招聘考核中选拔出来的合格人员，只有办理过一定手续，才能成为组织员工。录用手续的办理是确定员工身份的依据。

尽管员工录用程序在不同的组织中有很大的差异，但录用工作一般总是要包括制定录用制度、做出决策、确定并公布录用名单、办理录用手续、通知应聘者、签订劳动合同、新员工安置与试用、新员工转正等主要环节。

员工录用的一般程序如图 9－1 所示。

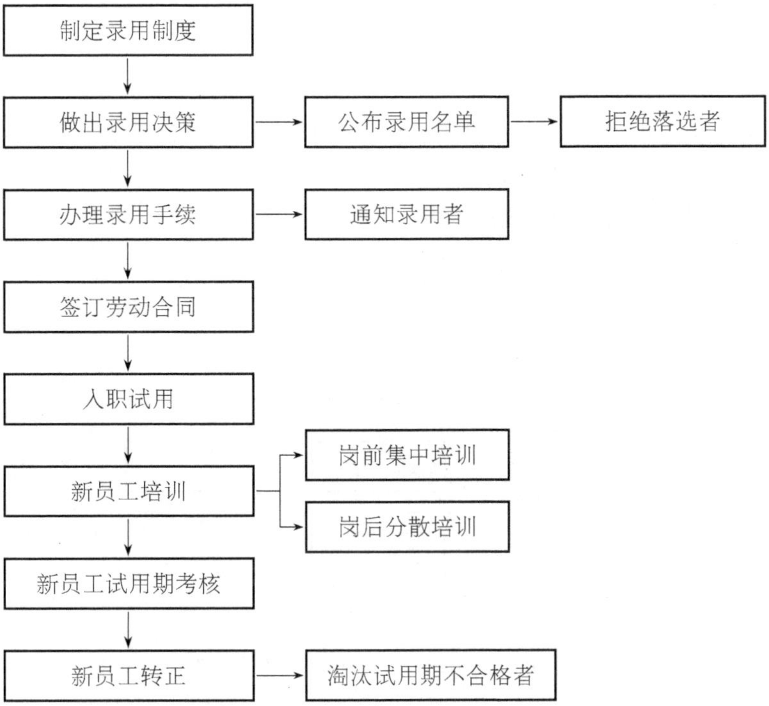

图 9－1　员工录用程序

第二节　录用决策

录用决策，是指通过科学精确的测算，对岗位和所招聘的人选相互之间进行权衡，实现人适其岗、岗得其人的合理匹配的过程。人员录用决策做得成功与否，对招聘有着极其重要的影响，如果决策失误，则可能使整个招聘过程功亏一篑，不仅使组织蒙受重大的经济损失，还会因此延误组织的发展。录用决策的有效性取决于录用标准是否合理、决策流程是否规范、决策方法是否科学。

人员录用标准，一是以岗位为标准，按照岗位要求选择最合适人选；二是以人员为标准，将人员安置到最合适的岗位上，实现人尽其才，才尽其用。两种标准都可以实现局部最优化，但通常这两种标准结合起来使用，可以互为补充，以便提高组织的整体资源配置效率。

一、录用决策流程

招聘甄选工作结束后，就进入录用决策阶段。一般而言，这个决策也常是最难做出的，特别是决定一个对组织发展相当关键的职位的应聘者时，组织常常会在几个脱颖而出的应聘者中难以取舍。

在此给出一个录用决策流程，如图 9－2 所示。

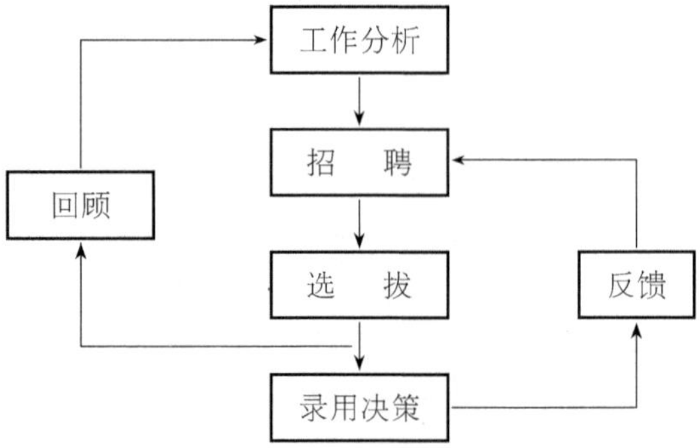

图 9－2　录用决策流程

在录用决策阶段，往往脱颖而出的几个应聘者使组织难以取舍，此时最好是回到工作分析阶段，重温工作分析，看看该职位究竟需要怎样的人，从应聘者中挑选出两三个人。但工作分析不应该成为唯一的标准，灵活性是成功录用决策的关键。完全符合职位标准的人要么不存在，要么在这个职位上不可能待得太长。一般来说，最好选择一个能够完成工作任务的 80％的应聘者，这样的员工会在岗位上待更长的时间，而且有更好的工作动机和更大的工作动力。

二、录用决策方法

组织的需要及拟聘的职位各不相同，因此录用决策的程序会有很大的差别。

在进行决策时，一般有两种选择：一是在应聘者之间进行选择；二是在应聘者与招聘标准之间进行比较再选择。当应聘者中没有人能够符合要求时，也有两种选择：一是重新招聘；二是在原来的招聘中重新进行选择。

（一）决策方法

人员的录用决策按照决策周期的安排可分为过关淘汰式、汇总评估式及混合式。

(1) 过关淘汰式。是指组织在甄选过程中，在每一甄选测试环节都设置一定的淘汰率——应聘者只有通过上一关才能进入下一关，只有通过组织设置的层层关口，才能参加最后一轮的录用选拔。

(2) 汇总评估式。是指组织在甄选过程中不设置最低的淘汰标准，所有应聘者都参加甄选，最后由组织根据应聘者在各项考查项目上的得分及项目的权重做出录用决策。

(3) 混合式。混合式是组织根据实际情况，对某一轮甄选采用淘汰式，而对另外几轮甄选采用汇总评估式。一般而言，采用混合式来决策的组织要多一些。

人员的录用决策按照决策过程的实施可分为单轮测试决策和汇总评估决策两种。

1. 单轮测试决策

单轮测试决策常用于简历、知识、技能的单轮选拔比较容易得出一致意见的甄选中。因为在这样的甄选中标准是量化的，只要确定出一个分数段或等级，就可以完成。而对于潜在的胜任特征的评价则往往会因为评价者的不同而有一定的差异。虽然结构化的面试与评估以及统一培训考官会在一定程度上弥补这方面的缺陷，但由于考官的阅历、看问题的角度、关注点等不同，有时评价意见仍然无法一致。对于单轮评价，通常做法如下：

(1) 考官根据面试及测试记录，每人说出自己对应聘者关于有关考查要素的看法和依据，但不提出结论。当所有考官发表完看法后，每人单独做出结论。如果一些评价项目标准以符号或字母表示，则需要进行分数或等级的转化。

(2) 考官先单独发表看法后再每人单独做出结论。根据评价人数，如果是三四名考官，则其中有一人不同意进入下一轮，即可一票否决；如果评价人数在 5～8 名左右，则实行 2 票否决制。具体标准根据拟招聘职位的重要程度、特点可以有所不同。

2. 汇总评估决策

汇总评估决策即在对应聘者的各轮测试成绩以一定的方式汇总后，将应聘者进行总的排序，然后做出决策的方法。汇总评估决策一般有如下两种方式：

(1) 以岗位为标准，列出岗位最适合的人选；

(2) 以人为标准，列出岗位适当人选。

当上述两项标准一致或基本一致时，就可按照排序的结果做出相应录用决策。

当招聘单位岗位比较多，应聘者之间经历、学识等没有大的差异时，可以采用这种方法，并且这种方法尤其适合校园招聘。

（二）录用决策模型

一般来说，在进行人员录用决策时有三种模型可供选择。

1. 补偿性模型

录用决策小组首先收集应聘者在选拔过程中的所有信息，然后从工作所需要的各个方面属性来评价应聘者，得出应聘者有关这一属性的一致性评价意见。

使用这种方法的前提是假定某种属性上的高分可以补偿另一种属性上的低分，适用于对应聘者没有最低要求而是要强调应聘者综合素质的情况。

2. 非补偿性模型

这种模型要求应聘者在被考查的每个方面都必须达到某个最低标准，任何一方面有缺陷都将淘汰应聘者。例如，录用项目开发人员时，若应聘者缺乏创新开拓能力，则不管其他能力如何，都不会被录用。

3. 混合模型

当对应聘者在某几个能力素质方面有最低要求，但在其他几个方面没有最低要求时可以运用混合模型。首先对应聘者采用非补偿模型淘汰一部分，然后再用补偿模型对应聘者进行综合评价。

在做出录用决策时，如果最终合格人选少于所要录用人员的数量时，应本着“宁缺毋滥”的原则尽量避免降低录用标准；当最终人选多于所要录用人员的数量时，应遵循重工作能力、优先求职动机、价值观认同等原则，同时应限制参加决策的人数，只请那些直接负责考查应聘者工作表现的人，以及那些将来会与应聘者共事的人，以免参与者因坚持自己的录用偏好而难以协调意见。

（三）录用决策步骤

组织做出招聘录用决策时，要尽可能使整个流程、环节的结构化安排都非常翔实，采取系统化的思考方法，这样就可以避免在做录用决策时跟着感觉走，只看到应聘者表现得比较突出的几个方面，而没有全面地关注到应聘者的所有胜任特征，以及应聘者突出表现的某些方面对于职位是否为最关键的，从而达到成功招聘录用的效果。

实际上,决策系统化主要强调的是要对应聘者的胜任能力进行全面的而不是片面的评估和比较之后才得出结论。通常采用以下的步骤做出录用决策。

(1) 先通过对多种测评技术的测评结果整合,得出各项胜任力的综合评分,如表 9-1 所示,在实际操作中一般会将这些综合评分转换为 10 分制的数据之后再进行深入运用。

表 9-1　各种甄选方法的测评结果

测评技术 / 胜任力	行为面试	申请表审核	心理测评	无领导小组讨论	文件筐测验	总计
	权数 5	权数 1	权数 3	权数 5	权数 6	
逻辑思维能力	6	7	5	7	7	129
团队合作能力	7	7.5	7	7.5	8	149
协调能力	7	7	6	7.5	7	139.5
创新能力	6	6.5	6	6.5	6.5	126
应变能力	8	8	8.5	7.5	7.5	156
沟通能力	7	6.5	8.5	8	8	155
人际关系	6	8	7	8	9	153
责任心	8	6	6.5	7	7	142.5

此表中,逻辑思维能力的总分=6×5+7×1+5×3+7×5+7×6=129

(2) 使用既定的决策对应聘者的胜任力与职位胜任素质模型要求的标准进行比较,从而得出直观的结果。

可能有不同的方法对这两组数据进行比较,最简单的一种是对胜任力综合得分进行加权后取总值,然后将该总值与甄选标准要求的总值进行对比,可以判别应聘者是否达到甄选标准的要求。若既定职位的甄选标准在这八项胜任力上的要求分值分别是 9、8、7.5、7.5、9、6、6、8,将这一组数据代入到表 9-1 中,得出加权和为 9×20+8×20+7.5×20+7.5×20+9×20+6×20+6×20+8×20=1 220。在此给出转换为 10 分制的标准计分及两个应聘者的得分情况,如表 9-2 所示,胜任力综合加权达标分为 9×2.5+8×2+7.5×1+7.5×2.5+9×3+6×2+6×1+8×3=133.75,达标的胜任力综合加权平均分为 133.75/17=7.87。

表 9-2　应聘者胜任力加权得分情况

胜任力	权数	达标分	陈文中	王筱晓
逻辑思维能力	2.5	9	9.2	9
团队合作能力	2	8	8	8.5
协调能力	1	7.5	7	8
创新能力	2.5	7.5	7	7
应变能力	3	9	9.5	8
沟通能力	2	6	6	7.5
人际关系	1	6	6	7
责任心	3	8	8	8
胜任力综合加权分		133.75	134	135
胜任力综合加权平均分		7.87	7.88	7.94

第二种方法与申请表审核中使用的立即扣除法类似。也就是分别计算出各种胜任力的综合分值后，规定出所有的胜任力中，只要有三项达不到甄选标准要求的分值，就视为不合格；有一项达不到要求，但分差没超过最小视觉差(即该项总分的15％)的，视为合格。通常可以根据具体情况，制定符合组织要求的决策规则。

第三种方法是使用统计程式进行甄选录用，特别是其中的等级相关统计法。这种方法不仅适用于对应聘者胜任力情况与职位要求的胜任力情况进行比较，也能够准确地对不同的超过甄选标准的应聘者进行对比，这种对比结果比其他的直接对比更为有效，通过其他甄选决策规则的对比结果，甚至可能是与运用这种等级相关统计方法得出的结果是相反的，这一现象要特别注意。另外，使用等级相关统计法的过程中可能会产生这样的一个问题：应聘者根本没有达到甄选标准的基本要求。对于这一点，等级相关统计法难以明确显示出来。

若对表9-2所示的两个人选的得分用第一种方法比较甄选，王筱晓就可以优先得到组织的录用通知书了，如果使用加权绝对值比较法来计算两人的加权绝对综合值与胜任力总分值的差异度，则如表9-3所示。

表 9-3　应聘者胜任力评估分值对比表

胜　任　力	权数	达标分	陈　文　中			王　筱　晓		
			得分	差异	加权绝对值	得分	差异	加权绝对值
逻辑思维能力	2.5	9	9.2	0.2	0.5	9	0	0
团队合作能力	2	8	8	0	0	8.5	0.5	1
协调能力	1	7.5	7	−0.5	0.5	8	0.5	0.5
创新能力	2.5	7.5	7	−0.5	1.25	7	−0.5	1.25
应变能力	3	9	9.5	0.5	1.5	8	−1	3
沟通能力	2	6	6	0	0	7.5	1.5	3
人际关系	1	6	6	0	0	7	1	1
责任心	3	8	8	0	0	8	0	0
综合加权分	17	133.75	134			135		
综合加权平均分		7.87	7.88			7.94		
不相符率(加权绝对值/达标总分)			6.15%			15.98%		

根据量化技术分析结果可以看出,应聘者陈文中应该是更为理想的录用者。不过,不同的权重会得出不同的结论,因此在进行权重设定时一定要谨慎,如果权重设置不合理,就会“差之毫厘,谬以千里”。

三、录用决策注意事项

1. 明确决策主体

决策主体是最后决定录用的人或机构,一般的原则是谁用人,谁拥有决定权,即“谁用人谁决策”。对于一般基层人员,由用人部门主管或人力资源部主管单独决定即可;而对于管理人员,尤其是关键岗位,可由用人部门提出,报总经理或董事会批准。

2. 尽量减少做出录用决策的人员

在决定录用人选时,必须坚持少而精的原则,选择那些直接负责考查应聘者工作表现的人,以及那些会与应聘者共事的人进行决策。如果参与的人太多,会增加录用决策的困难,造成争论不休或浪费时间和精力的局面。

3. 录用标准要恰到好处

录用标准不可太高,也不可太低,要恰到好处。标准设定得过高,会导致"地板效应"的出现,即能够通过录用的人寥寥无几,使组织在招聘方面的投入得不偿失,也就失去了招聘的意义;如果太低,则会出现"天花板效应",即通过录用的人员很多,从而增大了组织在招聘方面的成本支出。

松下电器公司创始人松下幸之助有一句名言:"'适当'这两个字很要紧,适当的公司,适当的商店,招募适当的人才。70 分的人才有时反而会更好。"人才的雇用以适用公司的程度为最好。程度过高,不见得一定有用,当然,水准较高的人能认真工作的也不少。可是很多人却说:"在这种烂公司工作,真倒霉!"如果换成一个普通人,可能会很感激地说"这个公司蛮不错的",从而尽心竭力地为公司工作。

4. 尽快做出决定

目前,人才竞争是十分激烈的,优秀的应聘者更是非常抢手,因此,必须在确保决策质量的前提下,尽快做出录用决策,否则,就很有可能使即将到手的人才从指缝中溜走。

做出录用决定之后,要对新员工进行一些简单的接待,这对减少或消除新员工的陌生感发挥着重要作用。新员工刚到组织时的所见所闻以及对工作环境的实际感觉,会巩固或动摇新员工关于选择该组织的决定是否正确的信心。在接待阶段,组织应让员工感到"宾至如归",同时使他们产生被认同感与被重视感。

5. 留有备选人员

招聘实践中,经过层层甄选、面试,常会发现一些条件不错且适合组织需要的人才,但是由于岗位编制、组织阶段发展计划等因素限制而无法现时录用,却可能在将来某个时期需要这方面的人才,此时,建立人才信息储备就显得很有必要。作为招聘部门,应将这类人才的信息纳入组织的人才信息库,包括个人资料、面试小组意见、评价等,不定期地与之保持联系,一旦将来出现岗位空缺或组织发展需要即可招人,这既提高了招聘速度也降低了招聘成本。

一般而言,组织的人才储备通常分为内储和外储两种。内储就是暂时把预留人才储存在组织内部,这会带来一些成本问题,比如发放薪水、如何安置,尤其是关键部门的关键岗位的人才。通常大多数组织还是不愿意在没有项目的情况下大量储备人员的,只有经济实力雄厚的大公司才会选择这样做,以便在上项目的时候可以及时补充人员。外储包括与外面的人才市场、猎头公司以及在职人员等多方面的联系,关键是要清楚组织需要的人才在哪里、能否迅速到位,当然内储和外储这两种方式同时使用效果最好。

第三节　录用实施

一、通知应聘者

通知应聘者是录用工作的一个重要部分。通知无非有两种，一种是录用通知，一种是辞谢通知。

1. 录用通知

在通知被录用者时，最重要的原则是及时，有许多机会都是由于在决定录用后没有及时通知应聘者而失去了。因此录用决策一旦做出，就应该立即通知被录用者。

在录用通知书中，应该说清楚报到的起止时间、报到的地点、报到的程序等内容，在附录中详细讲述如何抵达报到的地点和其他应该说明的信息。当然还不要忘记欢迎新员工加入组织。

在录用通知书中，要让被录用的人员了解他们的到来对于组织发展的重要意义。应该说这是组织吸引人才的一种手段，表明组织对人才的尊重。另外还要注意，对被录用的人员要一视同仁，以相同的方式通知被录用者，一般以信函的方式为佳。图 9－3 为录用通知书的一个范例。

××公司

录用通知书

尊敬的________先生/女士：

您应聘本公司________职位一事，经复核审议，决定录用您为本公司员工，欢迎您加盟本公司。请您于____年____月____日____午____时之前携带下列证件、资料到本公司人力资源部报到。

(1) 录用通知书；

(2) 居民身份证原件；

(3) 毕业证书、学位证书原件，其他与工作相关的资质证明；

(4) 体检表(区、市级以上医院体检证明)。

报到后，本公司会组织专门的职前介绍和短期培训，以便您在本公司的工作期间感到愉快。如果您有什么疑惑或困难，请与人力资源部联系。电话：086－×××××××

若您不能就职，请于____年____月____日前告知本公司。

此致！

××公司人力资源部(公章)

年　　月　　日

图 9－3　录用通知书范例

2. 辞谢通知

一些组织以工作太忙为由,对于未被录用的应聘者不予回应。其实,就组织品牌而言,这是一个不小的伤害。真正以人为本的组织,不会粗暴地对待任何一位哪怕是与组织要求相差甚远的求职者。向落选者发出辞谢通知,感谢其对组织的关注,是招聘流程中一个不可缺少的环节。辞谢通知书的范例如图 9-4 所示。

××公司

辞谢通知书

尊敬的________先生/女士:

非常感谢您对我们公司________职位感兴趣。您对我们企业的支持,我们不胜感激。您在应聘该职位时的良好表现,给我们留下了深刻的印象。但是由于我们名额有限,这次只能割爱。我们已经将您的有关资料备案,并会保留半年,如果有了新的空缺,我们会优先考虑您。

感谢您能够理解我们的决定。祝您早日找到理想的职业。

对您热诚应聘我们的企业,再次表示感谢!

此致!

人力资源部经理:

年　　月　　日

图 9-4　辞谢通知书范例

3. 拒聘

无论组织如何努力吸引人才,都可能会发生接到录用通知的人不能来组织报到的情况。对于那些组织看重的优秀应聘者,这种情况是组织不期望发生的事情。这时,组织的人力资源部甚至最高层主管应该主动去电话询问,并表示积极的争取态度。如果应聘者提出需要更多的报酬,就应该与其进一步谈判。因此,在打电话之前,对于组织在这方面还能有什么妥协,最好有所准备。如果在招聘活动中,组织被许多应聘者拒聘,从中也可获得一些有用的信息。

二、办理入职手续

1. 员工入职的条件

当一名应聘者经过层层选拔被录用之后,正式进入该单位工作,这就是入职程序。一般来说,一个人在经过选拔评价各项胜任力都符合职位和组织的要求之后,是否能够正式进入该组织工作,还需要具有以下几方面的条件。

(1) 从原雇主处辞职。一名员工要想接受一家新组织的雇用,通常来讲,必须要从原雇主处辞职,与原雇主解除劳动合同。

(2) 将人事档案转移到组织指定的档案管理机构。有的组织有自己的档案管理部门，有的组织的人事档案管理是委托专业机构来进行的。无论采取哪种形式，新雇用员工的人事档案都应该转入组织统一的档案管理机构。

(3) 体检合格。大多数雇主都会要求新雇用的员工参加身体检查，确保身体条件符合所从事工作的要求。

2. 协商薪酬

在做出初步录用决策后，组织要与应聘者讨论薪酬的有关问题。

当应聘者对要加盟的组织或行业的薪酬情况不了解或不熟悉地域方面的差异时，应聘者可能会提出高于或低于组织上下限的20%，若低于组织下限的20%，薪酬谈判会皆大欢喜。但组织还是应给应聘者强烈的信息，暗示只要其真正展现出工作实力和热情，在薪酬方面会有较大的上升空间；若应聘者的薪酬要求不是由于行业或地域方面的原因，则很可能是其在工作或者其他方面受到过挫折，此时谈判者不要当即答应，而应尽可能多地收集信息，了解其真实原因，以免出现用人风险。

若应聘者的薪酬要求高于20%，一方面可能是对地域、行业、组织的薪酬情况不够了解，另一方面可能是对自己的能力有过高的估计，再有就是一些具有欧美文化背景的应聘者，其个性往往较为张扬，对此组织应仔细筹划、提供相关资料，并给予其一定时间去进行了解和思考。如果没有价值观、工作动机等方面的差异，组织的努力也很可能会达成皆大欢喜的结果。

当应聘者提出的薪酬要求略高于组织薪酬预算时，可以做如下一些尝试：

(1) 描绘愿景目标。越是优秀的人才，越是看中工作乃至事业的意义。组织所处行业的前景如何？组织的愿景是什么？组织的目标将会怎样？这些因素对于成就动机强烈的人员，其吸引力是不可低估的。

(2) 展示发展机会。详细展示组织的工作价值、学习机会、提升机会、团队氛围、挑战性、未来发展、品牌效应等，与应聘者的现有环境进行比较，引导其看到个人发展的增值。

(3) 明确未来增长。详细介绍组织的经营情况、组织薪酬调整的频率或幅度、组织的各项福利等，引导其看到未来薪酬的增长空间。

(4) 突击反向。此法需要分辨应聘者的具体情况慎重使用。暗示应聘者如果薪酬要求过高，也许会使组织重新权衡。

(5) 引经据典说服。举例说明组织薪酬在现有市场的竞争力，说明有哪些人到组织后个人得到了发展，组织薪酬在目前市场上所处的水平、下一步的趋势，并明确提出组织薪酬并非组织所提供的价值的全部。

(6) 善于转换方式。表明组织看重的是员工的真正实力——应聘者在证明自己的实力之前，组织承担着一定的风险。探明应聘者的心理底线，如果工资要求无法满足，看是否可有采用“固定＋浮动”的方式灵活发放，这样也可以为组织降低用人风险。

(7) 建立情感基础。坦诚表达对应聘者的欣赏与肯定,真诚的欣赏与需要比技巧更能打动应聘者。

(8) 保留"还价"余地。到了这一步,就要让应聘者亮出底牌,询问其能接受的薪酬水平。在这一环节要取得应聘者明确的答复,是否这样的薪酬标准他就一定能接受。在得到肯定答复后,应当表示会尽力争取组织的破格(在不超过预算的前提下)。这样既可以有效地阻止应聘者的再次讨价还价,还可以使组织仍旧保留还价的主动权。

3. 入职手续办理流程

某公司入职流程如图 9-5 所示。

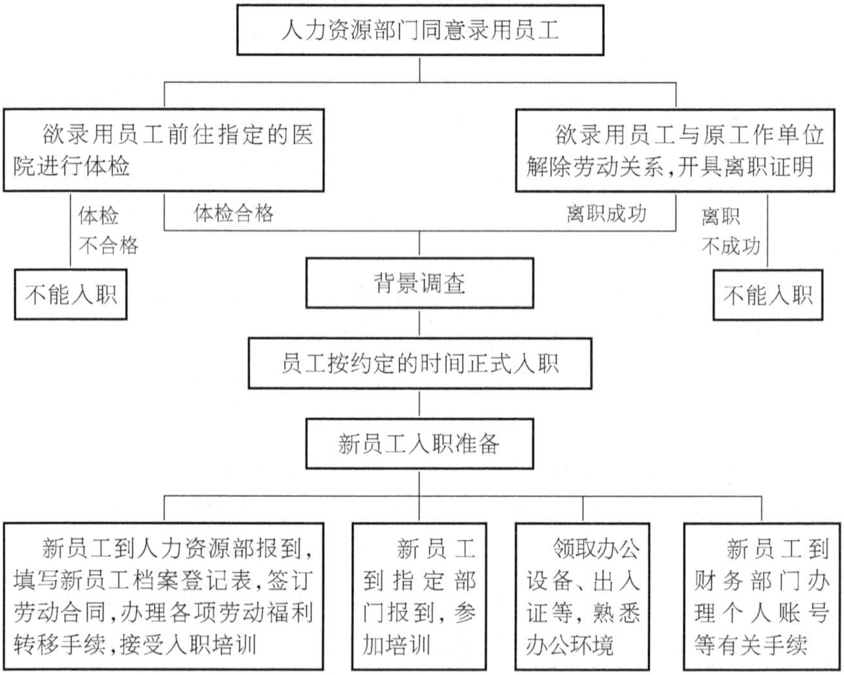

图 9-5 某公司入职流程

三、签订劳动合同

劳动合同是劳动者与用人单位为了确定劳动关系,明确双方责任、权利和义务的协议,是组织与员工之间双方合法利益的保障,是预防和处理劳动纠纷的前提。劳动法规定,劳动合同应当以书面形式签订,这在法律上明确了劳动合同的形式必须采用书面形式订立。

在签订劳动合同之前，人力资源部必须查看新员工《与原单位解除劳动关系证明》，以防引起不必要的劳动关系纠纷。

1. 签订时间要求

劳动合同限定一般在自用工之日起一个月内签订。如果组织书面通知后，员工不与组织订立书面劳动合同的，应当书面通知其终止劳动关系，无需向其支付经济补偿，但是应当依法向其支付其实际工作时间的劳动报酬。

2. 劳动合同内容要求

劳动合同应当具备以下条款：

(1) 用人单位的名称、住所和法定代表人或者主要负责人；

(2) 劳动者的姓名、住址和居民身份证或者其他有效身份证件号码；

(3) 劳动合同期限；

(4) 工作内容和工作地点；

(5) 工作时间和休息休假；

(6) 劳动报酬；

(7) 社会保险；

(8) 劳动保护、劳动条件和职业危害防护；

(9) 法律、法规规定应当纳入劳动合同的其他事项。

劳动合同除前款规定的必备条款外，用人单位与劳动者可以约定试用期、培训、保守秘密、补充保险和福利待遇等其他事项。

3. 无效劳动合同说明

如果劳动合同属于下述三种情形之一的，属于无效或者部分无效的劳动合同。

(1) 以欺诈、胁迫的手段或者乘人之危，使对方在违背真实意思的情况下订立或者变更劳动合同的；

(2) 用人单位免除自己的法定责任、排除劳动者的权利的；

(3) 违反法律、行政法规强制性规定的。

劳动合同的无效或者部分无效，由劳动争议仲裁机构或者人民法院确认。无效的劳动合同，从订立的时候起就没有法律约束力，不受国家法律的承认和保护。对于劳动合同被确认无效的，其法律后果是：第一，根据劳动合同法的规定，劳动合同被确认无效，劳动者已付出劳动的，用人单位应当向劳动者支付劳动报酬。劳动报酬的数额，参考用人单位同类岗位劳动者的劳动报酬确定；用人单位无同类岗位的，按照本单位上年职工平均工资确定。第二，无效劳动合同是由劳动合同当事人一方或者双方的过错造成的。法律上的过错，是指法律关系主体在主观上有违法错误，包括故意违法和过失违法。过错可能是一方的，也可能是双方的，它是由当事人的主观原因造成的后果,因此,对于无效的劳动合同,在确认其无效的同时,如给对方造成损害的,有过错的一方应当承担赔偿责任。

4. 解除劳动关系的说明

劳动者有下列情形之一的,用人单位可以解除劳动合同:

(1) 在试用期间被证明不符合录用条件的;

(2) 严重违反用人单位的规章制度的;

(3) 严重失职,营私舞弊,给用人单位的利益造成重大损害的;

(4) 劳动者同时与其他用人单位建立劳动关系,对完成本单位的工作任务造成严重影响,或者经用人单位提出,拒不改正的;

(5) 以欺诈、胁迫的手段或者乘人之危,使对方在违背真实意思的情况下订立或者变更劳动合同导致的劳动合同无效的;

(6) 被依法追究刑事责任的。

有下列情形之一的,用人单位在提前三十日以书面形式通知劳动者本人或者额外支付劳动者一个月工资后,可以解除劳动合同:

(1) 劳动者患病或者非因工负伤,在规定的医疗期满后不能从事原工作也不能从事由用人单位另行安排的工作的;

(2) 劳动者不能胜任工作,经过培训或者调整工作岗位,仍不能胜任工作的;

(3) 劳动合同订立时所依据的客观情况发生重大变化,致使劳动合同无法履行,经用人单位与劳动者协商,未能就变更劳动合同内容达成协议的。

四、试用期管理

组织的试用期管理的目的是确保所招聘录用的员工可以满足组织的需要,并在发现招聘的员工不符合岗位要求时能依法与其解除劳动合同。

《中华人民共和国劳动合同法》明确了试用期限、试用次数、试用期工资和试用期解除劳动合同等规定。同时为了防止有些用人单位滥用试用期,《中华人民共和国劳动合同法》规定:劳动合同期限 3 个月以上不满 1 年的,试用期不得超过 1 个月;劳动合同期限 1 年以上不满 3 年的,试用期不得超过 2 个月;3 年以上固定期限和无固定期限的劳动合同,试用期不得超过 6 个月。同一用人单位与同一劳动者只能约定一次试用期。以完成一定工作任务为期限的劳动合同或者劳动合同期限不满 3 个月的,不得约定试用期。试用期包含在劳动合同期限内。

用人单位违反劳动合同法规定与劳动者约定试用期的,由劳动行政部门责令改正,违法约定的试用期已经履行的,由用人单位以劳动者月工资为标准,按已经履行的试用期的期限向劳动者支付赔偿金。劳动合同仅约定试用期或者劳动合同期限与试用期相同的,试用期不成立,该期限为劳动合同期限。

试用期管理中,人力资源部门要让员工明确试用期的具体工作内容和考核要求,安置其至相应的工作岗位,安排其部门直接领导分配其具体工作,进行日常管理,并在过程中进行工作记录,以便为试用期考核提供依据。

要注意的是,组织在员工试用期内的工资不得低于本组织相同岗位最低档工资或者劳动合同约定工资的80%,并且工资不得低于组织所在地的最低工资标准。

五、正式录用

员工的正式录用即"转正",是指试用期满且考核合格的员工正式成为组织员工的过程。员工能否被正式录用,关键在于人力资源部门和用人部门对其试用期工作考核的结果。一般正式录用包括以下几个步骤:

(1) 试用期员工填写转正申请表,提出转正申请;

(2) 人力资源部对员工试用期的考核结果进行汇总和审核;

(3) 比照考核要求,根据考核要求确定试用期合格与否;

(4) 合格者办理转正手续,正式录用并明确员工待遇,建立员工档案。

第四节　新员工培训

新员工通过录用并到组织报到以后,需要在工作前进行一定的培训。我们称这种培训为岗前培训或岗位适应性培训,也有人称之为职前培训。这种培训在各类组织中非常普遍,有的组织对新员工的培训甚至长达半年至一年时间。

培训的目的在于将组织录用的人员由社会人转变为组织人。具体来说,就是通过培训让新员工熟悉组织发展历史、现状乃至未来的前景,了解组织文化、规章制度和工作纪律,学习岗位所需的新技能或新知识,并在培训中转变员工不适应组织发展的心理观念和生活习惯,使其融入组织整体环境之中。无论是有工作经验的人员还是刚跨出学校的毕业生,都要在上岗前接受这种培训。

一、新员工培训的意义

1. 有利于新员工适应组织的新环境

新员工刚进入组织时，面临的是一个完全陌生的环境。即使是有丰富工作经验的员工，由于各个组织的经营理念、组织文化以及制度安排等方面都有所不同，也有一个重新认知并融入的过程。

让新员工了解组织，对于组织和员工个人双方来说都是有必要的。组织在培训中向员工介绍组织的发展情况、规章制度、组织设计、岗位环境等方面的情况，有利于员工尽快适应新的环境，同时让员工了解在新的工作环境中有自己发挥才能的空间，也有利于培养员工对组织的忠诚度和激发员工的工作积极性。员工个人通过了解组织各方面的情况，对自己的生活习惯、知识结构、技能结构做出相应的调整，以达到组织对自己的要求。

2. 有利于新员工融入组织整体

组织在新员工进入后，需要建立新员工与组织之间的认同与感情，以及培养新员工与老员工之间的合作关系和团结精神，让新员工了解到自己的个人利益是建立在整体利益基础之上的。因此，在职前培训中，要向新员工明确组织的行为规范，如上级和下级之间的礼仪、员工之间的沟通方式等。一般情况下，新员工刚进入组织时，员工之间的引见是不可缺少的，特别是新员工未来工作中有直接联系的员工之间的相互引见。而且还可以提供一定的途径，让新员工和老员工之间迅速建立友谊。

3. 有利于新员工有效开始新工作

新员工对即将从事的工作并没有现成的经验，即使有相关经验，在具体操作中也经常存在差别，所以职前培训中技能的培训不可缺少。组织通过员工手册、工作说明书、必要的参观活动和一定的技能培训，让新员工明确自己的工作任务、职责权限和上下级汇报关系，适应新的工作流程，对要使用的工作设施或工具不再感到陌生，从而有利于员工迅速进入工作角色，避免了不必要的摸索所带来的损失。

4. 为招聘、甄选和职业生涯管理等提供信息反馈

通过岗位培训，新员工在招聘与甄选活动中制造的假象会暴露出来，招聘负责人的错误认知和主观偏见会得到检验，而且新员工也会充分地表现自己的全面形象，从而加深组织对员工的了解，这些都能给招聘、甄选和职业生涯管理等工作提供有价值的信息反馈。

二、新员工培训的内容

新员工岗前培训涉及的内容较多。一般情况下，培训由组织高层管理者、培训

部门以及新员工即将工作的部门共同实施。

高层管理者主要是向新员工致欢迎词、简单介绍组织情况并提出要求和期望，也可以通过一定的活动加深新员工的第一印象，为其逐步融入组织打好基础。培训部门则是向新员工传递组织概况、政策制度等方面的具体信息，带领其熟悉组织环境，并负责专业技能的培训。部门主管主要是负责向新员工介绍本部门的职能情况、岗位责任等，并进行相关技能培训。

一般情况下，新员工岗前培训中所涉及的内容主要包括以下内容。

1. 组织文化与规章制度培训

组织文化表现为有形文化与无形文化两种形式，其中价值观是组织文化之核心。在进行组织文化培训时，首先是无形文化的培训，如组织的经营理念、组织精神、价值观等。每个组织的经营理念都是不相同的，有的组织认为“酒香不怕巷子深”，忽略宣传广告的作用，重视产品的质量；有的组织认为“宣传最重要”，宣传能达到家喻户晓的效果，因此，组织在广告宣传上十分舍得花钱。所以，应在新员工进入组织时把本组织正确的经营理念传授给员工，让员工主动与组织协调工作。营造良好的组织文化环境，这对组织长期发展是非常重要的。其次应注重有形文化的培训，如组织规章制度的培训。

一般来说，组织规章制度的培训采取课堂学习或培训者具体介绍的方式进行。培训部门首先要将组织的规章制度印制成内部刊物、员工手册或规章制度手册形式，然后发放给每一个员工，培训期间还需要专门安排一次时间进行介绍。

2. 组织的地理位置和工作环境

对于刚到组织的新员工，周围的一切都是陌生的。及时让新员工了解自己即将身处其中的环境，消除陌生感，这是新员工培训的一项主要内容。组织环境包括组织的自然环境、工作环境、人文环境三个主要方面。

组织自然环境是指组织内部及附近的场景，如组织内各部门办公室、就餐食堂、休息室、会议室，附近银行、紧急出口、交通站点等。

工作环境是指新员工即将进入的部门或车间的办公设施、厂房布置、生产设备、生产工具等环境。

人文环境是指由组织内部上下级之间的交流方式、员工之间的合作方式、与其他员工交往所保持的态度、员工的爱好活动等构成的人文系统。这对新员工以后的工作和生活将有很大影响。

熟悉组织环境主要采取参观的方法，在培训期间利用一天或半天时间由培训部门人员带领新员工在组织内参观介绍。

3. 组织的标志及其由来

新员工需了解组织的视觉识别系统(VIS)及其由来。如麦当劳的颜色主要由金黄色和红色构成,其标志"M"既是麦当劳的手写字母,又形似凯旋门,象征着吉利和成功。每个组织的 VIS 都是组织的骄傲,每位员工均要能识别并了解它的特殊含义。又如厦门航空的标志是一只飞翔的白鹭,厦门的"9·8贸洽会"用9和8组拼成一支形似锁匙的标志,由于设计奇巧,含义深远,深受大家的喜爱。组织的 VIS 及其深远含义均需让新员工了解。

4. 组织的发展历史和阶段性的英雄人物

每个组织在创建之初都饱经苦难,每个组织的发展史均和几个阶段性的标志人物紧密连在一起,他们都是组织的英雄人物。如名扬世界的法国酒白兰地系列,就有马爹利老爹和马爹利老屋的传奇故事,有甜美葡萄的传说,有棕木桶传奇功能的传说。组织的发展缺不了创业经营的传奇人物和重大事件,把这些编成故事,讲给新员工听,可以使他们更热爱自己的组织,更有归属感,也表现出组织对员工所具备品质的要求,使员工在一定程度上对组织产生感情,建立忠诚感。

5. 组织的标志性纪念品

美国有一个组织,它的大厅里摆放着一个标志性的纪念品,是用玻璃罩罩着的一根金色的香蕉。这里有一个能让每个新员工感动的故事:很久以前,有一名员工拿着一份改进工艺的建议书走进董事长的办公室,董事长看完这名员工的建议书后深受感动,认为这不仅是一个非常出色的工艺改进建议,而且最难能可贵的是这名员工对组织的关心和热爱。这位董事长很想立刻奖励这个年轻的小伙子,但此时他身边并没有合适的奖品,于是,他拿起桌子上的一根香蕉,奖励给这位提出合理化建议的员工。从此以后,这个公司提合理化建议蔚然成风,这个故事也广为流传,一个金色的美丽的香蕉被制作成纪念品摆放在公司的大厅里,成为这个公司的标志物。

要使新员工对组织有归属感,应该给他们讲解这些标志性纪念品背后的动人故事。

6. 组织的产品和服务

让新员工了解组织产品的名称、性能、原材料及其来源、产品生产的流程、产品的售后服务等。有些组织的"产品"就是服务,如旅游业。旅游业的新员工必须了解组织售出的"服务"包含的内容、服务的性质、服务的对象、服务质量的保证以及服务错误的纠正等。

7. 组织的品牌地位和市场占有率

当新员工充分了解了组织的客户及组织的市场竞争状况时,会有效激发新员工的危机感和使命感。

8. 组织的组织结构及主要领导

对于组织的组织结构、职能部门、上下级间的汇报关系、高层管理者的职责及分工，新员工都是急于了解的。因此，一张组织结构图及主要领导的名录和联系方式、员工的合理化建议的专设信箱、员工与总经理对话渠道的获得及机会等都应告知新员工。

9. 组织的战略和组织的发展前景

组织现时的战略定位和组织战略的发展阶段、发展目标、发展前景也是新员工十分关心的问题，因为只有组织发展了，才能给个体带来发展空间，也才能激发新员工内在的工作热情和创造激情，激励新员工为组织奉献自己的智慧和才干。

10. 岗位知识及技能培训

新员工在上岗前要了解岗位知识、掌握工作所需的工作技能，只有在岗位技能培训合格以后，新员工才能正式上岗。

新员工的岗位知识培训包括职位说明和职业必备两方面。职位说明就是要向新员工描述出恰当的工作行为，并做出示范，制订日程安排，并在规定的时间内让新员工掌握工作方法和工作技能，要回答新员工提出的问题并给予必要的指导。对于绩效考核、晋职、加薪等规定在这里也要详细加以说明。每一位员工必须获得自己所在岗位的科学规范的工作说明书并熟悉它。职业必备是指员工应掌握的具体工作中的同事联络、上司的管理风格、必要的保密要求、组织中的一些“行话”等。

岗位技能培训包括新员工岗位的工作标准及操作要求、产品判定、与上下游流程的关系及对他人的影响等。

11. 团队协作与团队建设

团队是组织运行的基本单位。系统理论认为，具有良好合作精神的团队的效率应大于单个团队队员效率的总和。所以，团队协作和团队建设是新员工培训的重要内容。

三、新员工适应性培训的方法

1. 演示法

演示法是运用一定的实物和教具，通过实地示范，使受训者明白某种任务是怎么完成的。要求是：示范前准备好所有的用具，搁置整齐；让每个受训者都能看清示范物；示范完毕，让每个受训者试一试；对每个受训者的试做给予即时的反馈。

2. 角色扮演法

在角色扮演中，要求参加者对他们实际工作中可能遇到的具体问题做出反应。他们不是通过听说如何处理一个问题，甚至也不是讨论如何处理问题，而是通过实际去做来进行学习。角色扮演通常被用于管理人才开发中，它可以有效地应用于面试、申诉处理、工作绩效评价、会议领导、工作小组问题解决、有效交流及领导模式分析等诸方面的培训中。

3. 课堂教学法

课堂教学对于某些类型员工的培训是有效的，它的一个最大的优点是教学可以在相对较短的时间内传递大量信息。

4. 实习法

实习既是一种招聘方法，也是一种有效的培训方法。从用人单位看，实习提供了观察一位员工潜在的长期工作情况的极好方法。实习对大学生们也有好处，他们通过工作获得的经验，能将课堂上学到的知识与管理实践结合起来。与此同时，实习者的经验会帮助他们确定某类组织和工作是否适合他们。

5. 训练及辅导法

训练是一种由经理进行的一对一教学的在职管理人才开发方式。为了这一目的，有些组织设立了岗位助理，被安排在这种岗位上的人会成为其上级的未来接替者。下属们除了有机会观察外，还会被分配一些需要决策能力的重要任务。为做好这项工作，作为训练顾问的经理们必须对有关工作及其与组织目标间的关系有全面的了解。管理者及其下属间的关系，应建立在彼此信赖和信任的基础上，这样才能保证这一方法的有效性。

辅导是接受培训者以一对一的方式向经验丰富的员工学习的一种在职管理人才开发的方法。辅导者通常是年长及有经验的经理，它以主人、朋友、知己和顾问的身份对新员工进行辅导，辅导者可以是组织中任何职位的人。

6. 小组讨论法

小组讨论的形式能对某一题目进行深入的分析和讨论，是常用的培训方法。

7. 模拟法

模拟是针对真实情况构造复杂程度可变的培训模型，其范围从简单的机械装置的纸模型到组织整个环境的计算机模拟都有。人力资源开发专家还可以使用收款机、汽车及飞机等模拟装置。虽然模拟培训在某些方面的价值不如在职培训，但它也有自己的优点。

8. 学徒培训法

学徒培训是将课堂教学与在职培训结合起来的方法，一般在手工技能者(如管道工、理发师、木匠、机械师和印刷工)的培训中运用。

9. 技工学校培训法

技工学校培训是在生产区域以外的、与实际工作所用的很相似的设备上进行培训。技工学校的优点是使员工可以从参加生产的压力中解脱出来，根据工作所需的技能进行有针对性的培训。

10. 游戏法

游戏培训是组织的人力资源部门通过一些经过精心设计的户外游戏活动，以一种轻松、自由的方式对员工进行培训的方法，主要是培养员工之间的团队精神、合作意识以及快速处理问题的能力等。

四、新员工适应性培训的层次

新员工从到单位报到的那一天到正式走上工作岗位开始独立承担工作责任，要经过一系列的培训，这些培训称之为适应性培训。适应性培训根据实际需要可以分两个层次进行：一是组织层次的培训，另一个是部门层次的培训。

1. 组织层次的培训

组织层次培训的目的是使新员工尽快掌握本组织与所有员工相关的共同性问题。本层次的培训主要是适应性集中培训，一般可将所有新员工集中在一起，与领导人参加讨论会以及员工引见等，让员工初步了解组织情况，并培养员工对组织的认同感，在讨论会上员工还可以畅谈自己对组织、岗位的看法，提出自己的要求。这种培训是新员工融入组织的第一步，非常关键。这一层次的培训组织得好坏将直接关系到新员工对组织的第一印象，而第一印象的改变将会需要很长的一段时间。

很多组织在适应性集中培训中还安排了领导人讲话、观看组织发展历程的录像等活动，其目的基本相同，培训的内容主要是组织文化培训和规章制度培训。

2. 部门层次的培训

该层次的培训重点是使新员工掌握即将任职的部门、职务所要求必须懂、会、用等具体知识、技能和其他特殊要求。这一层次的培训主要是适应性分散培训，其特点在于所有新员工不必集中在一起，而是按照他们各自以后的岗位需要进行相关岗位知识和技能的培训，可以采用面谈法及指导学习的方法，也可以在培训者的传、帮、带下逐步熟悉工作，这里的培训人员可由部门主管或熟练工担任。

本章小结：

员工录用对组织是至关重要的，有效的人员录用为组织提高生产率、节约成本奠定了坚实的基础，这项工作的成功与否决定了组织长远计划实施的可行性及可能性。本章讨论了员工录用决策时的决策方法及决策模型，并详细介绍了做出录用决策的步骤，然后对录用实施进行了梳理，主要包括通知应聘者、办理录用手续、签订劳动合同、使用期管理和正式录用。最后讨论了新员工培训的意义、方法、内容等。

案例分析：

1. 为什么会在录用阶段错选钱力？

错选钱力的主要原因是招聘录用决策人员没有足够重视录用原则的把握和录用流程的管理，缺乏必要的录用准备工作，在录用中未能结合岗位说明书的要求和实际情况建立起明确的录用标准，致使在选择过程中过于主观，缺乏必要的角色意识，未能有效把握岗位匹配性，评估方式也欠妥当，导致所提供的决策信息缺乏，未能有效甄别钱力的素质与岗位是否匹配。

2. 如何有效进行录用决策？

有效实施录用决策，一方面是要做好准备工作，包括岗位说明书的确立和完善，构建录用决策小组，明确录用决策依据，在实施中有效选择录用方法，并有效分析甄选结果；另一方面是要做好实施工作，收集好甄选过程获取的应聘者的信息和其他相关个人信息，以提高录用决策的全面性和有效性。

思考题：

1. 在员工录用的过程中应遵循什么样的原则？
2. 影响录用的因素有哪些？
3. 录用决策的流程是怎样的？
4. 常用的做出录用决策的方法是什么？
5. 怎样进行一般的录用过程管理？
6. 入职手续的办理流程是什么？
7. 劳动合同的必备条款有哪些？
8. 新员工培训的内容有哪些？

第十章 招聘评估

引导案例

超额的招聘成本

东方公司是浙江省电子行业的名牌企业。2008 年，公司为了拓展全国市场和海外市场，向各研究和技术开发部门下达了五年的战略规划目标，经过各部门经理的反馈及讨论，最后决定招聘一批高素质、潜力大的年轻专业人才，并且将目标对象锁定在刚毕业的研究生或者有 3～5 年行业经验、本科学历的社会人士。公司也因此计划通过校园招聘方式招入 120 名研究生，同时通过社会招聘的方法招募 80 名年轻有为的人才。

根据以往的情况，每年的年底都会在高校举行校园招聘会。因此，2007 年 11 月，人力资源部就开始筹备校园招聘工作，招募工作计划持续了一个月，具体工作包括召开招聘工作会议，拟订具体招募工作方案，制订并发布招募广告。同年 12 月，公司派 3 人参加在浙江大学举办的为期两天的研究生专场招聘会，其间进行了宣传演讲。当时现场反应非常强烈，不少研究生争相投递简历，两天内共收集到 2 000多份简历。在这次招聘中，公司为租用场地支付费用 3 000 元，支付专家演讲费用 4 000 元，支付相关广告费用 5 000 元，支付招募与甄选工作人员的工资、奖金、福利等费用共计 15 000 元。

在此期间，公司通过企业网站及报纸广告发布信息，招聘有行业经验的社会人士，为此支付费用 5 000 元，支付招募与甄选工作人员的工资、奖金、福利等费用共计 8 000 元。至 2008 年 2 月，人力资源部从收到的 400 多份简历中甄选出符合要求的 80 份简历，计划将这些人士与研究生同时进行面试选拔，以期在 2 万元甄选成本之内完成选拔。

从 2007 年 12 月底开始，人力资源部门对 2 000 多份研究生简历进行了 1 个多月的甄选，选出了符合公司要求的 500 多份简历。自 2008 年 2 月初起，人力资源部对那些甄选出的研究生及社会人士进行电话预约，准备对他们进行初次面试考查，确定二次面试的人选，进而在二次面试的人选中最终确定欲招募的出色的人员。

但是让人力资源部非常吃惊的是，有近60%的候选研究生在电话中告知已经找到了工作单位或由于其他原因不能来公司面试。为了让40%左右愿意来公司面试的研究生如期参加面试，人力资源部采取了非常措施，为来参加面试的研究生报销往返车费，为此支出了5 000元交通费。

2008年3月，公司招入120名研究生和80名社会人员的计划招募人数均未达到，最后仅录用130人，但招聘经费的预算却超支了。

案例讨论题：

1. 请你对这次招聘工作进行评估，分析为什么该公司没有完成招聘人数这项指标？

2. 请你对上述案例进行招聘总成本效用评估。

第一节　招聘评估概述

招聘工作结束后，还应该对招聘工作进行评估，通过对数据的整理和分析，来发现招聘工作改进的方法和途径。

一、招聘评估的含义

招聘评估是招聘过程必不可少的一个环节。招聘评估是在完成招聘流程各阶段工作的基础上，对整个招聘活动的过程及结果进行评价及总结，检查是否达到预期的招聘目的的过程。

招聘评估通过对录用员工的绩效、实际能力、工作潜力的评估，也即通过对录用员工质量的评估，检验招聘工作成果与方法的有效性，以利于招聘方法的改进。招聘评估通过成本与效益核算能够使招聘人员清楚地知道费用的支出情况，区分哪些是应支出项目，那些是不应支出项目，从而有利于降低今后招聘的费用，有利于为组织节省开支。

二、招聘评估的作用

招聘评估是对招聘前期工作的总结和今后招聘工作的经验积累的过程。组织中的人力资源管理人员通过各种方式招收进组织的人员的数量、质量、留用状况以及招聘人员自身的工作效率如何,在某种程度上影响着招聘工作的成功与否、组织的投资能否得到回报,这部分工作将由最后的招聘评估来完成。总之,招聘评估有利于提高招聘绩效。

具体来讲,招聘工作评估的作用主要表现在三个方面。

1. 有利于提高招聘工作质量

通过招聘评估中招聘效果的评估,可以发现我们所确定的招聘渠道是否有效,评价指标是否合适,使用的评价方法是否可靠和准确,进而甄选招聘渠道、改进评价指标、完善评价方法,不断积累招聘工作的经验并修正不足,提高招聘工作质量。

通过招聘评估中录用员工数量评估,可以分析招聘数量是否满足原定的招聘要求,及时总结经验(当能满足时)或找出原因(当不能满足时),从而有利于改进今后的招聘计划和对制定策略提供依据。

2. 有利于节省开支

招聘评估分为招聘结果的成效评估(具体又包括招聘成本与效益评估、录用员工数量与质量评估)和招聘方法的成效评估(具体又包括招聘的信度与效度评估),因而通过招聘评估中的成本与效益核算,就能够使招聘人员清楚费用支出情况,区别出应支出与不应支出的项目。对于不应支出的项目,在以后的招聘工作中可以去除,从而降低招聘费用,为组织节省开支。

3. 为人力资源管理的多项业务工作提供信息和依据

通过对录用人员的质量评估,可以了解员工的工作绩效、行为、实际能力、工作潜能与招聘岗位要求之间的符合程度,从而为人力资源规划、工作说明书的修订、改进招聘方法、实施员工培训和绩效评估提供必要的、有用的信息。如通过分析招聘完成比、录用比、新员工的贡献率等指标,可以验证任职资格是否符合要求。如果某职位招聘完成率比较低,并且新员工留存率较低,说明该职位的任职资格要求可能过高,难免会因为“大材小用”而导致高离职率。

三、招聘评估的分类

招聘评估根据不同角度,一般有以下几种分类。

1. 招聘结果的评估

(1) 招聘效果的评估。招聘效果也称招聘质量,这是招聘评估的一个核心要素,同样也是难度较大、周期较长的评估,不能在短时期内下结论。招聘的目的是为了获取合适的人才，是否合适体现的是一个质量的问题，就算其他的招聘相关工作再出色，但是获取的人选不能达到招聘的要求，那么，招聘的结果就是低效的。只有获取的是真正能为组织带来高绩效的适合的员工，招聘的结果才是高效的。因此，这种评估更多的是考查录用人员的试用期合格率、晋升率等。

(2) 招聘效率的评估。招聘效率体现的是一种性价比，在讲求效果的同时，又要讲求效率，即用最少的投入获取最合适的员工。由于招聘过程有成本的投入和时间的约束，所以不能只讲效果不讲效率。因此，这种评估更多的是考查招聘的成本与效用，诸如招募成本与效用评估、甄选成本与效用评估、录用成本与效用评估等。

2. 招聘流程的评估

(1) 招募流程的评估。包括招募计划的质量、招募过程的执行效果(数量与时间)、招募渠道的有效性和招募总成本效益等方面的评估。

(2) 甄选过程的评估。包括甄选过程的质量、甄选方法的效果、甄选考官的能力和甄选总成本效益等方面的评估。

(3) 录用过程的评估。包括录用过程的质量、录用的成本、安置的成本、新员工培训的成本和录用总成本效益等方面的评估。

3. 招聘部门的评估

(1) 对高层管理者的评估。组织的高层管理者是组织战略的制定者，是人才战略的确定者，是未来人力资源管理方向的把控者，其理念的正确与否、政策的清晰与否、评估的有效与否，决定了招聘最终的效果，因此要对其战略规划、人才配置要求、用人观念、相关人力资源管理政策以及实践的力度等进行合理的评估。

(2) 对人力资源部门的评估。在组织的招聘过程中，人力资源部门起着关键的作用，应该从专家的视角来推动招聘的整个管理。因此可对其组织战略的有效理解、人力资源需求规划、招聘流程管理、招聘效果和效率等综合方面进行评估。

(3) 对用人部门的评估。组织中的用人部门是招聘人员的需求者和直接使用者，因此，可以对其招聘需求的合理性、招聘质量控制的有效性等方面进行评估。

4. 招聘资源效果的评估

(1) 人力资源效率的评估。人力资源效率的评估指的是对招聘人员的工作效果评估和对录用人员的效果评估。

(2) 财力资源的效果评估。财力资源的效果评估即招聘成本的效果评估。

四、招聘评估的标准

一次招聘活动成功与否，至少要以五个标准来判断其招聘的效果。

1. 准确性

招聘的准确性应从所选用甄选工具的评估内容、合理程度以及它与工作性质相吻合的程度来判断，这取决于负责招聘的人员是否真正了解空缺职位的要求。例如，招聘高级会计师，必须测评其会计、统计、金融、资产评估、会计法规等方面的专业知识，否则甄选将没有意义。

2. 可靠性

可靠性是指评价结果在多大程度上反映应聘者的实际情况。这主要取决于甄选方法的效度。例如通过面试与知识考试相结合的方法测评营销人员的市场营销知识比较可靠，而要了解应聘者的个性特点就应该借助于专门的心理测验等方法。

3. 客观性

客观性是指不受主观因素的影响，对应聘者进行客观的评价。它包括两个方面：一是招聘者不受个人的偏见、价值观、感情等主观因素的影响，客观地对应聘者进行评价；二是应聘者不因其社会地位、种族、宗教、性别、籍贯、容貌等因素受到不公正的待遇。

4. 全面性

全面性是指测评内容是否具有完整性，能否全面反映胜任该职位所必需的技能。要想全面地对应聘者进行评价，首先需要明确各职位各方面的任职资格要求，包括职业道德素养、专业素质、身体素质等。就专业素质来讲，不仅包括专业知识，还包括专业技能及专业领域的工作经验等。

5. 适合性

适合性是指招聘录用人员与职位需求是否匹配。“合适的就是最好的”，松下公司的招聘理念之一是“招聘 70 分的人才”，再将他们培养成“100 分的人才”。招聘活动是否成功最终要看录用人员与职位的匹配度，这将决定他们的稳定性、工作能力的发挥程度以及对组织的贡献度。

五、招聘评估的指标

在实际的招聘评估过程中，可以使用一些客观因素，包括不同来源的申请人的招聘成本、不同来源的申请人的素质、不同来源的新员工的业绩、不同来源的员工留职率以及不同的招聘者招来的员工的业绩差异等指标。表 10－1 是一个一般性的招聘评价指标的示例。

表 10－1　招聘评价指标体系①

指标分类	指标名称
一般评价指标	补充空缺的数量或百分比
	及时补充空缺的数量或百分比
	平均每位新员工的招聘成本
	低成本招聘的新员工数量或百分比
	业绩优秀的新员工数量或百分比
	留职至少一年以上的新员工数量或百分比
	对新工作满意的新员工数量或百分比
基于招聘者的评价指标	前来面试者的数量
	被面试者的数量
	被面试者对面试质量的评价
	职业前景介绍的数量和质量等级
	推荐的应聘者中被录用的比例
	推荐的应聘者中被录用且业绩突出的员工比例
	招聘的少数民族和妇女的人数
	平均每次的面试成本
基于招聘方法的评价指标	引发的申请的数量
	引发的合格申请的数量
	所产生的少数民族和妇女申请者数量
	平均每个申请的成本
	从方法实施到接受申请的时间
	平均每个被录用员工的招聘成本
	招聘人员的质量(业绩、人员变动率、出勤等)

① George T. Milkovich and John W. Boudreau, Human Resource Management, Richard D. Irwin, 1994, p.311.

我国当前企业人力资源招聘工作业绩评定的主要指标包括应聘者的数量、质量和职位填补的及时性。尽管这些指标体现了人力资源招聘工作的主要方面,但作为一种系统的业绩评价指标体系却有失偏颇,它忽略了招聘资金这种有限资源的量化考核。根据美国人力资源管理协会 1997 年的调查显示,目前企业对招聘工作的关注依照重要程度排序为:录用质量的高低、顾客满意度、时间投入的多寡、成本的高低。但就目前来看,我国许多企业对招聘成本尚未有足够重视,仅有少量企业核算招聘成本,而且方法过于简单,使结果很难说明问题。随着人力资源市场的竞争日趋激烈,人力资源招聘工作即将迎接量化和价值化的双重考查。

六、招聘评估流程

在招聘工作结束后,人力资源部门对招聘进行评估,评估流程包括以下阶段。

(一) 评估准备

评估准备阶段的主要工作是收集各类招聘过程记录、选择评估人员、设计评估方法及评估表单,对于大型招聘工作还需要成立专门的评审小组,制定评审规则。

1. 收集各类招聘过程记录

这是进行效果评估要做的第一项工作,收集的各类资料包括但不限于:

(1) 求职者个人简历;

(2) 求职者学历、职称、身份证;

(3) 多轮面试记录;

(4) 笔试答题卷;

(5) 素质测评结果。

一般按照职位类别制作《招聘评估输入资料清单》,作为评估会议输入资料。

2. 选择评估人员

不是所有人员都具有评估能力,评估人员应具备的胜任能力和任职要求包括:

(1) 某方面的专家,如财务部门、用人单位代表;

(2) 熟悉组织管理现状及招聘策略;

(3) 受过有关评估技巧的方法训练;

(4) 具有良好的问题识别能力;

(5) 具有良好的书面表达能力。

3. 设计评估方法及评估表单

评估人员确定后,需要根据评估需求设计评估方法及评估表单,此阶段主要完成的工作有：

(1) 设计评估方法，对获得的各类信息进行整理；

(2) 设计评估项目；

(3) 设计评估项目权重及统计方法；

(4) 设计评估过程应用表格；

(5) 设计统计结果标准模板。

4. 成立专门的评审小组

对于大型招聘项目，要成立专门的评审小组，评审小组的主要职责包括：

(1) 负责审核各类招聘过程资料和统计资料；

(2) 组织招聘小组评审会议；

(3) 对人力资源部就招聘项目执行情况进行评审；

(4) 对招聘项目完成效果进行评价；

(5) 完成评估报告。

5. 制定评审规则

评审小组要对评审方法进行明确，招聘效果评估评审规则包括：

(1) 输入资料要求；

(2) 评审方法介绍；

(3) 评审流程；

(4) 评审小组异议处理方法。

(二) 评估实施

评估过程一般采用两种模式：

(1) 评审会模式。评审会模式是指成立专门的评审小组，小组成员按照既定的规则对各类评估事项进行评价。评审会模式的主要优点在于评估事项比较全面，劣势在于需要大量的准备和评估过程管理工作。评审会模式一般适用于大型招聘项目的评估。

(2) 调研法。调研法主要是针对用人需求部门而进行的，是对用人部门招聘计划的实际完成情况进行的调查评价，调研人对用人部门相关负责人进行口头或者书面调查，了解用人部门的评价意见。

评估过程主要包括下述内容。

(1) 核对各类招聘证据。对人力资源部提交的各类证据进行核实，明确招聘职位数量、招聘广告渠道发布情况、简历数量、笔试及面试数量、实际录取人数等信息。

(2) 与用人部门沟通招聘质量和服务。这部分的工作主要通过调研法进行，由评估人员或评审小组与各个业务部门负责人进行沟通，就有关招聘完成的质量、服务态度、招聘速度、招聘流程执行情况等进行实际的调查，调查应该有书面的调查记录。

(3) 对各类招聘成本的执行情况进行汇总统计。根据招聘成本评估内容要求，由评估人员或评审小组组织对各类招聘成本的实际发生额进行统计，比照预算额计算差额，并分析其中的原因。

(4) 召开评审会议。对于大型招聘项目的效果评估，除要完成上述工作外，还要召开专门的评审会议，对上述各类评估所需要的数据资料进行准备，由评审小组对整体招聘效果进行评价。

（三）撰写招聘评估报告

招聘效果评估实施结束后，由评估负责人组织编写评估报告。评估报告应该符合客观事实，能够对存在的问题进行分析，并提出持续改进建议。评估报告可以包括以下内容：

(1) 招聘项目简介；

(2) 阶段性招聘目标及预算；

(3) 招聘效果评估方法；

(4) 各类数据统计分析结果；

(5) 招聘成本分析；

(6) 招聘效果分析；

(7) 存在的问题及其改进建议。

评估报告是招聘总结报告的重要组成部分。

第二节　招聘的财力资源评估

招聘的财力资源评估，即招聘成本评估，是指对招聘中的费用进行调查、核实，并对照预算进行评价的过程。它是鉴定招聘效率的一个重要指标。如果成本低，录用人员质量高，就意味着招聘效率高；反之，则意味着招聘效率低。

人力资源成本是指取得和重置人员而发生的费用支出，包括人力资源的历史成本和人力资源的重置成本。人力资源的历史成本是指为取得和开发人力资源而付出的代价，通常包括人力资源的招募、甄选、录用、安置和适应性培训的成本；人力资源的重置成本是指目前重置人力资源应该付出的代价,例如,如果某人离开组织,就会发生招募、甄选和培训的重置成本。重置成本既包括为取得开发一个替代者而发生的成本,也包括由于目前受雇的某一职工的流动而发生的成本。

一、招聘成本结构

招聘成本是发生在员工招聘工作中所花费的各项成本的总和,由在招募和录取职工的过程中所发生的招募成本、甄选成本、录用成本、安置成本、适应性培训成本、离职成本与重置成本等构成。

(一) 招募成本

招募成本是为吸引和确定组织所需的内外应聘者而发生的费用,主要包括:

(1) 直接劳务费,包括内部招募人员的直接劳务费用和外部专家的相关服务费。

(2) 直接业务费,包括招聘差旅费、人才中介或猎头代理费、各类媒体的招聘广告费、宣传材料费、办公费、水电费等。

(3) 间接管理费用,包括行政管理费、临时场地及设备使用费等。

(4) 预付费用,包括吸引未来可能成为组织成员的人选的费用,如为吸引高校研究生与本科生所预先支付的委托代培费或奖学金。

招募成本的计算公式为:

招募成本=直接劳务费+直接业务费+间接管理费+预付费用

(二) 甄选成本

甄选成本是指对应聘者进行测评选拔所支付的费用。在某一组织中,甄选成本取决于应聘者类型及招募方法等若干因素。应聘者所担任的职务越高,甄选的过程就越长,成本就越大。此外,在招募成本和甄选成本之间通常也会有权衡,如果利用具有广泛影响的宣传工具来公开招募员工的话,则审查成本较高;如果利用代理机构招募员工的话,会减少审查成本,但将导致更高的代理费支出。

整个甄选过程中由于方法和人数的不同而导致费用也不同,其公式如下:

简历申请表分析费用=每人简历申请表分析所需时间×甄选者工资率×应聘人数

知识和心理测验费用=(平均每人材料费+平均每人评分成本)×参加人数×考试次数

面试费用＝(每人面谈前的准备时间＋每人面谈所需时间)×甄选者工资率×应聘人数

评价中心测评费用＝(评价中心准备时间＋评价中心测评时间)×甄选者工资率

汇总申请资料费用＝(印发每份申请表资料费＋每人资料汇总费)×应聘者数

测试评审费用＝测试所需时间×(人事部门人员工资率＋各部门代表的工资率)×次数

体检费＝[(检查所需时间×检查者工资率)＋检查所需器材、药剂费]×检查人数

甄选成本随着招聘岗位的不同而不同。一般来说，选择技术人员比选择操作人员的成本要高，选择管理人员比选择一般人员的成本要高。总之，甄选成本随着招聘职位的增高以及对组织影响的加大而增加。

（三）录用成本

录用成本是指经过招募选择后，把合适的人员录用到组织中所发生的费用。主要包括录取手续费、调动补偿费、搬迁费和旅途补助费等由录用引起的有关费用。这些费用一般都是直接费用。被录用者职位越高，录用成本也就越高。从组织内部录用职工仅仅是工作调动，一般不会再发生录用成本。录用成本的计算公式如下：

录用成本＝录取手续费＋调动补偿费＋搬迁费＋旅途补助费等

（四）安置成本

安置成本是为安置已录取职工到具体的工作岗位上时所发生的费用。安置成本由为安排新职工的工作所必须发生的各种行政管理费用、为新职工提供工作所必需的装备条件，以及录用部门因安置人员时所损失的时间成本而发生的费用构成。被录用者职务的高低对安置成本的高低有一定的影响。安置成本的计算公式如下：

安置成本＝各种安置行政管理费用＋必要装备费＋安置人员时间损失成本＋欢迎费用

（五）适应性培训成本

适应性培训成本是组织对上岗前的新员工在组织文化、规章制度、基本知识、

基本技能等方面进行培训所发生的费用。适应性培训成本由培训和受培训者的工资、培训和受培训者离岗的人工损失费用、培训管理费、资料费用和培训设备折旧费用等组成。适应性培训成本的计算公式如下：

适应性培训成本＝(负责指导工作者的平均工资率×培训引起的生产率降低率＋新职工的工资率×职工人数)×受训天数＋教育管理费＋资料费用＋培训设备折旧费用

(六) 离职成本与重置成本

虽然招聘成本是招聘过程中实际发生的各种费用,但招聘工作只是整个人力资源管理工作的起点,招聘工作质量的高低直接影响着员工的质量及其稳定性。因此,招聘成本也应包括因招聘不慎使得员工离职而给组织带来的损失,即离职成本以及重新再招聘时所花费的费用,即重置成本。

1. 离职成本

(1) 离职直接成本,是指那些通过检查记录和准确估计时间与资源就可以被量化的成本。其计算公式如下：

离职直接成本＝由于处理离职带来的管理时间的额外支出＋解聘费＋离职面谈的成本支出＋临时性的加班补助费用＋策略性外包成本＋应付的工资和福利等

其中包括：

离职面谈者的费用＝(面谈前的准备时间＋面谈所需的时间)×面谈者的工资率×计划期间的离职人数

离职员工的费用＝面谈所需的时间×离职员工的加权平均工资率×计划期间的离职人数

与离职有关的管理活动费用＝人力资源部对每一离职事件的管理活动所需的时间×人力资源部员工的平均工资率×计划期间的离职人数

离职补充金＝每位离职者的离职补充金×离职人数

增加的失业税＝(实际失业税率－基本税率)×(起征工资×工资不低于起征工资的员工人数＋工资低于起征工资的员工的加权平均工资×工资低于起征工资的员工人数)＋实际失业税率×起征工资或工资低于起征工资的员工的加权平均工资×计划期间的离职人数

(2) 离职间接成本,是指员工离职所造成的成本,间接成本要比直接成本高得多。其计算公式如下：

离职间接成本＝员工离职后保留下来的员工的劳动生产率降低＋替补人员学习过程中的低效成本＋资产的潜在损失＋顾客或组织交易的损失＋员工士气降低造成的损失＋离职员工带走组织的客户或机密造成的机会损失＋离职员工离职前工作失误造成的组织形象损失＋离职员工离职前忙于找工作造成工作延误的损失等

2. 重置成本

重置成本不仅包括重新招聘过程中发生的成本，还包括员工开发的成本以及医疗保健费用。具体如下：

(1) 新员工补充费用，具体如下：

职位空缺通告费用＝[离职后招聘广告费和就业代理费＋(通告职位空缺所需要的时间＋人力资源部门员工的工资率)]×计划期间的离职人数

录用前的管理活动费用＝人力资源部门从事就业前的管理活动所需的时间×人力资源部员工的平均工资率×计划期间的工作申请人数

录用面试费用＝一次面试所需要的时间×面试者的工资率×计划期间的面试次数

考试费用＝(平均每人的材料费＋平均每人的评分成本)×参加考试人数×考试次数

集体评审费用＝每次评审会议所需时间×(人事部门人员的工资率＋各部门代表的工资率)×计划期间的开会次数

车旅费和迁移费＝每位申请人的平均车旅费×申请人数＋每位新员工的平均迁移费×新员工人数

雇用后的情况收集和报告费用＝每位新员工情况的收集和报告所需要的时间×人力资源部门员工的平均小时工资率×计划期间进行补充的离职人数

新员工的医疗检查费用＝(组织内部医疗机构检查一名员工所需要的时间×检查者的工资率＋检查一名员工所使用的器材药剂费)×计划期间的离职人数＋在公共医疗机构的人均检查费用×计划期间的离职人数

(2) 新员工培训费用,具体如下:

工作情况介绍文献费用=文献单位成本×计划期间替补员工的人数

正式培训中的指导和培训费用=每次培训的时间×培训者的平均工资率×培训次数×替补员工的培训成本与总培训成本之比+每位受训者平均工资率+计划期间培训的总替补人数×培训时间

指派员工进行指导或训练费用=指导所需要的工时数×(有经验员工的平均工资率×培训引起的生产率降低率+新员工工资率×计划期间的指导人数)

当然,导致员工离职的因素非常复杂,招聘工作的低效率可能只是其中的因素之一。因此,在离职面谈时,应该弄清楚员工离职的真正原因。

二、招聘成本评估的准备

1. 招聘预算的制订

在招聘工作开始之前,应先制订招聘预算。每年的招聘预算应该是全年员工开发与管理总预算的一部分。招聘预算主要包括:招聘广告预算、招聘甄选预算、体格检查预算、其他测试预算等。组织可以根据自身的实际情况拟订招聘预算。

2. 招聘成本的核算

招聘成本的核算是指对招聘经费的使用情况进行度量、计算、审计等的总称。通过核算可以了解招聘中经费的精确使用情况,是否符合预算以及差异主要出现在哪些环节上。核算过程实际上也是对预算的执行情况进行监控的过程。

三、招聘成本效用评估

招聘成本效用评估是指对招聘成本所产生的效果进行分析的过程。它主要包括:招聘总成本效用分析、招募成本效用分析、人员甄选成本效用分析、人员录用成本效用分析等。相关的计算方法有以下几个主要公式。

1. 总成本效用

$$总成本效用=\frac{录用人数}{招聘总成本}$$

该比例说明实际录用人数与招聘费用之间的关系。此比例越大,则组织花费一定数量的费用后,所取得的效果越好,录用人员也越多;反之,则说明组织未能招收到足够数量的员工，总成本效用低。

2. 招募成本效用

$$招募成本效用=\frac{应聘人数}{招募期间的费用}$$

该比例说明招募期间的费用支出对于吸引应聘者的效用。该比例越大，则招募期间费用开支的效用越高，用于不同渠道的费用组合较合理，能够为组织吸引大量的应聘者，组织挑选的余地大，有利于提高录用人员的素质；反之，则说明无效的花费较多，资金使用不合理。

3. 甄选成本效用

$$甄选成本效用=\frac{被选中人数}{甄选期间的费用}$$

该比例说明甄选过程中资金使用的效率。此比例越低，组织用于甄选的投入就越大，甄选面较广、余地较多，被选中的员工素质较高；反之，入选人员多，效果不明显，员工素质可能不高。

4. 人员录用成本效用

$$人员录用成本效用=\frac{正式录用的人数}{录用期间的费用}$$

该比例说明录用期间资金的使用效率。

四、招聘投资收益评估

招聘工作投入了资金，对其进行产出评价应该包括投资效益的量化考核。一般来说，新员工充实到组织后，招聘工作基本结束，但从长远来看，招聘是一项具有延续性的工作。新员工入职后，不仅能够完成基本要求的工作，为组织创造出预期的收益，同时随着新员工创造性潜力的发挥，还能够创造出更大的新价值。

招聘的收益价值可以通过新员工入职后，以其在某职位上所做出的业绩、利润以及通过其他方式进行的绩效考评等方面的结果，与历史同期或同行业的标准做比较，来确定招聘该员工的收益。

组织招聘投资收益包括招录的新员工为组织带来的直接经济利益、组织产品质量的改善、市场份额增长的幅度、市场竞争力的提高以及未来支出的减少等各方面。另外，招聘广告除了能吸引符合要求的求职者，也能引起部分消费者的关注，因此，在这里计算招聘投资效益时，有必要将广告的效应加以考虑。

1. 招聘投资收益

招聘投资收益可分为招聘投资总收益和招聘投资净收益两部分。我们假设组织中员工的薪金收入完全代表员工对组织所作出的贡献,用公式表示为:

$$招聘投资总收益=\sum_{i=1}^{n}W_i\times(Z_i-\bar{Z}_i)+广告效应$$

其中,n 为实际招聘人数;W_i 为第 i 个被录用员工的考核期限预期或当期的总报酬,如以月或年为单位;Z_i 为第 i 个被录用的员工的实测能力值;$\bar{Z}_i$ 为同类人员的平均能力值。

$$招聘投资净收益=预计招聘总收益-招聘费用$$

$$招聘投资的成本收益=\frac{招聘投资净收益}{招聘成本}$$

2. 招聘收益/成本比

对员工招聘工作进行整体的评估可以通过招聘收益/成本比来实现,这是一项经济评价指标,同时也是对招聘工作的有效性进行考核的一项指标。招聘收益/成本比例越高,则说明招聘工作越有效,即招聘收益越大,录用员工对组织的贡献越大,并且说明录用员工的素质较高,招聘效果好,实现了组织设定的招聘目标。用公式表示为:

$$招聘收益/成本比=\frac{所有新员工为组织创造的总价值}{招聘总成本}$$

3. 招聘渠道的效益评估

我们还可以对招聘渠道的效益进行评估,为组织找到最经济、最高效的招聘渠道组合。主要从以下几点考虑:每种渠道所吸引的应聘者数目;各渠道应聘者的招聘成本;每种渠道合格应聘者的数目;每个合格应聘者的成本;每种渠道来源的应聘者中优秀者的数目。

第三节　招聘的人力资源评估

招聘的人力资源评估包括招聘中主体和客体的评估,即作为对象的录用人员的评估和作为管理者的招聘人员的评估,既体现了招聘的效果,也体现了招聘的效率。

一、录用人员评估

录用人员评估就是指根据组织招聘计划和招聘岗位的工作分析，对所录用人员的质量、数量和结构进行评价的过程。招聘工作结束后，对录用人员进行评估是一项十分重要的工作，只有在招聘成本较低、录用人员数量充足且质量较好时，才说明招聘工作的效率高。在大型招聘活动中，录用人员评估显得十分重要。如果录用人员不合格，那么招聘过程中所花费的时间、精力、金钱都浪费了；只有全部招聘到合格的人员才能说全面完成了招聘任务。可以通过以下几个方面来评估招聘录用人员的数量和质量。

（一）录用人员数量评估

1. 录用比

录用比越小，表明对组织来说可供选择的人员越多，实际录用者的素质就越高，但同时也加大了组织的招聘成本；反之，则可能实际录用者的素质较低。用公式表示为：

$$录用比=\frac{录用人数}{应聘人数}\times 100\%$$

2. 招聘完成比

该比率说明新员工招聘计划的完成情况。如果招聘完成比等于或大于100%，则说明在数量上全面或超额完成招聘计划。比率越小，说明招聘员工数量越不足。用公式表示为：

$$招聘完成比=\frac{录用人数}{计划招聘人数}\times 100\%$$

3. 应聘比

该比率说明员工招聘的挑选余地和信息发布状况。该比率越大，说明组织的招聘信息发布得越广、越有效，组织的挑选余地也就越大，招聘信息发布效果越好，同时说明录用人员素质可能较高；反之，该比率越小，说明组织的招聘信息发布得不适当或无效，组织的挑选余地也越小。一般来说，应聘者比率至少应在200%以上。招聘越重要的岗位，该比率应当越大，这样才能保证录用者的质量。用公式表示为：

$$应聘比=\frac{应聘人数}{计划招聘人数}\times 100\%$$

4. 职位选择率

该比率是衡量组织对人员选择的严格程度和人员报名的踊跃程度的一个指标。如果选择率为1,表明每个职位只有一位申请人。出现这种情况则很难有一个有效的选择过程。在这种情况下,本来可能会被拒绝的人常常被雇用了。选择率低于1的程度越大,管理者在选择决策中的可行方案就越多。用公式表示为:

$$职位选择率=\frac{某职位计划招聘的人数}{申请该职位的人数}\times 100\%$$

(二)录用人员质量评估

除了运用以上各个指标来反映录用人员的数量外,也可以根据招聘的要求或工作分析中的要求对录用人员进行等级排列以及根据其未来的发展性等方面来确定其质量。

1. 员工录用质量比

该比例是以应聘岗位的工作分析文件为基准所设置的分数等级,以此来考查员工录用的质量。我们还可以用下面的公式来进行定量分析:

$$QH=\frac{PR+HP+HR}{N}$$

其中:QH 为被聘用的新员工的质量;PR 为工作绩效的百分比,如以100为满分,该员工的绩效分值为80,则 PR 为80%;HP 为新聘员工在一年内晋升的人数占所有当期新员工的人数的比率,如20%;HR 为1年后还留在组织工作的员工占原招聘的新员工的数量的百分比,如80%;N 为指标的个数,如3;

最后,$QH=(80\%+20\%+80\%)/3=60\%$

QH 的数值只是一个参考值,并不能完全反映新员工的质量,这主要是因为绩效和晋升率有时并不是能够由新员工所控制的。由于组织内部的复杂环境导致的人才流失,或者组织的绩效评价系统并不完善等都可能影响到新员工最终的考评结果。但该指标多少能够反映出招聘新员工的质量。

2. 留职至少 n 年(n=1, 2, 3……)以上新员工的数量或百分比

该比例说明了组织招聘录用人员的适合度以及稳定性。一般认为,在组织工作的时间越长,说明该员工接受的培训、通过的考核越多,为组织所作的贡献越大,招聘收益也就越高;反之,说明招聘收益较低,员工稳定性较差,组织不仅要为他们支付离职成本,还要为填补空缺职位而花费更多的重置成本。用公式表示为:

$$留职\,n\,年以上的新员工百分比=\frac{留职\,n\,年以上的新员工数}{新员工录用总人数}\times 100\%$$

3. 业绩优良的新员工的数量或百分比

该比例说明所招聘的新员工的优秀率。该比例越大，说明新员工总体的素质、能力较强，可能为组织创造更多的收益，组织可以根据新员工的历史资料对其进行最优安置，且选择余地较大；反之，说明所录用的新员工的能力可能不强或者缺乏相关的经验，从而使得招聘收益下降。用公式表示为：

$$\text{业绩优良新员工的百分比}=\frac{\text{业绩优良的新员工数}}{\text{新员工录用总数}}\times 100\%$$

4. 新员工晋升的百分比

该比例说明所招聘的新员工获得晋升的比率，该比例大，说明新员工的综合素质高，潜力发挥充分，对组织的贡献度大，也说明录用员工的质量较高。用公式表示为：

$$\text{新员工晋升百分比}=\frac{\text{晋升的新员工数}}{\text{新员工录用总数}}\times 100\%$$

5. 应聘者总数中录用且业绩突出的员工的百分比

该比例反映了新员工被录用后实际的工作表现，该指标具有较强的说服力，新员工通过实际业绩说明其为组织创造的价值，反映出招聘工作的后期效果良好与否，并能据此对招聘人员进行适当的奖赏。用公式表示为：

$$\text{应聘者总数中录用且业绩突出的员工百分比}=\frac{\text{录用人员中业绩突出的人数}}{\text{应聘者总数}}\times 100\%$$

二、招聘人员工作评估

招聘人员工作评估是对招聘过程产生的结果的一种评估，一定程度上体现了招聘工作过程的效率和效果。

1. 招聘合格率

如果平均职位空缺时间是从量的角度来评价招聘人员的工作，招聘合格率就是从质的角度进行评价。这里的合格招聘人数是指顺利通过岗位适应性培训、试用期考核合格并最终转正的新员工。招聘合格率高说明招聘人员对组织的适合度高。用公式表示为：

$$\text{招聘合格率}=\frac{\text{合格招聘人数}}{\text{总招聘人数}}\times 100\%$$

2. 新员工试用期离职率

试用期离职是指新员工在试用期内不符合要求或自动离职的情况。新员工试用期离职率越低，说明招聘工作的质量越高。

$$新员工试用期离职率=\frac{试用期离职员工人数}{录用人数}\times 100\%$$

3. 新员工对招聘人员工作的满意度

新员工对招聘人员的工作进行满意度评价，如果“满意”与“比较满意”的比例较高，则说明新员工对招聘人员工作的认可度高，可以在一定程度上反映招聘人员的工作情况。用公式表示为：

$$新员工对招聘人员工作满意的百分比=\frac{满意的新员工人数}{新员工总人数}\times 100\%$$

4. 新员工对组织的满意度

满意的新员工数量是指组织在进行员工满意度调查时，对组织总体“满意”和“比较满意”的新员工的数量。该比例在一定程度上可以反映新员工对组织的认可程度，也可以在很大程度上影响新员工的工作士气与工作绩效。该比例高(如高于老员工)说明所招聘的新员工的需求、动机、价值观等与组织的吻合度高。用公式表示为：

$$新员工对组织满意的百分比=\frac{满意的新员工人数}{新员工总人数}\times 100\%$$

5. 平均职位空缺时间

该指标反映的是平均每个职位空缺多长时间能够有新员工补缺到位，它能够反映招聘人员的工作效率。平均职位空缺时间越短(如低于行业平均水平)，说明招聘效率越高，否则，说明招聘效率较低。当然，不能孤立地分析该指标，还应该结合招聘合格率、录用人员的质量等指标综合分析。用公式表示为：

$$平均职位空缺时间=\frac{职位空缺总时间}{补充职位数}\times 100\%$$

6. 反应时间

反应时间是指从人力资源部门收到申请者申请的那天起到人力资源部门至少找到一个通过初步甄选的应聘者并确定下一轮甄选的那天为止的天数。这是招聘人员有最大控制力的时间，尽管它不意味着招聘任务的完成，但是可以表明招聘系统的工作速度。用公式表示为：

反应时间＝确定第一个通过初步甄选应聘者下一轮的甄选日期－收到申请者

申请的日期

例如，某公司 3 月份打算通过广告的方式招聘新员工，3 月 5 日广告刊出，12 日就开始收到了申请人的简历、自荐信，经过人力资源部门对申请者的初步甄选，选出了 50 人参加面试，面试时间定于本月 25 日，那么此次招聘的反应时间为 25－12＝13 天。

7. 定岗时间

定岗时间是填补空缺职位的时间阶段，即确定具体人选的时间。一旦选定了受聘者，人力资源部门的控制度就开始降低。此阶段包括工作人员将申请者的简历、自荐信交给人力资源管理部门的时间、刊登广告的时间、初步甄选求职者的时间和合格应聘者参加面试的时间。事实上，整个过程包括了许多独立的步骤。填补职位空缺的时间测算是从工作人员将申请者的简历、自荐信交给人力资源管理部门到至少有一个求职者接受组织提供的工作时间的总天数。用公式表示为：

定岗时间＝第一个求职者接受组织提供的工作的日期－收到申请者申请的日期

如在上例中，某公司人力资源部门进行面试之后，将面试结果及时通知申请者，等待申请者的最后决定，4 月 5 日，第一位申请者电话告知其本人同意接受此项工作。那么此次招聘的定岗时间为 13＋11＝24 天。

8. 到岗时间

到岗时间是指从工作人员将申请者的简历、自荐信交给人力资源管理部门到求职者正式开始上岗工作的时间之间的天数。新员工正式上岗工作时，人力资源部门的招聘告一段落。用公式表示为：

到岗时间＝求职者正式开始上岗工作的日期－收到申请者申请的日期

如新员工正式开始工作的日期是 4 月 20 日，那么此次招聘的到岗时间为 24＋15＝39 天。

通过记录跟踪反应时间、定岗时间和到岗时间，招聘人员和经理人自然知道工作应该如何开展，应该采取何种措施控制和降低时间成本与资金成本，提高工作成效。

第四节　招聘总结

招聘总结是对整个招聘工作的记录以及进行相应的分析。该阶段主要是通过撰写总结报告,来对招聘工作的全过程进行记录和经验总结,并对招聘活动的结果、经费支出等进行评定,主要内容有招聘计划、招聘进程、招聘结果、招聘经费、招聘评定、经验总结等。

一、招聘总结撰写原则

撰写招聘总结应遵循以下几个原则:

(1) 真实客观原则。真实、客观地记录下招聘的全过程,不掩盖缺点和不足,不夸大成绩,有利于进行每次招聘的比较。

(2) 突出重点原则。招聘总结的重点在于“经验总结”,应该明确指出成功之处和不足之处,有利于以后招聘工作的开展和进一步提高效率。

(3) 简洁明了原则。招聘总结需要向有关领导和相关招聘人员进行及时的反馈,因此报告简洁明了有利于反馈的有效性。

二、招聘工作阶段性总结

组织的招聘工作需要经历一段时间,甚至有的组织常年都在招聘,这种情况下工作人员就要通过招聘周报或月报等进行阶段性总结,定期向组织领导和有关部门汇报招聘工作进展,总结存在的问题,以便于招聘工作的及时调整,解决招聘工作中存在的问题,更好地完成招聘工作任务。

阶段性的招聘工作总结汇报应该包含以下几项内容:

(1) 招聘目标完成情况。这是组织领导和用人部门最关心的问题,也是招聘工作的成绩所在。这里的招聘目标完成情况,其实就是要对招聘的进度进行有效管理,不仅应该反映目前的实际完成情况,还应对照招聘计划,对招聘目标的实现情况进行动态预测。如果出现招聘目标无法按时完成的情况,就可以提前找出差距分析原因,制订相应改进措施,以确保招聘目标的实现。

(2) 人员招募和甄选情况。招聘工作人员要统计和整理每个时间段(如一个月)不同招聘渠道的应聘人数、甄选合格人数以及录用报到人数等基础数据。通过这些数据的分析,发现不同招募渠道的效果和差距,这是招聘工作人员改进招聘策略选择的依据,也是对整个招聘工作进行改进的基础。

(3) 招聘工作人员的投入情况。这里的投入情况主要是指招聘工作人员的工作量的统计,如投入招聘工作的人数以及这些人在简历甄选、面试通知、面试等工作上花费的时间。这是对招聘工作人员进行绩效评估的依据,也是最后进行招聘成本分析的基础数据。

(4) 对已做工作、下一步打算以及工作中的困难等进行评估。这些内容主要是招聘工作人员已经做的和即将要做的工作，反映的是招聘工作计划的执行情况，是对日常招聘工作的简单回顾和展望。在实际招聘工作中，招聘工作人员还经常会碰到一些个人无法解决的困难，这时就需要及时向有关领导反映，请他们出面协调和解决。

三、招聘工作总结

招聘工作结束后，作为招聘负责人就要对整个招聘工作的有关记录和数据进行相应的分析，总结招聘工作计划的执行情况，对招聘费用进行核算，对照招聘工作目标撰写工作总结。招聘工作总结应该包含以下内容：

(1) 招聘计划。对招聘计划进行说明，包括招聘计划的来源、招聘计划的具体内容、计划是否有变更等情况。

(2) 招聘进程。主要是描述招聘工作的日程情况，包括招聘计划是如何安排的、实际招聘工作的执行情况如何等。

(3) 招聘结果。说明招聘的最终结果，包括招聘的实际人员数、招聘计划完成率、录用人员到位等情况。

(4) 招聘成本核算。对本次招聘的成本进行详细地核算，包括招聘费用计划、招聘费用的具体花费、最终核算结果等情况。

(5) 招聘评定。分析整个招聘工作中的“得”与“失”，即做得好的地方和需要改进的地方，以吸取教训和改进工作。

下面是一个招聘总结的范例。

某零售行业公司招聘工作总结①

一、公司概况

该公司是以经营家具、建材为主的大型连锁超市，员工的流动率较大，加上公司业务的不断拓展，使公司对人员的需求量增加。

二、招聘计划

根据公司目前的发展状况，并经门店店长批准，公司决定在 8 月 20 日前招聘如下人员：管理人员 60 人(其中储备干部 40 人)，专业技术人员 30 人，骨干人员 5 人，基层员工 20 人。

对于管理人员，主要考查应聘者的综合素质和学历，其中有两个硬性的条件：

① 孙宗虎等：《招聘与录用管理实务手册》，人民邮电出版社 2007 年版，第 95 页。

一是学历要求在本科以上，二是年龄在35岁以下，目的是保证公司的管理层在知识结构、思维方式、学习能力等方面具备良好的潜能和发展空间，成为公司高层队伍的蓄水池。

对于专业人员，主要考查应聘者的经验和操作技能。零售行业企业在经营过程中，会有一些很专业化的问题，例如商品的陈列、库存的管理等，因此，零售行业企业应招聘一定数量的专业人员，以促进营运部门专业化。

对于基层员工的学历要求不高，招聘者应主要考查应聘者的个人道德品质、工作态度、工作责任等方面。

三、招聘渠道的选择

具体如表10－2所示。

表10－2 招聘渠道的选择

招聘人员的类型	招聘渠道
管理人员(储备干部)	网络招聘、报纸杂志(校园招聘)
专业人员	招聘会、网络招聘
骨干人员	内部招聘
基层员工	招聘会

四、招聘进程安排

人力资源部对此次招聘工作的计划安排如表10－3所示。

表10－3 招聘工作的计划安排

时间	工作项目	具体工作内容
6月15日～6月18日	拟订人员需求计划	1. 明确招聘人员的总数量 2. 对招聘人员的要求：学历、身高、性别、经验等
6月19日～6月26日	招聘准备	1. 招聘广告、公司宣传资料的制作 2. 招聘小组人员的确定及各自的分工 3. 招聘工作流程的制订 4. 面试、笔试题目的编制及考评标准的制订 5. 招聘时间和地点的确定 6. 应变措施方案的制订
6月27日～7月3日	发布招聘信息	1. 在相应的人才招聘网站上发布公司的招聘信息 2. 参加人才招聘会 3. 在公司内部发布职位公告 (注：由于校园招聘时间的特殊性，公司已于5月中旬提前完成了校园招聘工作)

续 表

时　　间	工作项目	具　体　工　作　内　容
7 月 10 日～7 月 13 日	筛选简历	1. 从应聘者的简历(600 份)中,初步挑选出 190 份简历,其中,应聘管理人员的 80 份、专业人员的 60 份、骨干人员的 20 份、基层员工的 30 份 2. 通知面试
7 月 14 日～7 月 21 日	面试	1. 集体面试的方式,对应聘管理人员的 80 名应聘者进行初试,其中三人因工作原因没来参加面试 2. 集体面试的方式,对应聘专业人员的 60 名应聘者进行初试 3. 由公司中高层领导面试骨干人员
7 月 22 日～7 月 29 日	复试	1. 经过第一轮面试,对经初步考查合格的应聘者进行复试 2. 对骨干人员的复试,由用人部门的经理实施
7 月 30 日～8 月 6 日	做出录用决策	1. 招聘小组对应聘者两轮的考核给予最后的评定并确定人选 2. 骨干人员的人选根据应聘者的表现,最终由部门经理拟订并报门店店长批准确定
8 月 8 日～8 月 10 日	电话通知被录用者	告知被录用者到公司报到的时间、应聘的职位等具体事项
8 月 12 日～8 月 15 日	新员工入职事宜的安排	在被录用的管理人员中,有两人因与公司未达成一致的协议没来报到

五、招聘成本

(1) 招聘费用的最初预算,如表 10－4 所示。

表 10－4　招聘费用预算一览表

工　作　项　目	费用支出(单位：元)
材料制作费	200
网络广告招聘	400
参 展 费	600
办公费用	100
人工成本	3 000
合　　计	4 300

(2) 实际费用,大约 4 700 元,主要是由于在人工成本开销上增加了 400 元。

六、招聘评估

在需招聘人员的总体数量方面,需招聘 115 名员工,实际招聘 113 名。

招聘计划完成比例=113/115×100%=98.26%

录用比率=113/187×100%=60.42%

员工应聘比率=600/115×100%=522%

七、招聘的总结

招聘的成功之处有以下几点:

(1) 招聘准备工作充分。如在校园招聘过程中,安排了公司高层领导精彩的宣讲辅助以 PPT 的形式,工作人员耐心、细致地回答应聘者的提问,足够的公司宣传资料等。

(2) 招聘面试流程的科学制订。招聘工作的每个步骤都分工明确,招聘工作小组成员也尽职工作,配合良好,整个招聘工作基本得以顺利完成。

(3) 基本上按照招聘计划完成人员招募工作,公司的发展提供了人员的保障。

招聘的不足之处有以下两点:

(1) 人员招聘的完成率欠佳,原因是时间安排紧张。

(2) 招聘预算费用超支。

本章小结:

本章介绍了人员招聘的评估,讨论了招聘评估的含义、作用、分类、评价标准、招聘评价指标体系以及整个评估的流程,并从招聘财力资源评估角度即成本角度,讨论了招聘的成本效益评估,主要包括招聘成本的计算、成本评估、成本效用评估、招聘收益评估;此外还从招聘的人力资源评估角度讨论了录用人员的评估和招聘人员的评估;最后讨论了招聘总结的撰写内容及撰写方法。

案例分析:

1. 请你对这次招聘工作进行评估,分析为什么该公司没有完成招聘人数这项指标?

我们从招聘过程及结果可以分析得到:

首先,DFGS 公司在整个招聘过程中的计划准备不足,人力资源部门没有对招聘对象(研究生)进行认真的分析。比如,没有想到参加浙江大学研究生专场招聘会的外省研究生占了绝大多数。同时参加校园招聘会的招聘人员不够,在研究生争先恐后地递交简历时，只起到了匆匆收集简历的作用，未能及时确定一试人员，为后面的工作失误埋下了伏笔。

其次，公司对简历甄选的工作持续了一个多月，错失了许多良机，尤其是没有考虑到外省市的研究生，这样必然导致优秀研究生的"流失"。

再次，人力资源部为了保证招募研究生的人数，采取对来面试的研究生报销往返车费的做法是不太合适的。因为，当时的研究生还是处于供过于求的状态，且该公司又是一家名牌公司，实际上只报销单程车费就能保证80%～90%左右的应聘者来参加面试。

总之，DFGS公司在这次招聘过程中并未采用一定的招聘评估机制，招聘人员在没有招聘评价体系的状态下，很容易造成一些工作失误。日后，该公司建立了一套招聘评估制度，使招聘工作迈上了保质保量、健康发展的新台阶。

2. 请你对上述案例招聘总成本效用进行评估。

在这次招聘的整个过程中，公司所使用的招聘总成本计算如下：

校园招聘费＝租用场地费＋专家演讲费用＋广告费＝12 000元；

社会招聘广告费＝5 000元；

招募工作的员工费用＝15 000元＋8 000元；

招聘甄选费＝20 000元；

报销面试者的交通费约为5 000元；

招聘总成本＝校园招聘费＋社会招聘广告费＋招募工作的员工费用＋招聘甄选费＋面试车费

＝66 000元；

招聘总成本效用＝录用人数/招聘总费用＝130/65 000＝0.002。

思考题：

1. 招聘评估的作用及意义是什么？
2. 招聘评估的准备工作有哪些？
3. 招聘成本由几个方面构成？
4. 如何进行招聘成本的评估？
5. 如何进行招聘成本效用评估？
6. 录用人员数量评估有哪些指标？
7. 招聘效果的评估方法及流程是什么？
8. 招聘总结撰写的原则及内容是什么？

参考文献

[1] [美]加里·德斯勒.人力资源管理(6版).刘昕,译.北京:中国人民大学出版社,1999.

[2] [美]雷蒙德·A.诺伊,等.人力资源管理:赢得竞争优势(3版).刘昕,译.北京:中国人民大学出版社,2002.

[3] 戴维·D.杜波伊斯,等.基于胜任力的人力资源管理.北京:中国人民大学出版社,2006.

[4] Mathis & Jackson. Human Resource Management Essential Perspectives. Thomson Learning,2004.

[5] Lou Adler. USING POWER Hiring To BUILD GREAT COMPANIES(2nd Edition).John Wiley & Sons,Inc,2002.

[6] 西蒙·多伦.人力资源管理——加拿大发展的动力源.北京:中国劳动社会保障出版社,2000.

[7] 黛安娜·阿瑟.员工招募、面试、甄选和岗前引导.北京:中国人民大学出版社,2003.

[8] 彭剑锋.人力资源管理概论.上海:复旦大学出版社,2003.

[9] 张培德.现代人力资源管理.北京:文史出版社,2004.

[10] 孙卫敏.招聘与选拔.济南:山东人民出版社,2004.

[11] 吴志明.员工招聘与选拔实务手册.北京:机械工业出版社,2002.

[12] 廖泉文.招聘与录用.北京:中国人民大学出版社,2004.

[13] 杨杰.有效的招聘.北京:中国纺织出版社,2003.

[14] 赵耀.组织中的招聘管理.北京:中国劳动社会保障出版社,2005.

[15] 熊超群.人才甄选与招聘实务.广州:广东经济出版社,2003.

[16] 杨倩.员工招聘.西安:西安交通大学出版社,2006.

[17] 谌新民.员工招聘成本收益分析.广州:广东省出版集团,2005.

[18] 王丽娟.员工招聘与配置.上海:复旦大学出版社,2006.

[19] [美] 乔治·C. 桑顿三世.评荐中心在人力资源管理中的应用.上海：复旦大学出版社,2004.

[20] 陆红军.人才评价中心.北京：清华大学出版社,2005.

[21] 冯立平.人才测评方法与应用.上海.立信会计出版社,2006.

[22] 刘远我.人才测评.北京：电子工业出版社,2007.

[23] 唐宁玉.人事测评理论与方法.大连：东北财经大学出版社,2002.

[24] 孙宗虎,等.人员测评实务手册.北京：人民邮电出版社,2007.

[25] 顾海根.人员测评.合肥：中国科学技术大学出版社,2005.

[26] 朱洌烈,等.大学生求职测评手册.北京：中国城市出版社,2002.

[27] 费秋英.管理人员素质与测评.北京：经济管理出版社,2004.

[28] 波特·马金.组织和心理契约：对工作人员的管理.王新超,等译.北京：北京大学出版社,2000.

[29] 彼得·道林,丹尼斯·韦尔奇.跨国公司人力资源管理.北京：中国人民大学出版社,2001：56.

[30] 叶微微.魅力领导——开发高效能领导的完整策略.杭州：浙江人民出版社,2003.

[31] [美] 斯蒂芬·P. 罗宾斯.组织行为学(7 版).北京：中国人民大学出版社,1997.

[32] 郭毅,等.组织行为学.北京：高等教育出版社,2000.

[33] 吴文艳.论现代企业中招聘团队的组建.中国人力资源开发,2005,9.

[34] 董克用,等.人力资源管理概论.北京：中国人民大学出版社,2003.

[35] 国际人力资源管理研究院编委会. 人力资源经理胜任素质模型.北京：机械工业出版社,2005.

[36] 晏景荣.基于企业战略的人力资源规划流程及方案.中国人力资源开发,2006,7.

[37] 何志工,李辉.基于胜任素质的招聘与甄选.北京：中国劳动与社会保障出版社,2006.

[38] 唐志红,等.人力资源招聘、培训、考核.北京：首都经济贸易大学出版社,2003.

[39] 罗伯特·H. 沃特曼等.寻找与留住优秀人才：哈佛商业评论.北京：中国人民大学出版社,2003.

[40] [英] 内维尔·贝恩,比尔·梅佩.人的优势——通过更好的遴选与业绩改善经营成果.北京：经济管理出版社,2001.

[41] Mick Marchington and Adrain Wilkinson. Core Personnel and Development. The Cromwell Press.

[42] [Australian] Mater Human Resources Guide. the global law firm, 2002: 197.

[43] 中国人力资源测评网,http: //www.hra.cn.